약자 중심의 윤리
― 정의를 위한 한 이론적 호소

석학人文강좌 60

약자 중심의 윤리
— 정의를 위한 한 이론적 호소

초판 1쇄 발행 2015년 4월 1일
초판 2쇄 발행 2016년 8월 10일
지은이 손봉호
펴낸이 이방원
편 집 김명희·이윤석·안효희·강윤경·김민균·윤원진
디자인 박선옥·손경화
마케팅 최성수
펴낸곳 세창출판사
출판신고 1990년 10월 8일 제300-1990-63호
주소 120-050 서울시 서대문구 경기대로 88 냉천빌딩 4층
전화 723-8660
팩스 720-4579
이메일 sc1992@empal.com
홈페이지 http://www.sechangpub.co.kr

ISBN 978-89-8411-514-9 04190
　　　978-89-8411-350-3(세트)

이 도서의 국립중앙도서관 출판시도서목록(CIP)은 서지정보유통지원시스템 홈페이지(http://seoji.nl.go.kr)와
국가자료공동목록시스템(http://www.nl.go.kr/kolisnet)에서 이용하실 수 있습니다. (CIP제어번호: CIP2015008997)

석학人文강좌 60

약자 중심의 윤리
― 정의를 위한 한 이론적 호소

손봉호 지음

세창출판사

이 책은 2013년 12월 교육부와 한국연구재단이 공동으로 주최
한 〈석학과 함께하는 인문학 강좌〉에서 네 번에 걸쳐 '타자 중심의
윤리'란 제목으로 시행한 강의를 다듬어서 출판하는 것이다. 그러
나 그 내용은 이미 오래전부터 생각해 왔고 부분적으로 써 왔던 것
이다.

이 책의 핵심적인 주제 개념은 '윤리' 외에 '다른 사람'(他者)과 '고
통'이다. '다른 사람'에 대한 관심은 네덜란드 자유대학교 박사과정
에서 레비나스(E. Levinas)의 〈전체성과 영원성〉(*Totalité et Infini*)을 읽으
면서 받은 충격에서 비롯되었고 '고통'에 대한 관심은 1980년대부
터 장애인 복지와 권익운동을 하면서 갖기 시작했다. 니버(Reinhold
Niebuhr)의 〈도덕적인 인간과 비도덕적인 사회〉(*Moral Man and Immoral
Society*)는 사회가 얼마나 비도덕적이 될 수 있는가를 일깨워 주었고
슈클라(Judith N. Shklar)의 〈부정의의 얼굴들〉(*The Faces of Injustice*)은 우
리가 흔히 불운(不運)이라고 치부하는 것이 사실은 정의의 파괴에
서 비롯된 것임을 깨닫게 해 줬다. 나는 1970년대 후반부터 시민운
동과 윤리운동에 많은 시간과 노력을 바쳤다. 〈기독교윤리실천운

동〉 창립에 동참하였고 〈간행물윤리위원회〉, 〈정부 공직자윤리위 원회〉에 관계했으며 〈서울대 교수윤리위원회〉 위원장, 〈서울시 공 직자윤리위원회〉 위원장, 〈정보통신윤리위원회〉 초대 위원장도 역 임하였다. 윤리문제에 대한 이런 관심과 경험이 나로 하여금 타자 와 고통을 윤리와 연결하여 생각하게 했다. 1991년에 〈약한 쪽 편 들기〉란 책을 냈고, 1995년에 〈고통받는 인간〉이란 이름으로 출판 한 인간 고통에 대한 현상학적 연구서에서는 고통과 윤리의 관계 에 대해서 처음으로 논의하였다. 2000년 〈서강인문논총〉에 발표한 "타자 중심의 윤리"에서는 비윤리적 행위는 항상 타자에게 해를 끼 친다는 뜻에서 "피해자중심의 윤리"란 표현을 사용한 바 있다. 피해 자는 대부분 '약자'이기 때문에 이 책 제목을 인문학 강좌의 제목이 었던 〈타자 중심의 윤리〉에서 〈약자 중심의 윤리〉로 바꿨다. 결국 이 책은 1970년대부터 사회활동과 학문 활동을 수행하면서 줄곧 나 의 관심을 사로잡았던 문제들이 하나로 영글어져 맺어진 열매라 할 수 있다.

이 책에서 나는 세 가지를 주장하고 논증할 것이다. 첫째는 윤리 학이란 어디까지나 실천적이란 주장이다. 윤리학은 수학이나 물리 학과 같은 이론적 학문이 아니라 의학이나 경영학처럼 실천적인 학 문이다. 어떤 의학 이론이 아무리 논리적이고 새로운 것이라도 그 것이 직접 혹은 간접으로 사람의 병을 고치는 데 도움이 되지 않으 면 의학적 이론으로는 가치가 없다. 마찬가지로 어떤 이론이 아무리 논리적이고 심오하더라도 직접 혹은 간접으로 사람들로 하여금 도덕적으로 행동하거나 사회를 좀 더 정의롭게 만드는 데 도움을 주지 못하면 그것은 윤리 이론으로서의 자격은 없다. 그동안 동서양을 막론하고 무수한 윤리 이론들이 제시되었지만 상당수는 사람들과 공동체를 윤리적으로 만드는 데 별로 공헌하지 못했다. 학자들 가운데는 옳고 그름에 대한 논의를 도덕 이론이라 하고 윤리란 좀 더 확대해서 실천과 무관한 부분까지 포함하는 것으로 이해하는 경우가 있으나 나는 실천과 무관한 것은 윤리학으로서의 가치가 없다고 주장한다.

윤리학이 실천적인 학문이란 주장은 이미 고대 그리스의 철학자 아리스토텔레스(Aristoteles)가 내세웠다. 윤리학의 목적은 사람의 삶을 개선하는 것이라야 하고 방법도 그 목적에 부합해야 한다고 주장한 것이다. 그러나 그 후 스피노자(B. Spinoza)나 칸트(I. Kant) 같은 서양 철학자들에 의하여 윤리학은 철저히 이론적으로 되고 말았다. 칸트의 윤리학은 비록 이론적이었지만 직접 혹은 간접으로 사람들과 공동체를 윤리적으로 만드는 데 지대한 공헌을 했다. 그러나 '기하학적 방법으로 전개된' 스피노자의 윤리학은 윤리적 실천을 위해서는 그렇게 눈에 뜨이는 공헌을 하지 못했다. 그들의 이론적인 면만 모방한 상당수의 후대 윤리학은 사람들의 구체적인 삶에 중요한 영향을 주지 못하고 전문가들의 논리적 유희로 끝나버리고 말았다. 오늘날에도 그런 '윤리학' 책과 논문이 계속 쏟아져 나오고 있다.

이론보다 실천을 중시하는 이런 입장은 우선 윤리학에서 한 가지 이론만 옳고 나머지는 다 틀렸다는 독단에 빠지지 않게 한다. 사람들로 하여금 더 도덕적으로 행동하고 사회를 더 정의롭게 만드는 데 도움이 된다면 이론적으로 다소 약하더라도 수용할 수 있어야 한다고 주장한다. 물론 그 약점이 결과적으로 사람들로 하여금 도덕적으로 행동하는 데 방해가 된다면 당연히 폐기 혹은 수정되어야 할 것이다. 그러나 지금 우리는 다원주의 시대에 살고 있으며 사람들이 행동하는 이유와 동기도 다양하다. 다른 사람에게 해가 되지 않도록 행동하는 데 도움이 된다면 어떤 동기나 이론이라도 수용되어야 한다고 주장하는 것이다.

윤리에 대한 이런 입장은 이 책 전개과정에서 반영될 것이지만 그 주장이 왜 옳은가에 대해서 따로 논증하지 않겠다. 윤리적 논의는 실천적으로 효과가 있을 때만 가치가 있다는 주장은 그 자체로 충분히 설득력이 있다고 생각하기 때문이다. 의학 이론은 직접 혹은 간접으로 병을 고치는 데 공헌할 수 있어야 가치가 있고 경영학 이론은 경영에 도움이 되어야 한다는 것과 비슷하게 자명하다. 그리고 그런 주장에 일관성 있게 이 책도 가능하면 이해하기 쉽게 쓰려고 노력했다. 어려운 용어나 이론은 가급적 피하고 그래도 소개하는 것이 도움이 된다고 판단되는 것은 가급적 쉽게 설명하려 하였다. 아무리 좋은 주장이라도 사람들이 읽어서 이해하지 못하면 실제적인 도움을 주지 못할 것이기 때문이다.

이 책에서 제시될 두 번째 주장은 우리가 도덕적으로 행동해야 하는 근거는 다른 사람에게 고통을 가하지 말아야 하기 때문이란 것이다. 고통은 모든 사람이 다 싫어하는 것이기 때문에 직접으로나 간접으로 다른 사람에게 고통을 가해서는 안 된다는 것은 충분히 설득력이 있다고 본다. 1장과 2장의 일부에서 이 주장을 제시하고 정당화할 것이다.

세 번째 주장은 도덕적 행위의 궁극적 목적은 행위자 자신이 얼마나 윤리적이 되는가에 있지 않고 오히려 다른 사람, 특히 약한 사람에게 직접으로나 간접으로 고통을 가하지 않는 것에 있어야 한다는 것이다. 이것은 특히 현대 사회가 요구하는 윤리라는 것이 이 책의 일관된 주장이다. 이 주장은 이제까지 제시된 대부분의 윤리 이론들과 상당히 다르고 그것에서 이 책을 쓰는 이유를 찾으려 한다. 이 주장은 제3장과 제4장에서 주로 논의될 것이다.

둘째와 셋째 주장을 반영하여 나는 우선 윤리를 "직접 혹은 간접으로 다른 사람에게 해가 되지 않도록 행동하는 것"이라고 정의하고 그 정의가 왜 옳으며 왜 필요한가를 논증해 보겠다.

다만 한 가지, 이 책에서 많이 사용될 '도덕'과 '윤리'란 단어에 대해서 잠깐 언급할 필요가 있을 것 같다. '도덕'이나 '윤리'는 본래 우리말이 아니고 서양어 morality(morale, Sitten, Moralität), 혹은 ethics(éthique, Ethik) 등을 번역한 것이다. 노자(老子)의 도덕경(道德經)의 도덕은 우리가 지금 알고 있는 도덕과는 무관하다. 그런데 서양어

morale 등은 라틴어 mos에서, ethics는 그리스어 ethos에서 유래했다. 그런데 mos나 ethos가 모두 관습, 습관이란 뜻을 가지고 있다. 따라서 어원상으로는 그 두 단어의 뜻이 크게 다르지 않다. 그리고 실제적인 용례를 보아도 그렇게 큰 차이가 나지 않는다. 특히 그 단어들이 형용사로 사용될 때는 '도덕적'이란 말과 '윤리적'이란 말은 거의 같은 뜻으로 사용된다. 다만 도덕적인 주제를 이론적으로 다룰 때는 '윤리'란 말을 쓰고 구체적이고 실천적인 면이 두드러질 때는 '도덕'이란 말을 주로 사용한다. 그러나 윤리 그 자체가 어디까지나 실천적이라야 한다는 '이론'을 펴는 이 책에서는 그 차이가 확실할 수 없다. 그러므로 이 책에서는 두 단어를 거의 같은 뜻으로 사용할 것이다. 다만 분명하게 이론적일 때는 '윤리', 분명하게 실천적일 때는 '도덕'이란 말을 사용할 것이다.

2015년 3월
저자

제 1 장

—

도덕과 이해관계

1. 한국의 윤리상황과 한국인의 불행

한국은 경제, 정치, 예술, 학문, 기술, 스포츠 등 여러 중요한 분야에서 괄목할 발전을 이룩했다. 불과 60년 만에 세계 어느 다른 나라도 이룩하지 못한 두 가지 성과, 즉 절대빈곤으로부터의 탈출과 민주화를 이룩했다. 원조 받던 나라에서 원조하는 나라가 되었고 굶주리는 사람은 거의 없어졌으며 건강이나 위생 상태는 선진국 수준이다. 얼마 전까지만 해도 심각했던 공권력에 의한 인권유린도 많이 사라졌으며 재판의 권위가 높아져서 법치가 조금씩 뿌리내리고 있다. 교통과 통신 기술의 발달로 삶의 편의는 어느 다른 나라에도 뒤지지 않게 되었다.

그런 엄청난 성과와 발전에도 불구하고 한국인은 과거에 비해, 그리고 다른 많은 나라들에 비해 더 행복하지 않다. 영국의 레가툼연구소(Legatum Institute)가 2011년 발표한 바에 의하면 한국의 번영지수는 세계 27위인 반면에 평균 생활만족도는 110 조사대상국 가운데 104위였다. 미국의 퓨연구소(Pew Research Center)는 2014년 한국의 행복지수가 100점 만점에 47점으로 2002년 53점에서 더 떨어졌으며, 네덜란드 94, 이스라엘 75, 미국 65는 물론 베트남, 말레이시아,

인도네시아보다 낮다고 발표했다. 벌써 여러 해 동안 계속해서 자살률이 OECD 국가들 가운데 가장 높다는 사실을 보면 그들 조사가 과장된 것 같지 않다.

한국인이 불행한 이유는 물론 여러 가지일 것이다. 그러나 가장 중요한 이유는 역시 상대적 박탈감이 아닌가 한다. 유교와 무속종교가 만들어 놓은 차세중심적(此世中心的) 세계관은 삶의 모든 의미를 이 세상에서 찾도록 하고 모두가 출세해서 유명하게 되려고(立身揚名) 서로 치열하게 경쟁하는 사회를 만들어 놓았다. 자녀가 학교에서 90점을 받고도 3등 하는 것보다는 70점을 받더라도 1등하는 것을 선호하는 부모들은 아마 전 세계에서 한국에밖에 없을 것이다. 그런 경쟁심이 우리 국민을 부지런하고 창조적이 되게 하여 우리나라는 세계에 유례가 없는 급속한 성장과 오늘의 번영을 이룩할 수 있었다. 그러나 모든 경쟁에는 불가피하게 승자와 패자가 있게 마련이고 오직 일등만이 유명하게 되고 승자만 행복하게되는 반면 다수는 스스로를 패자로 인식하고 불행해질 수밖에 없다. 경쟁이 치열하면 그럴수록 패자의 불행이 그만큼 더 커지는 것은 불가피하다.

거기에다 우리 사회는 아직도 선진국들처럼 직업과 기능의 분화가 충분히 이루어져 있지 않다. 물론 과거에 비해서 다양해진 것은 사실이고 요즘은 과거에 별로 각광을 받지 못했던 스포츠나 연예 분야가 가장 크게 인기를 끌고 있다. 그러나 미국에는 3만여 종류의 직업이 있는데 우리나라에는 만 천여 종류밖에 없다 한다. 자연히 같은 직업에서 서로 경쟁하는 사람의 수가 많을 수밖에 없고, 아직도 한 줄 세우기에 익숙한 우리 문화에서는 승자보다 패자가 더 많은 것은 당연하다. 그리고 직업 간에도 줄을 세워 좋은 직업과 나쁜 직업을 구별하므로 별로 훌륭하지 못한 것으로 인식되는 직업을 가진 사람은 좋은 직업을 가진 사람들 앞에서 열등의식에 사로잡힐 수밖에 없다. 경쟁심이 이렇게 높은 상태로 계속되는 한 한국인은 행복해지기가 매우 어렵다.

경쟁이 치열하더라도 그 경쟁이 공정하게만 이뤄진다면 패자의 불만은 상대적으로 줄어질 것이다. 운동 경기에서 진 팀이 행복할 수는 없지만 그 경기의 규칙이 공정하고 심판이 공정해서 경기가 공정하게 치러졌다면 불만은 그렇게 크지 않을 것이다. 그러나 경기의 규칙이 불공정하고 심판이 공정하지 않으면 패자의 불만은 매우 클 수밖에 없다. 사회생활에서의 경쟁도 마찬가지다. 우리 사회에서 이뤄지는 경쟁이 공정하기만 하면 불행의 정도는 상당할 정도로 줄어질 것이다.

그러나 불행하게도 우리나라에서는 국민의 경쟁심은 엄청나게 강한데도 경쟁이 그렇게 공정하게 이뤄지지 않는다. 한국 사회의 도덕적 수준이 다른 분야에 비해서 상대적으로 낮기 때문이다. 국제연합은 한국의 인간개발지수(Human Development Index)가 세계에서 15위라고 발표한 데 비해 국제투명성기구는 2013년 한국의 투명성지수(Transparency Index)가 세계에서 46위라고 발표하여 경제, 교육, 민주화, 문화 등 다른 분야의 수준에 비해서 도덕성은 매우 뒤떨어져 있음을 보여 주었다. 탈세율은 26.8%에 달해서 그리스나 스페인과 비슷하고 사기 보험금지불액이 전체의 13.9%로 1%인 일본의 14배나 되며, 교통사고 입원율은 일본의 9.5배나 된다. 정치계와 공직사회의 부패도 심각하다. 얼마 전에 불거진 원전비리는 지금 살아 있는 한국인들뿐 아니라 먼 후손들과 주변국 국민들의 생명과 안전까지 위협하고 있어 과연 한국이 원전을 가질 자격이 있는지를 의심하게 한다. OECD에서 갈등지수가 두 번째로 높고 이 때문에 근 240조 원이 낭비된다고 한다. 도덕적 후진성이 경제에도 막대한 타격을 준다는 것을 단적으로 보여주고 있다. 우리 사회가 지금보다 약 10%가 더 투명하면 연간 80조 원의 낭비를 막을 수 있고 일본 수준으로만 투명하면 우리 경제가 연간 1.4%에서 1.5% 더 성장할 수 있다는 연구논문도 있다. 후진국의 경제발전을 가장 심각하게 저해하는 것이 부패라고 알려졌는데 우리의 도덕적 후진성은 비슷한 이유로 우리 경제의 발전도 크게 방해하고 있음이 분명하다.

도덕적 수준이 낮으면 사람이 사람에게 해를 끼치는 정도가 그만큼 커진다. 거짓말하는 사람이 많으면 속는 사람이 그만큼 많을 수밖에 없고 거짓말의 정도가 크면 클수록 속아서 보는 손해도 그만큼 커진다. 윤리에 대한 이해가 여러 가지지만 한 가지 분명한 것은 비도덕적인 행위는 반드시 누구에게 해를 끼친다는 사실이다. 해를 끼치지 않는 행위를 구태여 비도덕적이라 할 이유가 없고, 비록 비도덕적이라 하더라도 우리가 심각하게 문제 삼을 이유가 없다. 예의로 하는 거짓말이나 무죄한 사람을 보호하기 위하여 하는 거짓말도 비도덕적이라고 주장할 수 있으나 그런 거짓말은 비난받을 이유가 없고 사회가 걱정하지 않아도 된다. 우리가 문제 삼아야 하는 것은 다른 사람에게 부당하게 해를 끼치는 행위다. 한국인이 스스로 불행하다고 느끼는 이유들 가운데 매우 중요한 것 하나가 바로 이런 비도덕적 행위가 너무 많이 일어나고 억울함을 당하는 사람이 너무 많다는 것이다.

어느 인간 사회도 완벽하게 도덕적이지는 않다. 그러나 정도의 차이는 분명히 있다. 한국의 도덕적 수준이 세계에서 가장 낮다고 할 수는 없지만 한국 사회의 다른 분야들에 비해서, 그리고 선진국 수준에 비해서, 많이 뒤지는 것은 사실이고 그것이 한국인을 매우 불행하게 만드는 것도 부인할 수 없다.

도덕적 수준이 낮은 것도 심각하지만 그보다 더 심각한 것은 한국 사회가 도덕적 수준이 낮다는 사실을 충분히 인식하지 못하고 있다는 사실이다. 일반 시민은 말할 것도 없고 이에 대해서 마땅히 관심을 기울이고 해결을 위해서 앞장서야 할 정부, 언론, 종교, 교육계조차도 이에 무관심하다. 병을 고치려면 아파야 하는데 한국 사회는 마땅히 아파해야 할 것에 아파하지 않는다. 암이나 한센병처럼 아프지 않은 병이 가장 무섭다. 한국 사회가 앓고 있는 도덕불감증은 안전불감증과 함께 한국을 심각한 위험사회로 만들고 있고, 세월호 사고는 그것을 구체적으로 예시하였다. 핵발전소에 위조부품이 사용되는 정도라면 그 위험이 얼마나 심각한가를 알 수 있다.

2. 자연과 다른 사람

1) 더불어 사는 삶

과거에는 사람들에게 해를 가하는 것은 주로 자연의 힘과 자연의 변덕이었다. 산업사회 이전에는 사람들의 삶이 주로 자연과 더불어 이뤄졌다. 대부분의 시간을 자연과 더불어 보냈고 생존을 위한 자원을 주로 자연에서 직접 획득하였다. 하루 종일 논밭이나 목장에서 지냈고 샘물이나 우물물을 길어다 마셨다. 따라서 삶의 행복과 불행도 주로 자연에 의하여 결정되었다. 풍년이 지면 행복하고 흉년이 지거나 천재지변이 일어나면 비참했으며 맹수나 독사에 의하여 생명을 위협받았다. 인간이 당하는 고통의 대부분은 자연에 의한 것들이었다. 다른 사람과 만나는 시간도 많지 않았거니와 다른 사람의 도움도 많이 필요하지 않았다. 따라서 다른 사람이 끼치는 해악도 많지 않았고 다른 사람으로부터 받는 영향도 지금에 비해서 적었다.

그러나 현대인은 대부분 인공적인 환경에서 살게 되었고 다른 사람들과 더불어 생활한다. 자연이 아니라 사회 속에서 사는 것이다. "사람들은 점점 더 자연 바깥에서 살고 기계와 물건들과는 점점 적게 접촉한다. 사람들은 오직 다른 사람들과 더불어 살고 다른 사람들을 만난다. 인류 역사의 대부분에서는 현실은 자연이었다. … 지난 150년 동안에는 현실은 인간이 만든 기술, 도구, 물건들이었다. 그것들은 사람이 만들었으나 인간 바깥의 물화(物化)된 세상에서 독립적인 존재를 획득했다. … (그런데) 지금은 현실이란 오직 사회적 세계일 뿐이다"(Daniel Bell).

2) 다른 사람이 가해자

따라서 개인의 행복과 불행도 자연이 아니라 이제는 주로 다른 사람들과의 관계에서 다른 사람들에 의하여 결정되게 되었다. 과거에는 육체의 병은 개인의 문제였지만 지금은 그것조차도 다른 사람과의 관계에서 생길 수 있다. 전염병이나 환경오염에 의한 병이 아니더라도 인간관계에서 받는 스트레스가 암 같은 병을 일으킨다 한다. 장애우권익문제연구소의 조사에 의하면 우리나라 장애인의 근 90%가 인간의 실수와 잘못으로 장애를 입게 되었으며, 후천성 장애는 해마다 늘어나고 있다 한다. 심지어 나의 병이 나와 아무 관계가 없는 다른 사람에게 부담이 될 수 있다. 흡연과 금연이 개인의 문제가 아니라 사회적 문제가 되는 것도 그 때문이다. 담배를 입에 대어보지도 못한 사람이 간접흡연으로 애꿎게 암에 걸릴 수 있으며 흡연자가 병이 들면 다른 사람들이 지불하는 보험금으로 치료를 받는다. 건강보험 때문에 모든 사람의 병은 같은 보험제도 안에 있는 모든 다른 사람의 짐이 되는 것이다. 그러므로 아무리 자연환경이 좋아도 사회가 혼란하고 인간관계가 비정상적이면 사람들은 불행할 수밖에 없다. 루이스(C. S. Lewis)는 "인간이 당하는 고통의 4/5는 다른 사람에 의하여 가해진다"고 주장했다.

물론 자연 재해가 가하는 고통도 엄청나다. 2004년 인도양에서 일어난 쓰나미는 23만여 명의 생명을 앗아갔고 15만 명에게 부상을 입혔으며, 2011년 일본 후쿠시마에서 일어난 쓰나미는 18,000여 명의 생명을 앗아갔다. 지진, 화산, 태풍, 홍수, 가뭄 등 불가항력의 자연재난뿐 아니라 흉작, 질병, 맹수, 맹독 등으로 아직도 수많은 사람들이 엄청난 고통을 당하고 있다.

그러나 인류는 그동안 과학과 과학기술을 개발해서 자연의 힘을 제어하고 이용함으로써 자연의 힘에 의하여 발생하는 수많은 문제가 상당히 해결되어 왔다. 많은 지역에서 댐을 막아 홍수와 가뭄의 문제를 해결하고, 의료기술 발달로 웬만한 병은 다 고칠 수 있게 되었으며, 종자개량으로 기근문제도 많이 극복할 수 있게 되었다. 과학과 과학기술은 주로 자연의 힘을 이용하여 인간에게 해를 끼치는 자연의 힘과 변덕을 극복하는 것을 목적으로 개발되었고 그 목적은 상당할 정도로 달성되었다. 인간의 힘으로 제어할 수 없는 화산, 지진, 태풍 등은 예측기술을 개발해서 그 피해를 최소화하는 데 어느 정도 성공했다. 그래서 이제는 자연이 가하는 고통은 많이 줄일 수 있게 되었고 앞으로 더 줄일 수 있을 것이다. 우물물을 길어다 마실 때보다 집안에까지 보내주는 수돗물을 마시는 삶이 편리해졌음은 두말할 필요가 없다.

그러나 이제는 자연이 아니라 인간이 인간에게 고통을 가한다. 현대인은 대부분의 시간을 다른 사람과 더불어 보내며 활동의 대상도 주로 다른 사람이나 다른 사람이 만든 것들이다. 문화가 발달한다는 것은 그만큼 더 자연으로부터 멀어지고 그만큼 더 인공적인 환경에서 다른 사람과 시간을 많이 보내며 산다는 것을 뜻한다. 불가피하게 당하는 고통도 자연보다는 다른 사람과 사람들이 만들어 낸 문화물이다.

우리는 태풍, 지진, 화산 폭발 등이 우리에게 주는 인상 때문에 자연 재난이 인공적인 것에 의한 재난보다 더 크고 무섭다고 생각하기 쉽다. 그런데 실제로는 인간과 인간이 만들어 낸 것이 가하는 고통은 자연 재난과는 비교도 안 될 정도로 크고 심각하다. 최근 역사에서 가장 큰 자연재난으로 알려진 것이 1931년에 중국에서 일어난 홍수인데, 그때 희생된 사람이 400만 명이었다. 그러나 제2차세계대전에서는 군인만 수천만 명이 전사했고 유대인 600만 명이 재판도 받지 않고 학살당했다. 한국 전쟁에서도 군인과 민간인 약 300만 명이 사망한 것으로 알려졌다. 물론 사람의 생명을 끊는 것이 고통의 전부는 아니다. 그러나 역시 죽음은 인류의 마지막 숙명이며 고통의 극치다. 사망자의 수만 보더라도 자연보다는 인간이 훨씬 더 큰 고통을 인류에게 가한다는 사실을 알 수 있다.

3) 다른 사람의 무시

다른 사람이 우리에게 가하는 고통의 대부분은 부당하게 이익을 얻으려 하기 때문이다. 어떤 종류의 것이든 부당한 이익을 보기 위하여 다른 사람을 속이고 훔치고 억울하게 하는 것이다. 만약 인간에게 욕망이 없거나 있어도 그것이 합리적인 정도를 초과하지 않는다면 대부분의 비도덕적 행위는 일어나지 않을 것이다. 자신에게 아무 이익도 없는데 공연히 다른 사람에게 고통을 가하는 경우는 많지 않다. 심심하니까 장난으로 다른 사람을 한번 속여 볼까 하는 경우는 없고 있더라도 심각한 고통을 일으키는 경우는 거의 없을 것이다.

그런데 자신에게 아무 이익도 없으면서도 다른 사람에게 엄청난 고통을 가하는 것이 하나 있는데 그것은 사람을 무시하는 것이다. 모든 인간은 생물학적인 생존이 어느 정도 보장되면 거의 본능적으로 인정받기를 원한다. 헤겔(G. W. F. Hegel), 테일러(C. Taylor), 호네트(A. Honneth) 등의 학자들은 다른 사람의 인정이 인간에게 얼마나 중요한가를 설득력 있게 논증하였다. 모든 인간에게는 자존감이 있어야 하고 자신에게만 독특한 정체성이 있어야 한다. 그것은 자신을 자신으로 만드는 '영혼', '나' 같은 실체가 있어서 자신을 들여다봄으로써(反省 reflection, 自省 introspection) 발견할 수 있는 것이 아니라 다른 사람들이 자기를 독특한 존재로 인정해 줌으로 생겨나는 것이다. 말하자면 나를 나로 만드는 독특한 무엇이 있기 때문에 다른 사람이 나를 그렇게 인정하는 것이 아니라 다른 사람이 나를 독특한 사람으로 인정함으로 다른 사람과 다른 나의 정체성이 형성되는 것이다.

그런데 만약 다른 사람들, 특히 내가 중요하다고 평가하는 사람들이 나를 무시하여 마치 존재하지 않는 것처럼 취급하면 자존감은 유지될 수 없고 나의 정체성이 위협당할 수밖에 없다. 이것만큼 나를 불행하게 만드는 것도 많지 않다. 교도소 수감자들을 오랫동안 관찰해 온 정신과의사 길리건(J. Gilligan)에 의하면 폭행으로 수감된 사람들 대부분은 자신들이 폭력을 행사하게 된 가장 중요한 이유가 자신들에 대한 무시였다 한다. 무시당하는 것이 얼마나 사람을 불행하게 만드는가를 짐작할 수 있다. 경제적인 손실과는 비교도 될수 없는 고통을 주고 분하게 만드는 것이다.

이런 현상은 과거보다 현대 사회에 더 두드러지게 되어 있다. 과거에는 오늘날처럼 세속화되지 않아서 종교가 중요한 기능을 했고 오늘날 다른 사람이 감당하는 기능 혹은 역할을 인격적인 신이 상당할 정도로 감당했다. 사람으로부터는 무시를 당해도 신은 자신을 인정한다는 믿음으로 위로를 받고 자존감을 유지할 수 있었다.

니체(F. Nietzsche)가 기독교 도덕을 '노예의 도덕'이라 불렀을 때 그런 상황을 염두에 둔 것이 분명하다. 노예들은 사람들로부터 아무 인정도 받지 못했기 때문에 자비롭고 정의로워서 약한 자 편을 드는 신을 상정하여 그 신이 자신들을 인정하고 자신들의 고통에 동정한다고 믿었다는 것이다. 그 신이 정의로우므로 자신들이 이 세상에서 고통을 받으면 받을수록 후에 하늘나라에서 더 큰 보상을 받는다고 믿고 스스로를 위로했다는 것이다. 기독교 윤리는 바로 노예들의 이런 거짓 위로를 위해서 만든 것이므로 '노예의 도덕'에 불과하다 하며 니체 자신이 내세운 '주인의 도덕'과 대비시켰다.

마르크스(K. Marx)가 '종교는 아편'이라고 비판한 것에도 비슷한 논리가 작용한다. 착취당하고 무시당하는 무산계급은 생산수단을 소유하는 계급의 압제에 대해서 마땅히 항거해야 혁명이 일어나고 착취가 사라지며 진정한 해방을 얻을 수 있는데 오히려 전능하고 자비로운 신이 그들을 인정하고 그들의 고통에 동정하고 보상할 것이라고 믿고 위로를 받기 때문에 온갖 압제를 애써 참는다는 것이다. 그러므로 종교가 주는 위로란 마치 아편이 주는 가짜 행복과 같다는 것이다. 그런 것은 구태여 신앙의 대상이 인격적인 신이 아니라 우주의 법칙이나 운명이라도 마찬가지다. 그 거대한 우주에 자신의 위치가 확실하게 존재한다고 믿기 때문에 정체성의 위기가 있을 수 없다. 니체나 마르크스의 주장이 옳은가 그른가를 떠나서 인격적인 신이나 우주의 섭리 같은 것에 대한 신앙을 가진 사람들에게는 사람의 인정이 상대적으로 중요하지 않고 따라서 다른 사람의 무시도 쉽게 견딜 수가 있는 것이다.

그러나 오늘날 과학의 발달과 함께 진행되는 문화의 세속화는 사람들에게 그런 위로를 박탈해버렸다. 이제는 오직 다른 사람의 인정만이 개인의 자존감과 정체성을 보장하게 된 것이다. 그리고 불행하게도 다른 사람은 신만큼 자비롭지도 않고 정의롭지도 않으며 필요하고 외로울 때마다 나타나 주지도 않는다. 그 때문이라도 현대인은 옛날 사람들보다 더 외롭고 더 불행하며 더 쉽게 폭력을 행사하게 되는 것 같다.

그리고 공동체의 모습이 가족이나 친족 중심의 공유사회(Gemein-schaft)로부터 이익사회(Gesellschaft)로 변한 것도 현대인을 외롭고 고통스럽게 하고 있다. 공유사회에서는 사람이 모래알처럼 독립된 개인이 아니라 가족, 씨족, 부족, 종족의 일부로 자신을 인식했기 때문에 그렇게 외롭지 않았고, 몸의 기관이 다 중요한 것처럼 모든 사람이 공동체의 소중한 일원이었으므로 서로 무시하지도 않았다. 노인들은 오늘날 한국에서처럼 푸대접받지 않았고 그렇게 많이 자살하지 않아도 되었으며, 자식을 두고 어미가 가출하고 부모를 두고 자식이 가출하는 일은 벌어지지 않았다. 다른 사람의 인정이 충분히 보장되었으므로 그것이 오늘날만큼 중요한 자리를 차지하지도 않았고 인정을 받지 못함으로 느끼는 외로움과 모멸감도 크지 않았다. 오늘날에는 모두가 모래알처럼 갈라져서 자신의 이익을 극대화하려고 서로 무한경쟁을 펼침으로 모든 다른 사람은 다 경쟁자며, 존경해야 하는 목적이 아니라 나의 이익을 위한 수단으로 간주되고 있다. 인간을 결코 수단으로만 취급하지 말고 항상 목적 그 자체로 취급하라는 칸트의 정언명령은 법적으로만 존중되고 구호로만 주장될 뿐 구체적인 일상생활에서는 대부분 무시되고 있다. 다른 사람의 인정이 절대적으로 필요한 현대인에게 그 중요한 인정이 충분히 제공되지 않고 있는 것이다. 현대인이 스스로를 불행하다고 느끼는 것은 어쩌면 당연하다 하겠다.

다른 사람의 비도덕적 행위로 해를 입었을 때 피해자가 느끼는 억울함과 분노는 단순히 그 입은 손해 때문만은 아니다. 예를 들어 50만 원을 사기 당했을 때는 100만 원 사기 당했을 때보다 절반만큼만 억울하고 화가 나는 것이 아니다. 손해 그 자체보다 다른 사람에 의하여 이용당하고 무시당했다는 사실이 더 분하고 괴로운 것이다. 나에게 비도덕적으로 행동한 사람은 나를 하나의 존중받아야 하는 인격체로 취급한 것이 아니라 자기 이익을 위한 수단으로 이용한 것이다. 모든 비도덕적인 행위는 그 피해자를 목적이 아니라 수단으로 무시하는 것을 함축한다.

4) 고통의 도구가 된 과학기술

역설적이게도 자연의 힘과 변덕을 극복하기 위하여 개발한 지식과 기술이 인간에게 더 큰 고통을 가하는 힘으로 변질되기도 한다.

광석을 캐기 위하여 바위를 깨는 데 쓰이는 폭약이 사람을 죽이는 무기에 사용되고 사람과 물자를 수송하기 위하여 개발된 항해술과 항공기술이 사람을 죽이는 전쟁에도 이용되는 것이다. 바로 자연이 주는 고통을 극복하기 위하여 개발된 인간의 지식과 기술이 더 심각한 정도로 인간에게 고통을 가하는 것이다. 기술을 통하여 인간이 행사할 수 있는 힘이 커졌기 때문에 인간은 이제 과거 기술이 발달되지 않았을 때보다 훨씬 더 크고 심각하게 사람들에게 고통을 가할 수 있게 되었다. 주먹과 몽둥이보다는 총과 칼이 훨씬 더 많은 사람에게 더 쉽게 고통을 가할 수 있다. "모든 힘은 타락할 경향을 가지고 있다"라는 액튼(E. E. D. Acton)의 경구는 정치적 권력에만 국한된 것 같지 않다. 기술로 개발된 자연의 힘도 비슷하게 남용되고 오용되는 경향을 가지고 있다.

과학기술의 발전으로 막대하게 확대된 물리적 힘은 고통을 가하는 직접적인 수단으로 이용될 뿐만 아니라 그 때문에 인간이 일반적으로 가지고 있는 약점과 도덕적 악도 그만큼 더 큰 파괴력을 갖게 되었다. 소달구지를 모는 농부는 졸아도 큰 문제가 일어나지 않지만 버스를 모는 기사가 졸면 수많은 사람의 생명이 위험에 처할 수 있다. 달구지를 몰 때 조는 것은 도덕적 문제가 될 이유가 없지만 버스를 몰면서 조는 것은 도덕적 책임을 방기한 큰 잘못이 된다. 2014년 4월에 일어난 세월호 사고로 300여 명이 희생되었다. 과학기술이 모자라서 그렇게 큰 배를 운행할 수 없었더라면 관계자들의 도덕성이 아무리 낮아도 그렇게 많은 사람이 희생될 수는 없었을 것이다. 기술의 발달로 사람이 행사할 수 있는 물리적 힘은 커졌는데도 그에 상응하는 도덕적 책임은 같이 커지지 않았기 때문에 그런 참사가 일어난 것이다. 지금 인류가 당면한 위험은 바로 행사할 수 있는 물리적 힘이 성장하는 만큼 그것을 안전하게 이용할 수 있는 도덕적 책임감은 자라지 않은 것이다. 안전불감증과 도덕불감증을 앓고 있는 우리나라에서는 앞으로도 세월호 사고와 같은 인재가 계속 일어날 것 같아 걱정된다. 만약 그런 인재가 핵발전소에서 일어나는 것을 상상하면 소름이 끼친다. 과연 인류가, 특히 한국 사회가 핵발전소를 운영할 만한 도덕적 능력을 갖고 있는지 심히 의심된다. 앞으로 인류가 전멸한다면 그것은 천재지변이 아니라 핵발전소 사고나 핵무기에 의해서일 것이다.

전 인류가 당면한 또 하나의 위협은 바로 지구 온난화다. 그것이 가져다주는 재난은 점점 더 심각해지고 있다. 과거보다 더 강해진 태풍, 한파, 더위 등이 엄청난 재해를 야기한다. 자연현상이지만 그 원인은 역시 인간이 제공한 것이다. 따라서 천재인 것 같지만 실제로는 인재다. 인재인 만큼 그것은 공평성의 문제까지 제기한다. 공업이 발달되지 않아서 지구온난화에 전혀 책임을 질 이유가 없는 투발루(Tuvalu)나 몰디브(Moldives) 같은 나라들이 오히려 수몰위기에 처해 있는 것이다. 도시 공기가 나빠지면 부자들은 공기 좋은 외곽으로 이사하고 가난한 사람들만 오염된 지역에 살아야 하는 것도 환경오염이 가져온 불공정한 현상이다. 이런 불공정성은 과학기술이 발달되지 않았으면 생겨나지 않았을 것이다.

잔혹함에 있어서도 인간이 가하는 고통은 자연이 가하는 것보다 훨씬 더 심각하다. 나치 정권이 유대인에게, 일본인이 한국과 중국인에게 보인 잔인성은 어떤 자연재해나 맹수보다 더 악독했다. 아우슈비츠 수용소에서는 유대인 젖먹이를 그 어미가 보는 앞에서 군인들이 축구공으로 사용했으며 그 어미로 하여금 자신의 블라우스를 찢어 구두에 묻은 피를 닦게 했다 한다. 어떤 짐승도 그 정도로 잔혹하지는 않다. 인간은 모든 동물 가운데 가장 잔인하고 위험하다.

거기다가 오늘날엔 문화가 세속화되어 초월적 신의 심판이나 내세의 처벌에 대한 두려움이 줄어졌다. 따라서 개인과 집단의 이기주의는 과거 어느 때보다 강화되었다. 그러나 반면 과학기술의 발달로 인간이 행사할 수 있는 물리적 힘은 과거 어느 때보다 더 강해졌기 때문에 인간의 무책임한 행위는 비록 작은 것이라도 수많은 사람에게 치명적인 결과를 가져올 수 있다. 핵발전소 관계자 한 사람의 도덕적 결함은 과거 농경사회에서 어떤 사람의 심각한 악의도 행사할 수 없을 정도의 해악을 사람들에게 끼칠 수 있다.

물론 자연과 인간이 인간에게 해만 끼치고 불행만 가져다주는 것은 아니다. 자연은 인간에게 생존을 위한 자원과 환경을 제공하고 그 아름다움과 웅장함으로 인간의 마음을 즐겁게 한다. 인간도 자연 못지않게, 많은 경우에는 오히려 자연보다 더 큰 혜택을 인류에게 주어 왔고 지금도 주고 있다. 자연이 허용하지 않는 상황에서도 인간은 뛰어난 기술을 이용하여 사람의 생존과 생활을 가능하게 하고 행복해질 가능성도 제공한다. 자연보다 인간이 인간에게 더 큰 고통을 가한다면, 인간은 자연보다 또한 더 큰 행복도 선사한다 할 수 있는 것이다. 그러나 그런 혜택은 우리에게 문제꺼리가 되지 않는다. 우리에게 문제가 되고 해결을 요구하는 것은 우리를 아프게 하고 불행하게 하는 것들이고, 윤리적으로 문제가 되는 것은 자연이 주는 고통이 아니라 인간이 부당하게 가하는 고통이다.

3. 인간과 사회

이렇게 인간에게 행복과 고통을 가져다줄 수 있는 인간이란 단순히 우리가 대면하는 개인으로서의 인간에게 국한되지 않는다. 인간들로 구성된 사회, 인간이 만든 제도, 관습, 전통, 문화까지 포함되는 넓은 의미로 이해되어야 한다. 사실 시간이 흐를수록, 그리고 사회가 선진화할수록 개인으로서의 인간보다는 오히려 인간 집단이나 제도가 인간에게 더 큰 고통을 가하거나 더 큰 이익을 제공한다.

사회가 이렇게 중요하게 된 것은 인류의 긴 역사에서 보면 최근의 일이라 해야 할 것이다. 사회, 제도, 문화, 관습 같은 것은 물론 아주 옛날에도 있었을 것이고 상당할 정도로 중요한 기능도 했을 것이다. 그러나 그 기능은 지금에 비해서 미약했고 따라서 그 중요성을 사람들은 충분히 인식하지 못했다. 우리나라에서는 19세기까지 '사회'란 용어가 전혀 사용되지 않았다. 1800년 일본 요코하마에서 출간된 〈한불자전〉(韓佛字典)에는 '사회'란 단어가 아예 수록되어 있지 않다. 항목이 없다는 것은 그런 것에 대해서 의식하지 않았음을 뜻하고, 의식하지 않은 것은 그 기능이 그렇게 중요하지 않았기 때문일 것이다. 서양에서는 이미 1세기에 활동했던 키케로(Cicero)가 '시민사회'(societas civilis)란 용어를 사용했고 17세기 로크(John Locke)도 같은 단어('civil society')를 사용했다. 그러나 그들은 사회란 것을 19세기의 헤겔, 마르크스, 콩트(A. Comte) 등이나 오늘날 우리가 이해하는 것과는 다르게 이해했다. 단순히 사람들이 모인 모임, 혹은 '상류사회'처럼 특정한 사람들의 집단 정도로 이해했을 뿐 그 공동체에 속한 개인들에게 결정적인 영향력을 행사할 수 있는 힘으로 인식하지는 않은 것 같다.

그러나 시간이 흐를수록 사회는 더 중요해지고 있다. 과거에는 존재하지도 않았던 '사회'란 단어를 오늘날엔 사용하지 않으면 신문 기사를 작성하기가 어려울 정도로 중요하게 되었다. 인간 집단이 사람들의 삶에 그만큼 더 큰 영향을 끼치고 특히 사람들의 행복과 불행을 더 크게 결정하게 된 것이다. 어떤 나라 국민이 되었는지, 어떤 집단, 계층에 속해 있는지가 그 사람 개인의 능력이나 선택보다 그의 삶, 행복과 불행에 더 크게 작용한다. 가난한 나라 국민이 굶주림, 질병, 폭행 등 온갖 종류의 고통을 당하는 것은 그들 하나 하나가 비도덕적이어서도 아니고 무능해서도 아니다. 단순히 가난한 사회에 태어났고 거기서 살고 있기 때문이다. 역으로 선진국 시민들이 건강하고 편리한 삶을 누리는 것도 그들 하나가 그만큼 도덕적이고 유능해서가 아니다. 단순히 좋은 사회에서 태어났고 거주하고 있기 때문이다. 물론 사회의 영향은 단순히 경제적인 가난과 풍요에만 국한되지 않는다. 우리가 사용하는 언어, 가지게 된 세계관과 가치관, 삶과 행동 방식 등 거의 모든 것이 사회에 의하여 결정되거나 영향을 받는다. 미국의 사회학자 미드(George Mead)는 "사회가 나를 만든다"(I am what the society makes me.)라고 주장한 것은 일리가 있다.

특히 인간 집단이 가지고 있는 윤리적 함의는 매우 크다. 지난 세기 중반에 미국의 신학자 니버는 〈도덕적 인간과 비도덕 사회〉에서 사회의 도덕적 의의를 파헤쳤다. 그에 의하면 개인에게는 양심, 합리성, 동정심, 체면, 자존심 등이 있어 어느 정도 도덕적이 될 수 있으나 집단에게는 그런 도덕적 자원들이 없기 때문에 개인보다 훨씬 더 비도덕적이 될 수 있다고 주장했다. 물론 집단 혹은 제도 자체가 자유의지나 합리성이 있어서 도덕적 혹은 비도덕적으로 행동하는 것은 아니지만 집단의 구성원인 개인들의 도덕성이 집단 뒤에 숨어 스스로의 얼굴로 나타날 때보다 훨씬 더 비도덕적이 될 수 있는 것이다. 우리는 그런 현상을 오늘날 큰 문제가 되고 있는 집단 이기주의에서 분명하게 볼 수 있고, 그런 이기주의의 가장 전형적인 표현은 국가 이기주의다. 개인으로서는 차마 하지 못할 짓을 집단의 일원으로, 한 나라의 국민으로는 감행하는 것이다. 나치나 식민지 시대의 일본 군인들이 저지른 만행은 아마 민낯을 가진 개인으로는 결코 할 수 없었을 것이다. 국가의 이익을 위해서 한다고 생각하기 때문에 개인의 체면, 양심 같은 것이 작용하지 않을 수 있는 것이다. 강대국 국가의 국민이나 자선단체는 가난한 나라의 어려운 사람들을 극진히 보살피지만 국가는 여러 가지 수단을 동원하여 가난한 나라들을 착취하므로 개인들이 돕는 것 몇 배를 가져가는 것이다. 그러므로 오늘날 사람이 사람에게 주는 고통의 상당부분은 개인이 아니라 사회가 주는 것이고, 사회가 개인보다 더 비도덕적이므로 그 고통은 그만큼 더 클 수밖에 없다.

사회가 개인보다 더 비도덕적이 될 수 있다는 사실은 사회 구성원들의 도덕성을 제고하는 데 심각한 방해가 될 수 있다. 사실 우리는 일상생활에서 윤리적인 함의가 있는 행위를 할 때마다 어떻게 행동하는 것이 옳은가를 일일이 따지지 않는다. 특별한 경우를 제외하고는 대부분 우리는 우리 개인의 습관과 사회의 관습에 따라 행동한다. 머리말에서 윤리(ethics)나 도덕(morality)이란 말의 어원이 '관습'(ethos, mos)이란 단어란 것을 지적했거니와 윤리란 그 자체로 상당할 정도로 사회적이다. 물론 같은 사회에서도 어떤 사람은 좀 더 도덕적이고 어떤 사람은 좀 더 비도덕적이지만, 그래도 비교적 도덕적인 사회 구성원들 다수는 도덕적 수준이 낮은 사회의 구성원들보다 더 도덕적이란 것은 부인할 수 없다. 일반적으로 한국인들이 일본인들보다 거짓말을 더 많이 하는 것은 한국인 한 사람 한 사람이 일본인 한 사람, 한 사람보다 도덕적으로 열등하기 때문이 아니다. 한국 사회가 일본 사회보다 더 거짓되기 때문이다.

물론 나는 도덕의 사회결정론을 주장하지는 않는다. 도덕적 수준이 낮은 사회의 모든 구성원 한 사람, 한 사람은 숙명적으로 비도덕적으로 행동한다 할 수는 없다. 모든 사회에서 그 사회의 평균 도덕성을 훨씬 초월하는 도덕적 선구자가 있기 마련이고 그런 사람들이 많아서 하나의 사회적 세력을 형성하면 사회의 도덕적 수준을 제고할 수 있다. 그러나 그런 선구자가 충분하지 않으면 사회의 도덕성과 개인의 도덕성이 악순환을 일으켜 같이 악화될 가능성도 얼마든지 있다. 그런 사회에서는 사람이 사람에 의하여 고통 받는 정도가 클 수밖에 없는데, 그것은 고통을 가하는 개인이 특별히 악해서가 아니라 사회의 도덕적 수준이 낮기 때문이다.

제 2 장

—

인간과 도덕

1. 자유의지와 책임

나는 어렸을 때 우리 집에서 기르던 소를 심히 때린 적이 있다. 소를 먹이러 산에 가서 방목을 했는데 산에 지천으로 깔려 있는 풀은 먹지 않고 골짜기 천수답에 자라는 벼를 뜯어먹었기 때문이다. 가난한 농부의 벼를 망쳐놓은 것에 대해서 화가 나서 몽둥이로 마구 때린 것이다. 그때는 내 나이가 어려서 소에게는 자유롭게 선택할 능력이 없고 따라서 책임을 요구할 수 없다는 사실을 몰랐기 때문이다.

소를 포함해서 자연계에 속한 모든 것은 인간에게 이익도 끼칠 수 있고 고통도 줄 수 있으나 그 사실에 대해서 보상을 받거나 벌을 받지 않는다. 자연현상에는 자유의지가 없기 때문에 스스로 결정해서 사람에게 이익을 주거나 해를 끼칠 수 없고 따라서 책임을 물을 수 없다. 개가 사람을 물었거나 소가 벼를 뜯어먹었을 때도 개나 소를 처벌하지 않고 개나 소의 주인에게 책임을 묻는 것은 짐승에게는 옳고 그름을 구별할 수 있는 능력도 없고 본능의 요구를 억제할 가능성도 없기 때문이다. 인간만이 고통을 가하지 않을 수 있고 이익을 줄 수 있는데도 불구하고 고통을 가하고 이익을 주지 않을 수 있다. "의무(Sollen)는 가능성(Können)을 전제한다"고 칸트가 잘 지적했다. 자연은 무엇이 옳으며 무엇이 그른지, 그리고 옳은 것은 실천하고 그른 것은 억제하는 능력이 없으므로 자연에게는 책임을 물을 수 없으며 따라서 자연에는 도덕이 있을 수 없다. 오직 인간에게만 도덕이 가능하고 인간에게만 도덕이 요구된다. 인간이라도 정신질환 때문에 정상적인 판단을 할 수 없으면 도덕적 책임을 물을 수 없다. 1961년 미국의 레이건 대통령을 총으로 쏜 힝클리는 정신과 의사들의 진단결과 정상적인 사고를 할 수 없을 정도로 정신병을 앓고 있다는 것이 드러나 벌을 받지 않고 정신병원에 입원되었다.

물론 심리학자나 철학자들 가운데는 인간에게도 자유의지가 없다고 주장하는 사람들이 상당 수 있다. 행동심리학자 스키너(B. F. Skinner)는 인간의 자유니 존엄성이니 하는 것들은 모두 허구요 환상에 불과하다고 주장했다. 물론 그렇게 주장할 이론적 근거는 얼마든지 있다. 한 사람의 가치관과 행위 결정에 영향을 끼치는 것은 무수하고 아무도 그것을 모두 다 인식할 수 없고 제어할 수 없다. 그러므로 우리는 모두 우리의 자유로운 의지에 의하여 결정한다고 생각하지만 실제로는 무수한 외부, 내부의 영향과 원인 때문에 그런 결정을 내린다고 볼 수 있다. 역사상 가장 많이 알려진 결정론자는 네덜란드 철학자 스피노자(B. Spinoza)였다. 그는 우리가 자유로운 의지의 결정에 의해서 행동한다고 생각하는 것은 마치 사람이 돌멩이를 던지면 그 돌멩이는 던진 사람의 힘, 공기의 저항, 지구의 인력 등에 의하여 포물선을 그리며 날아가는데, 돌멩이 자신은 자기가 스스로 결정해서 그렇게 날아간다고 생각하는 것과 같다고 하였다. 이 세상에 원인 없는 결과가 어디 있는가? 사람도 어떤 결정을 한다면 반드시 어떤 이유나 원인이 있을 것이 아닌가? 인과론적 설명이 자연과학의 핵심적인 방법론이고 현대문명을 주도하는 것이 자연과학이기 때문에 우리들은 모든 것을 인과관계로 설명하고 이해하는 데 매우 익숙해져 있다. 자유의지란 원인 없는 원인을 뜻하기 때문에 현대인의 구미에 맞지 않는다.

결정론적 사고는 이미 상당할 정도로 우리의 법 제도에도 많이 반영되어 있다. 범죄자를 수용하는 곳을 감옥(prison)이라 하지 않고 교도소(reformatory)라 부르게 된 것에도 어느 정도 나타나 있다. 범죄자는 나쁜 사람이거나 악한 의지로 악을 행한 것이 아니라 양육, 교육, 생활 등의 과정에서 나쁜 영향을 받았고 사회제도가 잘못되었기 때문에 법을 어기게 되었으므로 사회는 그들을 처벌할 것이 아니라 잘 교도할 책임이 있다는 것을 함축하고 있다.

사실 결정론이 가장 심각하게 문제되는 분야가 바로 범죄에 대한 처벌이다. 법을 어기고 악을 행한 것이 자신의 자유로운 결정이 아니라 바깥으로부터 받은 영향에 의한 것이라면 그를 처벌하는 것은 공정하지 못한 것이 아닌가? 물론 자신의 행동을 통제할 수 없을 정도의 정신적 문제가 있는 사람이 범죄행위를 했을 때는 그 상황을 참작하는 것이 정당하고 이해가 된다. 그러나 결정론을 일관성 있게 따른다면 매우 정상적인 사고능력과 제어능력을 가진 사람의 범죄행위도 처벌하는 것은 불공정하다 해야 할 것이다.

그러나 우리의 구체적인 일상생활에서는 우리가 모두 전혀 다른 전제에서 행동한다. 이론적인 결정론자들을 포함해서 우리는 아무도 우리 자신과 우리가 만나는 다른 사람들을 자유의지가 없는 로봇으로 취급하지 않는다. 〈이기적 유전자〉(Selfish Gene)란 책을 써서 이론적으로 결정론자일 수밖에 없는 도킨스(Richard Dawkins)도 일상생활에서 결정론자가 될 수 없음을 스스로 인정했다(Paul Copan의 질문에 대한 Richard Dawkins의 대답에서). 만약 인간에게 자유의지가 없고 따라서 존엄성도 없다면 지금 우리의 가치관, 생활방식, 정치제도 등 문화의 상당부분을 근본적으로 바꿔야 할 것이다. 히틀러를 비판할 이유가 없고 슈바이처나 테레사 수녀를 존경할 이유도 없다. 인간에게 자유의지가 없다면 윤리니 처벌이니 하는 것에 근거가 없고 사회는 정상적으로 존속될 수 없게 될 것이다. 그러나 우리는 모두 우리 자신과 이웃을 자신의 말과 행동에 책임을 질 수 있는 인격체로 인정하고 교류한다. 칸트는 '인격'(Person)을 책임을 질 수 있는 것(Verantwortungsfähigkeit)으로 정의했다. 만약 결정론자들의 주장이 옳다면 인간 사회는 전적으로 근본적인 오해에 근거해서 이뤄지고 있다고 해야 할 것이다.

자유의지를 부인하는 결정론은 특히 다른 사람을 보는 우리의 구체적인 태도에 심각한 문제를 야기할 것이다. 다른 사람을 자유의

지가 없는 존재로 취급하는 것은 그에 대한 가장 심각한 모독이 아
닐 수 없다. 아내와 남편, 자녀와 부모가 자유의지가 없는 로봇이라
면 우리의 삶은 얼마나 기괴하고 비참하겠는가? 자신의 자유로운
결정에 따라 행동하는 것이 아니라 가해지는 외부의 압력이나 영향
에 의하여 행동하는 사람을 우리는 꼭두각시라 욕한다. 결정론은
결국 모든 사람을 꼭두각시로 만드는 것이다. 결정론을 주장하는
사람들도 구체적인 삶에서는 자유의지가 있다는 것을 전제로 사람
들과 교류하고 있는 것은 오히려 다행이라 할 수 있겠다.

　결정론은 심각하게 악용될 수 있고, 이미 어느 정도 악용되고 있
다. 책임회피의 수단으로 많이 이용되고 있는 것이다. 끔직한 죄
를 짓고도 자신이 그렇게 하지 않을 수 없었다는 이유와 궤변을 동
원하는 것이다. 아일랜드 출신 영국 소설가요 철학자였던 머독(Iris
Murdoch)에 의하면 결정론적 관점이 일반화되어 있지 않은 남미지
역의 죄수들은 결정론적 분위기에 젖은 북미의 죄수들보다 훨씬 더
자존감이 높았다 한다. 남미의 죄수들은 자신들이 죄를 지은 것이
자신들의 잘못 때문이므로 벌을 받는 것은 당연하고 벌을 받음으
로 죗값을 다 치르고 나면 자신들은 떳떳한 시민이 될 수 있다고 생
각한다 한다. 그러나 결정론적 사고에 익숙한 북미의 죄수들은 자
신들이 교도소에 들어간 것이 자신들의 잘못 때문이 아니라 국가가
잘못했기 때문이라고 생각한다는 것이다. 국가가 정책을 잘못 펴
서 자신들이 범죄하지 않을 수 없도록 사회적·교육적 환경을 조성

해 놓았기 때문에 자신들이 처벌을 받는 것이 억울하고, 형기를 마쳐도 잘못된 환경에서 성장했고 그런 환경이 아직도 남아 있기 때문에 재범할 수밖에 없으며 따라서 정상적인 시민이 될 수 없다고 생각한다는 것이다. 상당할 정도의 숙명론적 자아관을 갖고 있다는 것이다.

그렇다면 우리는 자유의지가 가능하다는 이론과 그런 자유의지가 없다는 결정론 가운데 어느 것을 택할 것인가? 적어도 아직까지는 결정론을 따라야 할 근거가 결정적으로 확실하지는 않다. 결정론자들은 상당할 정도로 학자들이 자주 저지르는 연장(延長, extrapolation)과 환원주의(還元主義, reductionism)의 오류를 범하고 있다. 외삽이란 확실히 증명된 것을 논리적으로 확대 연장하여 증명되지 않은 것까지 마치 증명된 것처럼 간주하는 것이고, 환원주의란 다양한 양상을 한 가지 양상으로 단순화하여 설명하는 것이다. 예를 들어 인간의 모든 정신활동을 심리학적 현상으로, 모든 심리적 현상을 생물학적 현상으로 환원해서 설명하는 것과 같은 것이다. 자유의지는 원칙적으로 자연과학의 연구 대상이 될 수 없는 특징을 가지고 있다. 현대과학이 말하는 설명(explanation)은 인과론적이다. 간밤에 물이 언 것은 온도가 내려갔기 때문이고 모든 물은 0도 이하이면 얼기 때문이라고 설명하는 것과 같은 것이다. 그런데 자유의지란 그 자체가 원인 없는 원인을 전제하는 것인데, 그런 것을 자연과학의 영역에 속할 수 없다. 비트겐슈타인(L. Wittgenstein)이 그의 〈논리-철학 논고〉(*Tratatus Logico-philosophicus*)에서 윤리는 종교나 미학처럼 초자연적이고 신비들 가운데 하나로 과학적 언어로 표현될 수 없다고 주장하였다. 윤리가 신비에 속하는 이유는 윤리는 자유의지가 전제되지 않으면 의미가 없기 때문이다.

비트겐슈타인은 같은 책에서 인간 삶에서 가장 중요한 것들은 모두 과학적 언어 영역 바깥에 있다고 했다. 톨스토이(L. Tolstoy)는 과학이 삶의 의미를 제시할 수 없기 때문에 무의미하다고 주장했고 베버(Max Weber)도 그에 동의했다. 사실 그렇다. 삶의 의미, 사랑, 자비, 슬픔, 고통, 아름다움, 고상함 등은 우리 삶에서 매우 중요한 것들인데 모두 과학적 설명을 거부한다. 만약 사랑이 과학적으로 설명된다면 연인들의 뜨거운 사랑, 자식에 대한 부모의 숭고한 사랑, 불쌍한 이웃에 대한 희생적인 사랑은 모두 생물학적 혹은 다른 외부 원인의 작용에 의하여 나타나는 결과로 드러날 것이고 사랑을 노래한 그 수많은 시, 소설, 노래와 희생적인 사랑을 칭송하는 모든 행위는 인형극 연기에 불과하게 되고 말 것이다. 자유의지도 사랑과 같은 범주에 속한 것으로 인식되어야 할 것이다.

2. 당위의 근거

사람이 하는 행동에는 여러 가지 종류가 있지만 그 가운데는 꼭

하고 싶지는 않지만 '마땅히 해야 하는 것들'이 있고 하고 싶기는 하지만 '하면 안 되는 것들'이 있다. 일하는 것, 공부하는 것도 그렇지만 법을 지키는 것, 정직하게 말하는 것도 그런 것이며, 속이고 싶고 훔치고 싶은 것도 그런 것이다. 하기 싫지만 하는 것, 하고 싶지만 하지 않는 것은 일종의 명령에 복종하는 것이라 할 수도 있다.

그런데 일하는 것, 공부하는 것은 우리가 원하는 목적을 달성하기 위해서 하는 것이다. 먹고사는 것, 출세하고 성공하는 것, 인간답게 사는 것 등은 우리 모두가 원하는 것이고, 그것을 이루기 위해서는 열심히 일하고 공부해야 하는 것이다. 마치 맛있는 것을 먹는 것처럼 그렇게 즐겁게 일하고 게임할 때의 즐거움으로 공부하는 사람은 많지 않겠지만 우리 모두가 먹고살기 원하며 인간답게 살기 원하기 때문에 일하고 공부하는 것도 역시 간접적으로 원해서 하는 것이라 할 수 있다. 즉 우리가 원하는 것을 이룩하려면 우리는 '마땅히' 일하고 공부해야 하는 것이다.

그러나 우리가 그렇게 원하는 목적을 위한 수단이 아닌데도 불구하고 우리가 '마땅히' 해야 하는 행위가 있다. 사람은 "마땅히 약속을 지켜야 한다"든가, "거짓말하면 안 된다"는 것이 그런 것이다. 물론 약속을 지키고 정직하게 행동하는 것도 역시 사람이 원하는 목적을 달성하기 위한 하나의 수단이라 하는 주장도 있고, 이에 대해서는 후에 상세하게 다룰 것이다. 그러나 우선은 약속을 지키는 것과 일을 열심히 하는 것은 서로 다른 종류의 의무다. 전자는 '다른 사람'에게 해를 끼치지 않기 위한 의무인 반면에 일을 열심히 하는 것은 자신의 이익을 위해서 수행해야 하는 의무다.

그저 행동'하는 것'(do)은 사실이고 행동'해야 하는 것'(ought to do)은 의무며 명령에 순종하는 것이다. 우리가 숨을 쉬는 것은 사실이고, 정직하게 말하는 것은 의무이며 명령에 대한 순종이란 것이다. 우리가 '마땅히 해야' 하기 때문이다. 이것을 윤리학에서는 '당위'(當爲, oughtness, Sollen)라 한다.

명령하는 것은 우선 명령을 따를 수 있는 가능성을 전제로 한다. 소 주인이 소에게 "산에 있는 풀만 먹고 벼는 뜯어먹지 마라!"고 명령하거나 장교가 병사에게 "날아라!" 하고 명령할 수는 없다. 가능하지 않은 것은 명령해 봤자 아무 소용이 없다. 명령은 자유의지와 능력이 있는 사람에게만 적용될 뿐 자유가 없고 능력이 없는 짐승에게는 요구되지 않는다. 그러므로 당위란 능력과 자유의지가 있는 사람에게만 적용되고 할 수 있는 것에만 요구된다. 그리고 이미 즐거이 잘하고 있는 것을 명령할 필요가 없다. 대통령이 국민에게 "돈을 사랑하시오"나 "숨을 열심히 쉬세요" 하고 명령할 필요가 없다. 이미 너무 잘 하고 있기 때문이다. 명령하지 않으면 잘 하지 않는 경우에만 명령이 필요하다. "세금을 잘 바치세요"란 명령은 의미가 있다. 사람들이 세금 바치는 것을 별로 좋아하지 않기 때문이다. 사람이 모두 천사같이 선하다면 당위가 필요하지 않다.

그런데 윤리에서 매우 중요한 문제는 바로 이 당위의 근거가 무엇인가 하는 것이다. 도무지 왜 우리는 하고 싶지 않고 우리가 바라는 것을 얻는 데 도움이 되지도 않은 명령에 순종해야 하는가? 나는 부자가 되기 위하여 좀 속이고 싶은데도 왜 정직하라는 명령을 따라야 하는가?

윤리학은 그동안 이 당위의 근거가 무엇인가에 대해서 많이 논의해 왔다. 도무지 왜 우리는 도덕적으로 행동해야 하는가? 무슨 근거로 우리는 정직해야 하며 도둑질하지 말아야 하는가? 무슨 권리로 비도덕적인 사람을 비난하고 처벌하는가? 이에 대한 몇 가지 이론을 소개하면 다음과 같다.

1) 신명론

가장 오래되고 지금도 상당한 설득력을 가지고 있는 입장이 신명론(神命論, Divine Command Theory)이다. 문자 그대로 신이 명령했기 때문에 지켜야 한다는 것이다. 사실 종교적 신앙을 가진 사람들에게는 신의 명령은 절대적이므로 강력한 권위를 행사하는 것이 당연하다. 종교적 신앙이 철저했던 과거에는 말할 것도 없고 그때 형성되었던 전통이 강하게 남아 있는 사회에서는 신의 계율이 아직도 결정적인 영향을 행사한다. 이슬람권 사회에서는 지금도 신명론이 도덕적 당위의 기본적인 근거로 작용하고 있고 미국 같은 사회에서도 과거 신명론에 입각한 도덕문화의 유산이 강하게 남아 있다. 신의 존재와 그의 절대성을 믿으면서도 그의 명령을 순종하지 않는다면 그 신앙은 진정하다 할 수 없을 것이다.

그런데 그 신의 명령이 어떤 성격의 것이냐에 따라서 해석이 다를 수 있다. 예를 들어 살인하지 말라는 신의 명령에 대해서 살인이 나쁘니까 신이 금지했다는 입장이 있는가 하면, 신이 금지했으니까 살인이 나쁘다고 보는 입장이 있다. 전자는 플라톤(소크라테스)과 가톨릭 신학의 입장이고 후자는 신의 절대적 권위를 강조하는 개신교 신학의 입장이다. 이에 대해서는 뒤에서 좀 더 논의하겠다.

그러나 오늘날 철저히 세속화되고 탈종교화한 사회에서, 그리고 상당수의 종교인들이 명목상으로만 종교인이고 실제적인 무신론자(practical atheists)인 상황에서 신명론의 영향력은 상대적으로 약할 수밖에 없다. 일반적인 윤리이론으로는 별로 소용이 없는 것이 되고 말았다.

2) 의무론

신명론에서 살인이 나쁘기 때문에 신이 금지했다는 주장은 사실 좀 엄격하게 따진다면 엄밀한 의미의 신명론이라 하기가 어렵다. 살인 그 자체가 나쁘다는 것은 신의 명령에 의하여 결정되는 것이 아니라 또 다른 기준에 의하여 결정될 수밖에 없고, 그 기준에 의하여 살인이 나쁘다고 판정된 것을 신이 금지하는 것이기 때문이다. 살인이 나쁜지 아닌지를 판단하는 최초의 기준은 신의 명령이 아니므로 그것은 신명론이라 하기보다는 의무론(義務論, Deontological Theory)이라 해야 할 것이다.

의무론이란 옳고 그름을 판단하는 절대적인 기준이 있고 그것은 이성을 가진 인간이면 누구나 직관으로 알 수 있다고 보는 것이다. 우리는 모두 "거짓말은 나쁘다"는 것을 알고 있고, 거짓말이 왜 나쁜가에 대해서는 그 이상 따지지 않는다. 우리는 모두 거짓말하는 정치인을 나무라고 사기꾼을 욕한다. 사기, 위증 등 거짓말이 들어가는 모든 것은 그 자체로 나쁘기 때문에 그 이유를 따지지 않는다. 그것은 너무 당연하기 때문이다.

우리의 전통적 윤리도 그런 점에서 의무론이라 할 수 있다. 논어(論語)에도 옳지 못한 것들에 대해서 많이 지적하지만 왜 그것들이 옳지 못한가에 대해서 구태여 그 이유를 제시하지 않는다. 조선 중기 박세무(朴世茂)가 지은 동문선습(童蒙先習) 서론에도 "하늘과 땅 사이에 있는 모든 것 중에서 오직 사람이 가장 귀한데, 사람이 귀한 까닭은 오륜이 있기 때문이다"(天地之間萬物之中에 惟人이 最貴하니 所貴乎人者는 以其有五倫也) 하고 씌어 있다. 오륜(五倫) 같은 윤리적 기준은 사람에게 본질적으로 주어졌다는 생각이다. 정상적인 인간에게는 양심이란 것이 있다는 생각도 역시 의무론에 속한다. 그러므로 오륜을 지키지 않고 도덕적으로 행하지 않는 사람은 양심이 없고 따라서 인간의 자격에 미달한다고 보는 것이다. 동서양을 막론하고 아주 못된 짓을 하는 사람을 '짐승 같은 놈', 혹은 짐승의 마음(獸心)을 가진 사람이라고 비난하는 것에는 윤리는 인간에게 본질적이란 생각이 깔려 있다. 이런 믿음이 있는 것은 다행이고, 좀 더 많은 사람들이 이런 확신을 가졌으면 좋겠다. 요즘에는 짐승 같은 사람도 많고 심지어 짐승보다 더 못한 인간도 무수하다.

의무론의 가장 철저한 대변자는 독일 철학자 칸트다. 그의 "두 가지가 나를 경탄케 한다. 내 머리 위에 별이 빛나는 하늘과 내 속에 있는 도덕률이다"란 말은 잘 알려져 있다. 자연현상이 주어진 것과 같이 도덕률도 이성을 가진 인간에게 본질적으로 주어졌고, 왜 별이 빛나는 하늘이 주어졌는지를 설명할 수 없는 것처럼 왜 도덕률이 주어졌는지도 설명할 수도 없고 설명할 필요도 없는 것이다. 그저 경탄할 뿐이다. 우리가 흔히 말하는 양심이란 것도 칸트가 말한 도덕률과 비슷한 것이라 할 수 있다.

칸트는 우리에게 주어진 이 의무감 혹은 선한 의지는 그 자체로 순종을 요구하지 다른 어떤 목적을 위한 수단이 되어서는 안 된다고 강조했다. 예를 들어 내가 정직해야 한다는 명령은 그 자체로 옳기 때문에 무조건 순종해야지 내가 정직하면 사람들이 나를 믿어줄 것이고 결과적으로 나에게 이익이 될 것이므로 순종한다면 이는 진정한 의미에서 도덕적이라 할 수 없다는 것이다. 정직 그 자체가 옳기 때문에 정직한 것이 아니라 자신의 이익을 위하여 정직한 것이기 때문이다. 정직은 다른 무엇을 위한 수단이 될 수 없다는 것이다. 종교인이 사후에 천국에 가기 위하여 선행을 하는 것도 도덕적이 될 수 없다고 했다. 단순히 올바로 행동해야 한다는 의무감에서 행동한 것이 아니라 자기의 구원을 위해서 행동했기 때문에 이기적이고, 이기적인 것을 도덕적이라 할 수 없다는 것이다. 칸트는 의무감 외에 어떤 다른 동기에서 행동하는 것도 도덕적이 될 수 없다는 매우 엄격한 입장을 취했다.

그리고 칸트는 신의 명령이나 다른 권위에 의한 압력 때문에 정직하게 행동하는 것도 자율적인 인격체의 자유로운 의지에 의한 것이 아니기 때문에 도덕적이 될 수 없다고 보았다. 압력에 굴복하는 것도 불복함으로 당할 수 있는 손해를 피하기 위한 것이므로 이기적이 되는 것이다. 유일하게 선하다고 할 수 있는 것은 '선한 의지'(gute Wille)뿐이라고 주장했다.

심지어 어떤 사람이 너무 불쌍하게 보여서 그에게 선을 행한 것이나 누구를 사랑하기 때문에 그에게 올바로 행동하는 것도 도덕적이 아니란 입장을 취했다. 어떤 종류의 것이든 감정은 칸트에게 그렇게 높은 점수를 받지 못했다. 고대 그리스 시대로부터 서양문화에 깊이 뿌리내린 전통 가운데 하나는 감정에 대한 부정적인 평가이고 그런 것이 칸트의 사상에 깊이 숨어 있다. 감정이란 사람이 제어할 수 없는 것이므로 감정에 이끌리어 행동하는 것은 자신의 자유로운 결정에 의해서 행동하는 것이 아니고 수동적으로 따라가는 것이다, 따라서 그것은 타율적인 것이고, 타율적인 행동은 엄격하게 말해서 스스로 책임질 수 있는 자신 고유의 행동이라 할 수 없다고 보는 것이다. 서양인들이 감정 억제에 강한 것도 감정에 대한 그런 부정적인 평가 때문이다. 암살당한 케네디 전 미국 대통령의 장례식에서 그 부인 재클린 여사가 눈물 한 방울 흘리지 않은 것을 미국 방송은 반복해서 칭찬했다. 감정을 억제하지 못하는 사람은 서양에서는 수양이 덜된 사람으로 취급받는다. 칸트는 그런 사고방식의 대변자였다 할 수 있다.

지나칠 정도로 엄격한 칸트의 입장은 물론 비판과 심지어 조롱을 받기도 했다. 칸트의 뛰어난 제자라 할 수 있는 당대의 시인 실러(F. von Schiller)가 '양심의 가책'이란 제목의 시를 썼다. "나는 즐거이 친구를 위해서 봉사한다. 그러나 그만 그렇게 하고 싶은 마음이 있어서 그렇게 한다. 그래서 가끔 이런 생각이 난다. 나는 도덕적이 아니라고!" 오직 순수한 의무감에서 봉사해야지 친구를 돕고 싶은 마음이 생겨서 선행을 하는 것은 감정에 이끌려 하는 것이기 때문에 도덕적인 가치가 없다고 한 칸트의 주장에 실러가 비아냥거린 것이다.

칸트는 구체적인 상황에서 어떻게 행동하는 것이 도덕적인가를 판단하는 방법을 제시했다. 그것이 그 유명한 정언명령(定言命令, kategrorischer Imperativ)이란 것이다. 칸트는 몇 가지 형식으로 그 정언명령을 표현했는데 가장 대표적인 형식은 "당신의 개인적인 수칙이 동시에 보편적인 법칙이 되는 것을 원한다면 그 수칙에 따라 행동하라"는 것이다. 여기서 '수칙'(Maxim)이란 개인적인 행동규칙을 뜻한다. 나의 개인적인 행동방식이 보편적이 되어도 좋다고 생각할 때만 그 수칙에 따라 하는 행동은 도덕적이란 것이다. 예를 들어 "나는 배가 고프면 남의 돈을 훔친다"는 개인적인 수칙을 가졌다 하자. 그런데 그것이 "누구든지 배가 고프면 도둑질하라"는 보편적인 법칙이 되는 것을 바란다면 그렇게 행동해도 된다는 것이다. 칸트의 의도는 물론 아무도 누구든지 배가 고프면 도둑질하는 것을 원하지 않을 것이 아닌가 하는 것이다. 누구든지 배가 고플 때마다 도둑질하게 되면 나도 도둑을 맞을 수 있을 것이니까 그런 법칙을 원하지 않는다는 것도 칸트가 의도한 이유가 아니다. 오히려 인간에게는 이성이 있으므로 자기가 도둑을 맞을 가능성 여부를 떠나서 아무도 도둑질이 보편적이 되는 것을 원하지 않는다는 것이다. 사람은 행동의 결과가 아니라 그 행위 자체가 옳아야 하고, 그것이 옳은지 아닌지는 그것을 보편화시켜 보면 알 수 있다는 것이다. 이런 것을 철학윤리학에서는 "보편화가능성의 원칙"(普遍化可能性의 原則, Principle of Universalizability)이라 한다. 보편화가 가능하면 무엇이든지 허용될 수 있다는 것인데 동서고금에 알려진 소위 황금률(黃金律)이 바로 그런 것이다. 성경에도 "무엇이든지 남에게 대접을 받고자 하는 대로 너희도 남을 대접하라"는 것이 있고 논어(論語)에도 "자신이 원하지 않는 바를 다른 사람에게 베풀지 마라"(己所不欲, 勿施於人)란 것이 있다. 정상적인 사람에게는 상당한 설득력이 있고, 아주 중요한 윤리적 원칙이라 할 수 있다.

칸트는 물론 보편화할 수만 있다면 무엇이든 다 도덕적이라고 주장한 것은 아니다. 가령 "나는 식사하기 전에 반드시 손을 씻는다"는 수칙을 가졌다 하자. 나는 그것이 보편화되는 데 전혀 반대하지 않을 뿐 아니라 오히려 보편적이 되기를 바란다 하자. 그렇다고 해서 식사 전에 손을 씻는 것이 도덕적이라 하거나 식사 전에 손을 씻지 않는 것은 비도덕적이라 할 수는 없다. 다만 도덕의 범주 안에 있는 것이라야 보편화되었을 때 도덕적이 되는 것이다. 손을 씻는 것은 도덕의 범주에 속한 것이 아니다.

의무론은 상당한 설득력을 가지고 있고 따라서 이에 동의하는 사람들도 적지 않다. 그러나 많은 사람들은 다른 사람들이 그 원칙에 따라 행동하기를 바랄 뿐 자기 자신은 그런 원칙에 따라 행동하려 하지 않는다. 자신은 예외로 만들고, 예외가 될 수 있는 핑계를 만드는 것이다. 보편적인 원칙에 따라 행동하는 것이 힘들고 특히 자신에게 별로 이익이 되지 않는 반면 보편적인 원칙에 어긋나게 행동했을 때 오히려 상당한 이익이 기대된다면 사람은 황금률 같은 것을 어기고 싶은 유혹을 받는다. 우리는 자주 "사람은 마땅히 정직해야지!", "거짓말하는 자는 나쁜 놈이야!" 등과 같은 '공자님 말씀'을 많이 듣는다. 그런 말을 한다는 사실은 정직이 옳고 거짓말이 나쁘다는 것을 충분히 알고 있음을 말해 준다. 그런데 그렇게 알고 말하는 사람들만이라도 자신들이 그 말대로 행동한다면 인류 사회는 훨씬 더 정직해졌을 것이고 훨씬 더 살기 좋은 세상이 되었을 것이다.

나아가서 상당수 사람들은 정직해야 하는 것은 당연하지만 세상이 다 부정직하니까 자신이 특별히 더 부정직한 것은 아닐 뿐 아니라 그래도 많은 다른 사람들보다는 좀 더 정직하다고 자위한다. 아주 나쁜 경우는 자신이 비도덕적이란 사실 자체를 인식하지 못하는 것이다. 인간에게는 묘하게도 자신에게 불리한 것은 편리하게 잊어버리는 심리적 기제가 있다. 그래서 의무론이 터무니없는 주장이라 할 수는 없어도 사람들로 하여금 도덕적으로 행동하도록 설득하는 데는 별로 효과가 없고 특히 이해관계에 민감해진 현대인에게는 더더욱 무력하다.

3) 목적론

도덕적 직관이나 합리성보다는 오히려 도덕적으로 행동하는 것이 자신에게 어떤 종류의 것이든 이익이 된다고 믿으면 오히려 더 도덕적으로 행동하게 되지 않겠는가 하고 생각해 볼 수 있다. 바로 이런 입장에서 제시된 윤리이론이 목적론(目的論, Teleological Theories)이란 것이다. 즉 도덕적인 행위를 도덕적 가치 이외의 다른 가치를 얻기 위한 수단으로 취급하는 것이다. 물론 그 다른 가치는 사람들이 다 원하는 것이라야 한다. 예를 들어 "정직하면 성공한다"는 주장은 윤리적인 덕목인 '정직'을 윤리 외적 가치인 '성공'을 위한 수단으로 취급하는 것이다. 모든 사람이 다 성공하기를 원하기 때문에 정직이 성공에 기여하는 것이 확실하면 정직하지 않겠는가 하는

것이다. 칸트는 이런 것을 가언명령(假言命令, hypothetischer Imperativ)
이라 불렀다. "성공하려면 정직하게 행하라"란 명령에는 "성공하려
면"(If…)이란 조건 혹은 가정이 붙어 있기 때문에 이를 가언명령이
했다. 칸트는 물론 이런 가언명령에 순종하는 것은 설정된 목적을
달성하기 위한 하나의 수단이고 정략일 뿐 결코 윤리적이라 할 수
없다고 강하게 비판했다. 칸트가 윤리적이라고 본 정언명령은 그런
조건이 붙어 있지 않다. 무조건 순종해야 하는 것이다. 그래서 어떤
사람은 칸트의 Kategorischer Imperativ를 정언명령 대신 무상명령
(無上命令)이라 번역하기도 한다.

　목적론에서 목적으로 지목된 것들 가운데 가장 많이 거론된 것
이 행복이다. 행복은 모든 사람이 예외 없이 추구하는 것이고 도덕
적으로 행동하면 행복해질 수 있기 때문에 모든 사람은 도덕적으로
행동해야 한다는 것이다. 가장 유명한 경우는 기원전 4세기에 활동
한 에피쿠로스(Epicurus)의 쾌락주의다. 그가 말한 쾌락은 본능적 요
구를 만족시킴으로 얻는 육체적인 쾌락이 아니라 검소한 삶과 욕망
의 절제로 얻는 정신적 즐거움을 뜻했다. 그러나 어쨌든 그것도 하
나의 즐거움이고 사람들이 즐겨 추구하는 것이라 본 것이다. 아리
스토텔레스나 스토아 철학도 일종의 행복(eudaimonia)을 최고의 선
으로 취급했는데, 욕망을 충족시킴으로 얻는 쾌락과는 다른 미덕
(virtues)을 수행함으로 얻는 만족과 번영을 뜻했다.

　목적론을 단순화하자면 "행복하게 되려면 도덕적으로 행동해야

한다"는 것이다. "정직해야 성공한다", "정의로운 사회라야 번영하고 평화롭다" 등의 말도 그런 종류의 것이다. 모든 인간은 본능적으로 쾌락을 추구하고, 성공하고 번영하기를 바라며, 평화롭게 살기를 원한다. 그런 것들은 그 자체로 좋은 것이고 사람들이 무조건 추구하는 것들이지 또 다른 목적을 위한 수단들이 아니다. 모든 사람이 예외 없이 추구한다는 사실을 사람들로 하여금 도덕적으로 행동하도록 하는 동기로 이용하자는 것이다.

이런 입장은 분명히 장점을 가지고 있다. 의무론처럼 무조건 "정직하라!", "공정하라!" 하고 명령하는 것보다는 "정직하면 성공한다"고 가르치는 것이 사람들로 하여금 도덕적으로 행동하도록 하는 데 훨씬 더 큰 동기를 부여할 것이다. 특히 현대인들은 원칙, 본질, 본성 같은 것이 과연 있는지에 대한 확신도 없고 그것들의 권위도 별로 존중하지 않는다. 그리고 객관적이고 절대적인 지식을 가능하게하는 이성의 능력도 의심하기 때문에 그런 것을 전제로 하는 의무론은 별로 매력적이지 않고 설득력도 없다. 오히려 자신들이 원하는 가치를 획득하는 데 도움이 된다고 설득하는 것이 훨씬 더 효과적일 수 있다.

목적론적 윤리의 대표는 역시 영국의 철학자 벤담(J. Bentham)과 밀(J. S. Mill)이 주장한 공리주의(公利主義, Utilitarianism)다. '최대다수의 최대행복'을 결과로 가져오는 행동이 윤리적이란 주장이다. 행복을 목적으로 한다는 점에서 그것은 쾌락주의(hedonism)이며 결과를 중시한다는 점에서 결과주의(consequentialism)로 분류된다. 이론적인 약점이 없지 않으나 상당한 설득력을 갖고 있다. 특히 개인의 행복이 아니라 다수의 행복을 목적으로 삼는 데서 도덕적 정당성도 가지고 있다. 오늘날 정부와 정치인들이 그들의 공공정책을 정당화할 때 이만큼 설득력이 있는 이론도 없지 않나 한다. 비록 공리주의란 이름을 들먹이지 않더라도 많은 정부가 실제로 가장 많이 이용하는 이론이 아닌가 한다. 국민을 설득하는 데 그만큼 효과적이란 것을 말해준다. 즉 어떤 정책이 소수에게는 별로 탐탁지 않더라도 최대 다수의 사람들에게 최대의 이익을 가져온다는 것을 증명하기만 하면 사람들이 동의할 수밖에 없을 것이다.

　그러나 공리주의는 이미 많이 알려진 것 같이 적어도 두 가지 아주 심각한 이론적 약점을 가지고 있다. '최대다수의 최대행복'에서 '최대'란 말이 의미가 있으려면 행복 혹은 쾌락을 측량할 수 있어야 할 것이다. 그런데 문제는 행복을 어떻게 측량할 수 있는가 하는 것이다. 같은 공리주의를 주장한 밀(Mill)조차 "배부른 돼지보다 배고픈 소크라테스가 되는 것이 더 좋다"고 주장해서 유명해졌다. 이에 대해서 벤담은 그래도 쾌락을 어느 정도는 측량할 수 있다고 주장했다. 쾌락의 강도(intensity), 지속성(duration), 확실성(certainty), 근접성(propinquity), 번식력(fecundity), 순수성(purity), 범위(extent) 등 일곱 가지 기준으로 행복을 측량할 수 있다는 '쾌락주의적 행복 계산법'(hedonistic calculus of happiness)을 제시했다. 사람들이 좀 웃기는 주장으로 받아들이지만 구체적인 상황에서는 꽤 쓸모 있는 도구로 이용할 수도 있다. 즐거움에도 강도, 지속시간, 그리고 즐기는 사람의 수(extent)가 다를 수 있고, 즐거움이 확실하게 올 것인지, 얼마나 빨리 오는지도 다를 수 있다. 그리고 어떤 즐거움은 그 자체로 끝나버려서 전파력이 약하지만 어떤 즐거움은 다른 즐거움을 생산해서 전파력이 강할 수 있다. 술을 많이 먹고 취하면 즐겁기는 하지만 그 즐거움은 전파력이 없는 대신, 학교에서 좋은 성적을 받으면 그 자체로도 즐겁지만 다른 즐거움을 가져오는 자원으로 작용할 수 있기 때문에 전파력 혹은 번식력이 강하다는 것이다. 물론 엄격하고 정확하게 계산할 수는 없겠지만 그래도 어느 정도의 측량은 가능한 것이 아닌가 한다.

그러나 그보다 훨씬 더 심각한 약점은 공정성의 문제다. 최대다수에게 최대 행복이 도덕성의 기본이라면 소수의 억울한 희생이 정당화될 수 있다는 문제가 야기되는 것이다. 모든 사람의 건강에 큰 도움을 줄 수 있는 신약을 개발하기 위해서 매우 위험한 인체실험이 불가피하다 하자. 그리고 아무도 그 위험한 실험의 대상이 되겠다고 자원하는 사람이 없다고 하자. 공리주의의 원칙에 의하면 전 인류의 행복을 크게 증진시키기 위해서 한두 사람을 속이거나 사형수나 포로들에게 인체실험을 강행하는 것을 비도덕적이라 할 수 없을 것이다. 실제로 어떤 나라에서는 전쟁포로나 죄수들을 그런 목적으로 사용하기도 했다. 식민지 시대에 일본군이 중국인과 한국인들을 생체실험에 이용한 것이 그런 경우다. 그러나 그런 것은 그런 실험을 통해서 온 인류에게 이익이 되는 약이 개발되었다 하더라도 우리의 직관적인 정의감이 허용하지 않는다. 그러므로 공리주의 이론을 엄격하게 적용하는 것은 바람직하지 않다.

물론 공리주의를 여러 형태로 수정해서 이런 약점들을 극복하려는 노력들이 없지 않았다. 그러나 이 두 가지 약점을 완전히 극복하기는 그렇게 쉽지 않다는 것이 드러났다.

3. 최소고통론

벤담과 밀이 제시한 공리주의는 '최대다수의 최대행복'을 추구한다는 점에서 최대행복론이라 부를 수 있다. 그 이론에 나는 조금의 변형을 가해서 최소고통론(最小苦痛論)을 제안함으로 윤리적 당위의 근거를 정당화해 보려 한다. 이 부분이 윤리적 당위의 근거에 대한 나의 입장이고 이 책이 제시하는 윤리이론의 핵심이다.

1) 인간과 고통

일반적으로 행복은 모든 사람이 추구하는 최후의 목적으로 알려져 있고, 고통은 모든 사람이 다 피하는 것으로 알려져 있다. 독일 철학자 셸러(Max Scheler)는 파스칼의 말을 인용하면서 "쾌락이 좋고 고통이 나쁘다는 것은 증명을 요구하지 않는다. 마음이 그것을 느낀다"고 하였다. 최대행복론자 벤담은 "자연은 인류를 고통과 쾌락이란 두 절대적인 주권의 통치하에 두었다. 그들만이 우리가 무엇을 해야 하는가를 지적하며 무엇을 할 것인가를 결정할 수 있다"고 주장했다.

물론 쾌락과 행복이 동일한 것은 아니며 고통과 불행이 꼭 같은 것은 아니다. 같은 공리주의자인 밀의 "만족한 돼지보다는 만족하지 못한 인간이 되는 것이 더 좋으며, 만족한 바보보다는 만족하지 못한 소크라테스가 되는 것이 더 좋다"는 주장이 자주 쾌락과 행복이 동일하지 않다는 것을 말해 주는 것으로 이해되기도 한다. 그래서 가끔은 원문의 "더 좋다"(better)를 "더 행복하다"로 번역하기도 한다. 그렇게 번역하면 밀이 과연 공리주의자인가 하는 의문이 생긴다. 그러나 그 말은 쾌락에도 종류가 있다는 것을 강조하기 위함이지 쾌락 그 자체가 부정적이거나 행복과 무관하다는 것을 말하기 위함이 아니다. 동물적인 욕망을 충족시킴으로 얻는 만족이 고급 예술 작품을 창작하거나 감상할 때 얻는 만족과 같은 것은 아니다. 그러나 어떤 종류의 것이라도 만족이 완전히 결여된 행복을 상상하기는 어렵다. 다만 고급 욕망을 충족시키기 위해서 하급 욕망을 억눌러야 하는 경우가 있을 것이다. 그러나 계속해서 고통을 당하면서도 행복하기는 어렵고, 불행한 사람이 계속 즐거울 수는 없다. 물론 순교자의 경우처럼 스스로 고통을 택해서 당하면서도 행복해 하는 경우가 있을 수 있다. 그러나 그렇다고 하여 고통을 당하더라도 행복할 수 있다고 다른 사람이 설득할 수는 없다. 어떤 사람도 다른 사람을 행복하게 만들기 위하여 그 사람에게 고통을 당하는 순교자가 되라고 요구하거나 그를 행복하게 하기 위하여 순교자로 만들 권리는 없다.

모든 인간은 행복을 추구하며 고통을 회피하고 그렇게 하는 데는 이유가 없다. 철학자 셸러와 파스칼이 주장한 것처럼 그것은 증명할 필요가 없다. 행복은 다른 활동의 목적은 될 수 있으나 행복보다 더 중요한 다른 목적을 위한 수단은 될 수 없고, 고통을 피하는 또 다른 이유도 제시할 수 없다. "왜 당신은 행복을 추구하는가?" "왜 당신은 고통을 피하는가?" 하는 질문은 "왜 1에다 1을 보태면 2가 되는가?" 하는 질문 못지않게 무의미하다. 비록 우리가 셸러나 벤담의 주장에 전적으로 동의하지는 않더라도, 그리고 쾌락과 고통을 어떻게 이해해야 할 것인가에 대해서 의견 차이는 있을지라도, 고통과 쾌락은 인간의 가장 원초적(原初的)인 경험이고 우리의 삶과 행동을 대부분 결정한다는 사실은 부인할 수 없다. 천국 혹은 극락은 행복으로, 지옥은 고통으로 가득 차 있다는 것은 전 인류에게 공통되는 생각이다.

벤담을 비롯해서 대부분의 사람들은 고통과 쾌락을 동일선상에서 대칭적인(symmetric) 것으로 이해하는 것 같다. 행복은 고통이 없는 상태, 고통은 행복하지 않은 상태로 서술하기도 한다. 그래서 쾌락을 추구하는 노력과 고통을 피하는 노력을 같은 것으로 취급한다. 물론 쾌락과 고통이 상관관계에 있는 것은 사실이다. 고통에서 벗어나면 즐겁고, 큰 즐거움이라도 조금 감해지면 고통스럽다. 돈이 많은 사람이 조금 가난해지면 다른 많은 사람들보다는 돈이 더 많지만 역시 불행해질 것이다.

그러나 좀 더 엄격하게 따져보면 쾌락과 고통이 그렇게 대칭적이지 않다는 사실을 발견할 수 있다. 고통을 피하는 것이 쾌락을 얻는 것보다 훨씬 더 절박하고 더 필요하다. 철학자 포퍼(Karl Popper)도 이 사실을 지적한 바 있다. 즐겁지 않아도 좋으니 제발 아프지는 말았으면 하는 것이 대부분 사람들의 본능적인 요구일 것이며, 꼭 행복하지 않더라도 불행하지는 않기를 바랄 것이다. 더 행복해지기보다는 불행에서 벗어나는 것이 더 중요한 것이다. 물론 큰 쾌락을 위하여 작은 고통은 견딜 수 있고, 큰 행복을 위하여 잠시의 불행은 참을 수 있다. 그러나 극심한 고통은 어떤 것으로도 보상되지 않는다. 자살을 하고 안락사를 택하는 사람들이 있는 것을 보면 경우에 따라서는 슈바이처(A. Schweitzer)가 주장한 것처럼 고통이 "죽음보다 더 무서운 인류의 적"이 될 수 있음을 알 수 있다. 쾌락과 고통이란 두 통치자 가운데 고통이란 통치자가 행복이란 통치자보다 훨씬 더 강하고 위협적인 것 같다.

불행하게도 행복은 지속되지 않는다. 신혼 때의 행복이 일생동안 지속되면 오직 좋겠는가? 시험에 합격했을 때의 기쁨, 배가 고플 때 음식 먹는 맛이 계속되면 얼마나 좋겠는가? 불행하게도 인간은 매우 고통스러운 상태에서 벗어났을 때, 보통 상태에서 더 나은 상태로 접어들 때만 즐거울 뿐 그 즐거운 상태가 얼마동안 계속되면 그 이상 즐거움을 느끼지 않는다. 배가 고플 때 먹으면 즐겁지만 배가 부르면 더 이상은 즐겁지 않은 것과 비슷하다. 학자들의 조사에 의하면 바라던 일이 이뤄졌을 때 느끼는 행복은 대부분 3개월 이상 계속되지 않는다 한다. 안타깝다. 영원히 즐거우면 오직 좋겠는가? 그리고 즐거운 상태에 이르러도 계속 그보다 더 즐거우면 오직 좋겠는가? 어떤 사람은 천국에는 그런 상태가 가능할 것이라고 상상한다. 그러나 그런 특권은 땅위에 있는 인간에게는 주어지지 않았다.

그러나 고통, 특별히 육체적인 고통은 쾌락과 다르다. 고통이 없는 상태에서 고통의 상태로 들어갈 때만 아픈 것이 아니라 계속 아프다. 건강한 상태에서 병이 났을 때만 아픈 것이 아니라 그 뒤에도 계속 아프다. 마음의 고통은 어느 정도 익숙해질 수도 있지만 대부분의 고통은 계속해서 고통스럽다. 바로 그 때문에 우리는 병원에 가고 약을 먹는다. 배가 고플 때 먹으면 즐겁지만 배가 부르면 그 이상 즐겁지 않은 것처럼 병이 났을 때도 잠시만 아프다가 병은 계속되어도 그 이상 아프지 않으면 우리는 아마 병을 고칠 필요를 느끼지 않을 것이고, 따라서 오래 생존하지 못할 것이다. 희귀병 가운데는 통증을 전혀 느끼지 못하는 통증불감증이란 것이 있다 한다.

매우 편리할 것 같으나 그렇지 않다. 오히려 그런 병에 걸린 사람은 건강을 유지할 수 없고 오래 살 수 없다고 한다. 병이 나도 고치지 않고, 상처에 새로운 상처를 내기 때문이다. 암이 무서운 것은 초기에 통증이 없기 때문이다. 고통은 죽음보다 더 무서운 것이지만 동시에 인간의 생존을 가능하게 하고 인간을 인간답게 만드는 기본조건이기도 하다. 육체적인 고통뿐 아니라 우리가 느끼는 모든 불편, 불만족, 불행도 그런 것을 일으키는 원인을 제거하라는 요구다. 그러므로 원칙적으로 모든 고통은 자살지향적이다. 즉 고통을 극복하고 없애라고 아픈 것이다. 그런 점에서 고통은 논리적인 부정이 아니라 실제 경험에서의 부정이고, 그 부정에는 자신을 극복하는 요소가 이미 잉태되어 있다고 할 수 있다. 부정은 긍정보다 훨씬 더 큰 동력을 행사한다 할 수 있다. 고통은 자체 내에 긍정을 잉태하고 있는 부정으로 변증법적이라 할 수 있다.

이렇게 스스로를 극복하려는 고통의 욕구가 사실은 인간 문화를 발전케 하는 가장 기본적인 자극으로 작용한다. 만약 인간에게 고통이란 것이 전혀 없고 오직 즐거움만 있으면 오죽 좋을까 하고 바랄 수 있다. 그러나 고통이 없었더라면 우리는 지금 우리가 사는 세상과는 전혀 다른 세상에서 살고 있을 것이고 우리가 만들었고 우리가 누리고 있는 지금의 문화는 전혀 갖지 못했을 것이다. 병이 들었더라도 아프지 않았다면 의술이나 약을 개발하지 않았을 것이며, 멀리 그리고 오래 걷는 것이나 무거운 짐을 나르는 것이 전혀 괴롭지 않았다면 자동차를 만들 필요가 없었을 것이다. '필요는 발명의 어머니'라 하지만 필요는 불편과 고통을 통하여 인식된다. 무엇이 결핍되었거나 비정상일 때 그것이 우리에게 조금이라도 괴롭지 않으면 우리는 그 결핍 혹은 비정상을 극복해야 할 필요를 느끼지 못할 것이기 때문이다. 비록 미미한 정도의 것이라도 아픔을 느껴야 그것을 극복하려 할 것이다. 극심한 고통으로 신음하거나 그런 고통을 당하는 사람을 보면 우리는 "왜 고통이란 것이 있어야 하나?" "왜 인간은 고통을 당해야 하나?" 하고 항의한다. 그러나 고통이란 것이 전혀 없다면 인류는 생존하지 못했거나 지금과는 전혀 다른 형태의 삶을 살고 있을 것이다.

그런 점에서 고통은 결코 무의미하다 할 수 없다. 고통은 이해되지 않는 신비로운 요소들을 많이 가지고 있지만 고통이 없거나 고통과 연계되어 있는 불편, 불만, 불행 등이 없었다면 인류 문화는 별로 발달하지 않았을 것이다.

철학자 니체는 고통은 무의미하다고 주장했다. "인간은 주로 병든 동물이다. 그러나 그의 문제는 고통 그 자체가 아니라 '무슨 목적으로 우리가 고통을 당하나' 하는 절실한 질문에 대해 대답이 없다는 사실이다. … 그 고통의 의미가 분명하다면, 즉 고통의 목적이 드러난다면, 그는 고통을 바라고 심지어는 추구할 것이다. 고통 그 자체가 아니라, 고통의 의미 없음이 … 인류 위에 내려진 저주였다"는 말은 그의 허무주의를 가장 웅변적으로 대변해 주고 있다. 독일의 저명한 철학자 뢰비트(Karl Löwith)는 역사에 어떤 의미라도 있으려면 반드시 고통에 의미가 있어야 한다고 주장했다. 매우 정확한 주장이다. 역사의 의미를 논할 때 가장 문제가 되는 것은 인간의 고통이기 때문이다. 만약 고통에 의미가 없으면 역사는 무의하게 될 것이다. 삶의 의미도 마찬가지다. "삶에 어떤 의미라도 있다면 반드시 고통에 의미가 있어야 한다"고 아우슈비츠 유대인 형무소에서 심한 고통을 경험한 오스트리아 정신과 의사 프랑클(Victor Frankl)이 주장했다. 고통이 삶에 가장 부정적인 부분이기 때문에 만약 고통에 의미가 없으면 삶도 의미가 없을 수밖에 없다. 니체는 그런 점에서 철저한 허무주의자다. 그러나 우리는 니체의 허무주의에 동의할 수 없다. 고통은 비록 부정적이지만 풍부한 의미를 가지고 있고 특히 윤리에 핵심적인 의미를 가지고 있다.

인류는 이제까지 스스로가 가능한 한 더 행복해지고 가능한 한 덜 고통스럽게 되기 위해 노력해 왔다. 행복과 고통이 아니었더라면 과연 인류가 그렇게 피눈물 나는 노력을 기울였겠으며 지금과 같은 문화를 창조했겠는가? 그 노력, 그 문화가 무의미하지 않다면 고통도 무의미할 수 없으며 무의미해서도 안 된다.

앞에서 지적한 것처럼 쾌락과 고통은 비대칭적이다. 행복의 요구에 대한 대응과 고통의 회피 혹은 고통으로부터의 해방 요구에 대한 대응은 다르다. 사람들은 행복하게 되기 전에 우선 고통으로부터 해방되기를 원한다. 물론 더 행복하기 위해서 사람들은 노력하고 창조적인 활동을 한다. 그러나 그보다는 고통을 피하고 극복하기 위해서 더 많이 노력하고 더 많은 것을 창조한다.

행복 추구보다는 고통회피가 우선적이란 사실은 우리가 감당해야 할 의무의 우선순위도 제시한다. 즉 우리는 우리 자신과 다른 사람들을 행복하게 하기 전에 우선 고통으로부터 해방시켜야 하는 것이다. 맛있는 음식으로 즐겁게 하기 전에 우선 굶주리지 않게 해야 하고, 멋있는 옷을 입히기 전에 우선 헐벗지 않게 해야 한다. 사람은 모두 우선 고통에서 벗어나기 위해서 행동하고, 벗어나야 적극적이고 창조적인 활동을 할 수 있다.

2) 윤리는 소극적

앞에서 강조하여 지적한 것처럼 현대인이 당하는 고통의 대부분은 자연이 아니라 다른 사람과 사람으로 구성된 사회에 의하여 가해진다. 그러므로 모든 사람을 가능하면 더 행복하게 만드는 것보다 다 우선해야 하는 것은 가능하면 많은 사람이 덜 불행하게 만드는 것이고 가능하면 사회가 가하는 고통을 줄이는 것이다. 많은 식량을 생산하여 많은 사람이 잘 먹게 하는 것도 중요하지만 다른 사람의 식량을 빼앗거나 그의 옷을 훔쳐 그를 굶게 하고 헐벗게 하지 않는 것이 더 중요하다. 우리 자신이 잘 먹는 것보다 굶지 않는 것을 먼저 택할 것이고, 그것이 사실이라면 다른 사람도 그런 대우를 받도록 해야 할 것이다. 행복을 증진하는 것보다는 중요한 것은 고통을 제거하는 것이고, 그보다 더 우선되어야 하는 것은 고통을 가하지 않는 것이다.

공리주의가 주장하는 것처럼 가장 많은 사람을 가장 행복하게 하기 위하여 행동하는 것은 물론 바람직하고 고상하다. 그런 사람은 많으면 많을수록 좋고, 그런 사람을 칭찬하고 그에게 상을 주어야 할 것이다. 그러나 일반적으로 다른 사람을 행복하게 하는 것을 도덕적 의무로 보지는 않는다. 어떤 사람이 행복한데 좀 더 행복하게 하지 않는다 하여 그 사람을 처벌하거나 비도덕적이라고 하지 않는다. 일반적으로 비도덕적이라고 비난하는 행위는 다른 사람에게 해를 끼치는 것이다. 여기서 '해'란 '부당하게' 고통을 가하는 것을 함축한다. 의사가 환자를 고치기 위하여 고통을 가하는 것을 '해'라 하지 않는다. 모든 해는 정도의 차이는 있지만 고통과 연결되어 있으므로, "윤리적 행위는 직접 혹은 간접으로 다른 사람에게 고통이 가해지지 않도록 자발적으로 행동하는 것"이다.

윤리에 대한 이런 이해는 영국의 공리주의 철학자 밀의 '위해성(危害性)의 원칙'(Harm Principle)과 유사하다. 밀은 그의 명저 〈자유론〉(On Liberty)에서 "문명사회에서 본인의 허락 없이 힘으로 어떤 사람의 자유에 간섭할 수 있는 유일한 목적은 다른 사람에게 해를 가하지 못하게 하는 것"이라고 주장하였다. 밀은 여기서 개인의 자유에 대해서 국가 권력이 간섭할 수 있는 유일한 경우는 그 개인의 자유로운 결정이 다른 사람에게 해를 끼칠 때라고 주장하고 있다. 이것은 자유주의의 전형적인 관점으로 알려져 있다. 이에 대해서 이의를 제기하는 학자들이 없지 않지만 큰 틀에서는 우리가 그의 의견에 동의할 수 있다고 생각한다. 그의 '위해성의 원칙'은 법률에서뿐만 아니라 윤리에도 원용될 수 있다고 본다.

여기서 주목할 것은 윤리란 적극적인 것이 아니라 소극적이란 사실이다. 즉 다른 사람을 적극적으로 행복하게 만드는 행위가 아니라 고통을 가하는 행위를 하지 않는 것이다. 도덕적인 행위란 어떤 행위를 '하는 것'이 아니라 어떤 행위를 '하지 않는 것'이다. 성경에서 윤리적 명령으로 알려진 십계명은 "살인하지 말라," "도둑질하지 말라," "거짓말하지 말라" 등 주로 무엇, 무엇 "하지 말라"는 형식으로 되어 있다. 다른 사람에게 음식과 옷을 주어 더욱 건강하게 하지는 못하더라도 적어도 죽이지는 말아야 하며, 다른 사람에게 돈이나 물건을 주지는 못하더라도 적어도 도둑질은 하지 않아야 하며, 좋은 정보를 제공해서 큰 이익을 보도록 하지는 못하더라도 적어도 거짓말을 해서 속이지는 말아야 한다는 것이다. 오늘날 한국인들이 불행한 것은 서로 많은 도움을 주는 사람이 적어서가 아니라 많이 속이고 훔쳐서 해를 가하는 경우가 너무 많기 때문이다.

윤리는 소극적이란 주장에는 하나의 예외가 있다. 법과 윤리학에서 말하는 부작위(不作爲, ommission)란 것이 그것이다. 즉 사람에게 고통을 가하지 않기 위하여 어떤 행동을 하지 않는 것이 아니라 어떤 행동을 하지 않음으로 오히려 사람에게 고통이 가해지는 경우다. 위기에 처한 사람에게 경고해서 해를 받지 않도록 해야 하는데도 불구하고 경고하지 않음으로 그 사람이 큰 고통을 당하게 방치하는 것은 분명히 비도덕적이다. 얼마 전 중국에서 트럭에 치여 사경을 헤매는 사람을 행인 셋이나 못 본 척하고 지나가는 장면이 CCTV에 촬영되어 유튜브(Youtube)를 통해서 전 세계에 알려져서 시청자들의 비난을 받았다. 세월호 침몰사건에서 선장을 비롯한 직원들이 승객의 구조를 외면하고 자신들만 도망쳐 나온 것은 부작위의 전형이었다. 이런 경우에는 소극적으로 행동을 하지 않는 것이 아니라 오히려 적극적으로 행동하는 것이 도덕적이다.

캐나다나 프랑스 등 선진국에는 '선한 사마리아인 법'이란 별명을 가진 법이 있다. 부작위를 처벌하는 법이다. 교통사고가 일어나서 사람이 사경을 헤매는데 구급기관에 알리고 희생자를 병원에 데려가는 등 적극적인 구호행위를 하지 않으면 처벌을 받게 되어 있다. 우리나라에도 그런 법이 있으나 경찰이나 의사 등 특수한 위치에 있는 사람들의 부작위만 처벌하도록 되어 있다.

비록 그런 법이 없어도 어떤 사람의 고통을 막거나 줄일 힘과 기회가 있는데도 불구하고 줄이거나 막아 주지 않으면 윤리적으로 옳지 못하다. 칸트가 지적한 것처럼 가능성이 있으면 의무가 따른다. 이는 작위에도 해당되지만 부작위에도 해당된다. 예를 들어 사고를 당한 사람을 도울 힘이 없는 노약자가 돕지 않았다면 그에게 책임을 물을 수 없다. 그러나 건강하고 능력도 있는 젊은이가 사고를 당해 쓰러져 있는 사람을 방치하고 지나갔다면 그는 윤리적으로 비난받아야 마땅하다.

그러나 이런 부작위는 비록 소극적이기는 하지만 다른 사람에게 해가 되도록 행동할 수 있는데도 불구하고 하지 않는 것과는 성격이 다른 특별한 부작위다. 이미 해가 일어나고 있는 상황을 바꾸지 않는 부작위와 처음부터 해가 될 수 있는 행위를 하지 않는 것은 비록 소극적이란 점에서는 동일하나 그 동기와 결과가 전혀 다르다.

윤리적 당위란 단순히 이론적으로 정당할 뿐 아니라 사람들로 하여금 도덕적으로 행동하도록 설득하고 자극하는 힘이 있어야 한다. 그런 점에서 의무론보다는 목적론이 좀 더 설득력이 강하고, 행복론보다는 고통론이 동기부여에 더 강하지 않나 한다. "당신은 인간이고 이성을 가지고 있으니 보편적인 것에 어긋나는 행동은 하지 마라"보다는 "당신은 가능한 한 많은 사람을 최대한 행복하게 만들어라"나 "당신이 가능한 한 행복하게 되기 위해서 행동하라"가 좀 더 설득력이 있을 것이고, "당신은 다른 사람을 행복하게 하라"보다는 "당신은 다른 사람을 아프게 하지 마라"가 더 호소력이 있다.

다른 사람을 아프게 하면 안 된다는 것은 거의 자명하다. 아마 이 세상에 아무도 "다른 사람에게 고통을 가해도 된다"고 주장하거나 그런 주장에 동조하는 사람은 없을 것이다. 1+1=2 정도의 자명성은 아니더라도 다른 사람에게 해를 끼치면 안 된다는 것은 사람은 행복을 추구하고 고통을 싫어한다는 사실만큼 자명하다고 주장한다.

그런 점에서 최소고통론은 원칙적으로는 목적론에 속하지만 의무론 못지않게 인간의 직관에 호소한다 할 수 있다.

셸러는 모든 고통에는 구속적(救贖的=redemptive) 요소가 있다고 주장했다. 구속이란 다른 사람의 빚을 대신 갚아준다는 뜻을 가지고 있다. 기독교에서는 사람들이 자신들의 죄 때문에 받아야 할 벌을 예수 그리스도께서 대신 받았다는 뜻으로 이 용어를 이해한다. 셸러는 사람이 당하는 모든 고통은 다른 사람의 고통을 대신해서 받는 요소를 가지고 있다는 것이다.

물론 그런 일반적인 주장은 객관적으로 증명할 수가 없다. 그러나 그런 것을 보여주는 구체적인 사례는 얼마든지 찾아볼 수 있다. 힘 드는 노동을 통해서 완성해야 할 작업에서 한 사람이 더 많이 일하면 다른 사람들은 그만큼 적게 일해도 된다. 전쟁터에서 군인들은 국민들을 대신해서 고통을 당하고 심지어 목숨을 바친다. 건강한 사람들이 열심히 노동함으로 노약자나 장애인들이 생존하고 생활할 수 있다.

이런 상황을 확대하여 나는 〈고통총량불변의 법칙〉이란 가설을 세워보았다. 전 인류가 당해야 할 고통의 총량은 정해져 있어서 한 사람이 고통을 당하면 그만큼 다른 사람은 적게 받아도 된다는 가설이다. 물론 모든 고통에는 구속적 요소가 있다는 셸러의 주장과 마찬가지로 이 가설도 그 자체로는 객관적으로 증명할 수 없다. 그러나 〈에너지불변의 법칙〉처럼 그 자체로는 증명될 수 없지만 그것을 전제로 해서 어떤 현상이 설명되면 그 가설은 타당하다. 비록 자연과학의 가설처럼 그렇게 정확하게 증명할 수는 없지만 〈고통총량불변의 법칙〉이란 가설도 우리의 삶의 방식을 결정하는 데 효과적으로 이용될 수 있다.

그것은 무엇보다 우리가 당하거나 선택하는 고통과 우리가 누릴 수 있는 쾌락에 대한 절제에 의미를 부여해 줄 수 있다. 만약 우리가 당하거나 선택하는 고통과 절제가 그만큼 다른 사람의 고통을 줄여준다면 그 고통은 결코 무의미하지 않고 우리의 삶도 그만큼 의미가 있게 되는 것이다. 동정(同情)이 고통당하는 사람을 위로할 수 있는 것도 그것이 어느 정도 그와 "같이 고통을 당하기"(sym-pathy, Mit-leiden) 때문에 그의 고통이 줄어질 수 있기 때문이다. 동병상린(同病常鱗)이란 말이 있지만 고통을 겪어 본 사람은 고통당하는 다른 사람과 훨씬 더 쉽게 그리고 효과적으로 동정할 수 있고, 그것도 고통의 아주 중요한 의미 가운데 하나다.

모든 윤리적 행위는 욕망의 절제를 함축한다. 거짓말을 하면 많은 이익을 얻을 수 있는데도 불구하고 정직하게 말함으로 가능한 이익을 포기하는 것이다. 그러면 다른 사람이 속지 않을 것이고 불필요한 고통을 당하지 않아도 된다. 그러나 그 절제는 누릴 수 있는 쾌락을 희생하는 것으로 끝나고 아무 보상이 없는 것이 아니다. 다른 사람이 속지 않아 고통을 당하지 않을 뿐 아니라 사회의 투명성이 높아지면 결과적으로 자신과 자신이 사랑하는 사람들의 고통도 줄어질 수 있다.

그런 논리를 연장하면 인간이 당하는 모든 고통은 셸러가 말한 대로 구속적인 가치를 지닌다고 할 수 있다. 비록 우리가 당하는 고통이 어떤 과정을 거쳐서 다른 사람의 고통을 얼마나 줄여주는지는 정확하게 알 수 없으나 인류가 당하는 고통의 총량에서 다른 사람이 당할 고통을 그만큼 줄여줄 수 있을 것이다.

이 가설은 우리가 하는 수 없이 당하는 고통에도 의미를 줄 수 있지만 특히 당하지 않아도 되는데도 불구하고 자발적으로 당하는 희생적인 고통이 얼마나 큰 가치를 가지고 있는가를 좀 더 분명하게 인식하게 한다.

4. 예의, 윤리, 법률

다른 사람에게 해가 되지 않도록 행동하게 하기 위하여 인간 사회가 만들어 놓은 유형, 무형의 제도에는 윤리만 있는 것이 아니다. 윤리와 유사한 성격을 가지고 있는 예의, 법률도 역시 다른 사람에게 해가 되지 않도록 행동할 것을 요구한다. 그러므로 이 세 분야에서 모두 당위가 적용된다. 즉 이들은 모두 우리에게 어떤 행위를 "마땅히 해야 한다"고 요구한다, 혹은 좀 더 정확하게 말해서 "마땅히 하지 말아야 한다"고 요구하는 것이다. 그 가운데 가장 강한 것은 법률이고 가장 약한 것은 예의다.

예의, 윤리, 법률은 모두 다른 사람과의 관계에서 문제가 된다. 바위나 산에 대해서는 예의를 차릴 필요가 없고 소에 대해서 윤리적이 될 필요도 없다. 요즘은 싱어(Peter Singer)처럼 '동물의 권리'(animal rights)를 주장하는 윤리학자들이 있다. 물론 인간의 욕망 충족을 위해서 동물을 잔혹하게 사육하고 살육하는 행위는 비난 받아야 마땅하다. 그러나 우선 급한 것은 지금 너무 무시되고 있는 인권(human rights)에 대한 존중부터 바로 보장하는 것이 아닌가 한다.

법률, 예의, 윤리 등 세 가지 제도가 모두 인간 사회를 전제로 한 것이고, 인간 사회를 질서 있게 유지하기 위해서 만들어진 것이다. 따라서 모두 후천적이고 인위적이다. 그러나 인위적이라 하더라도 그것들이 축구나 장기 규칙과 같은 성격의 것으로 볼 수는 없다. 장기나 축구는 규칙이 그 경기를 결정한다. 그러므로 규칙을 만드는 것이 곧 경기를 만드는 것이고, 규칙이 인위적이기 때문에 경기도 인위적일 수밖에 없다. 그러나 예의, 윤리, 법률은 비록 인위적인 제도이기는 하지만 그들 때문에 인간 사회가 성립되는 것이라 할 수는 없다. 사람들이 같이 살고 활동하는 사회를 질서 있고 공정하게 유지하기 위해서 만들어진 것이다. 그리고 그것들이 '인위적'인 정도와 성격에도 차이가 있다. 법률은 상당할 정도로 인위적이지만 예의와 윤리의 규범은 어떤 개인이나 단체가 국제축구연맹이 축구

규칙 바꾸듯이 바꿀 수는 없다.

　당위의 요소가 핵심인 법률, 윤리, 예의가 인간관계를 질서 있게 유지하는 데 어떻게 공헌하는가를 살펴보겠다.

1) 법 률

　우선 법률은 강제적이고, 그것을 어기면 벌금을 내거나 감옥에 갇히고, 심지어는 사형을 당한다. 상당한 고통을 동반하는 벌을 받는 것이다. 영어로 고통(pain)이란 단어는 벌(罰)이란 의미를 가진 poena란 단어에서 유래했다 한다.

　이렇게 물리적 제재를 통하여 고통을 가하면서까지 명령하는 것은 그것을 어기면 상당히 심각한 결과가 생기고 다른 사람들에게 상당한 고통을 가져다주기 때문이다. 아무리 가르치고, 타이르고, 권해도 듣지 않는 사람도 벌은 무서워하고 따라서 지키지 않을 수 없는 것이다. 그런 점에서 법률은 본래 타율적일 수밖에 없다. 즉 스스로 판단해서 옳기 때문에 행동하는 것이 아니라 외부의 압력에 의하여 행동하는 것이다. 물론 많은 사람들은 법이 요구하는 것이 옳기 때문에 자발적으로 지키고, 그런 사람들은 '법 없어도' 법이 요구할 수 있는 것을 준수하여 아무 문제도 일으키지 않을 수 있다. 그런 사람에게는 법이 자율적일 수 있다. 만약 사람들이 모두 그렇게 착하기만 하면 우리가 지금 지키는 법률들 가운데 상당수는 없어져도 될 것이다. 비록 모두가 그렇게 착하지 않더라도 나쁜 짓 하는 사람이 극소수이고, 그들의 나쁜 짓도 그렇게 심각하거나 빈번하지 않으면 그런 행위를 금지하는 법은 만들지 않을 수도 있을 것이다.

비록 법 없어도 별 문제없는 착한 사람이 있는가 하면, 불행하게도 인간 사회에는 법이 없으면 안 될 사람들이 너무 많다. 부당하게 자신의 이익을 도모하고 부당하게 다른 사람의 권리를 침해함으로 억울한 고통을 가하는 사람들이 있는 것이다. 인간은 본래 착하다고 생각하는 사람들이 없지 않다. 비록 인간의 본성이 착하더라도 실재하는 인간은 항상 착하게 행동하지 못한다. 현실적으로 나쁜 짓 하는 사람이 있는 것을 부인할 수 없고 그 때문에 한 사람이라도 심각하게 억울한 일을 당한다면 그 사람을 보호해야 할 의무가 국가에게 있다. 국가와 법률은 원칙적으로 약한 사람들을 악한 사람들로부터 보호하기 위하여 존재하는 것이고, 따라서 약자를 보호하지 못하거나 나쁜 짓을 하는 사람을 벌주지 않는 국가는 국가의 자격이 없다. 공권력이 없거나 있어도 제대로 행사하지 못하는 국가나 법률은 존재할 이유가 없다.

법은 강제적이기 때문에 지키지 않을 수 없다. 그러나 바람직한 것은 자발적으로 지키는 것이다. 왜 지키는가? 국가의 권위는 신이 주신 것이기 때문, 민주적인 절차를 거쳐 사회가 약속했기 때문, 우리 모두에게 편리하기 때문 등 여러 이유들이 있을 수 있다. 그러나 나는 역시 법이 있어야 약자가 보호받을 수 있기 때문이라고 주장한다. 약자가 보호받아야 한다는 것은 거의 자명하고, 후에 상세히 논의하겠지만 합리적으로 이기적이다. 적어도 오늘날 인류가 가진 정상적이고 건강한 상식에서는 약자가 보호받지 않아도 된다는 주장은 수용될 수 없다고 믿는다. 물론 법은 모든 사람에게 동일하게 적용되기 때문에 평등의 원칙을 실현하고 모든 사람의 권리와 이익을 보호하기 위해서 필요한 것이 사실이다. 그러나 보호받을 수 있는 권리와 이익이 모든 사람에게 동일한 것은 아니다. 법이 잘 제정되고 올바로 시행되면 약한 사람은 강한 사람보다 훨씬 더 큰 보호를 받을 수 있다. 강한 사람은 법이 없어도 자신의 권리와 이익을 어느 정도 방어할 수 있다. 그러나 약한 사람은 그런 힘이 없기 때문에 법이 보호해 주어야 하는 것이다. 만약 교통법규가 존재하지 않거나 제대로 시행되지 않으면 어떤 일이 벌어지겠는가? 탱크나 덤프트럭 기사들은 오히려 편리할 것이다. 굉음을 울리며 질주하면 보행자나 작은 차들은 다 비켜줄 것이므로 마음대로 달릴 수 있을 것이다. 그러나 손수레, 자전거, 노인들은 아예 도로에 들어설 수도 없게 될 것이다. 원칙적으로 교통규칙은 모든 사람을 위해서 필요하지만 특히 약한 사람들을 위하여 필요하다. 모든 법이 다 그런 목적으로 만들어지는 것도 아니고 반드시 그런 결과를 가져오는 것은 아니지만 대부분의 법은 제대로 만들어진 것이라면 약한 사람들을 위하여 만들어지고 집행된다 할 수 있다.

법은 사람들을 윤리적으로 만드는 데 공헌할 수 있다. 법이 무서워 악한 행위를 하지 않는 것이 계속되면 그것이 개인적 습관 혹은 사회적 관습으로 정착될 수도 있다. 아리스토텔레스는 좋은 법은 그런 기능을 한다고 주장했다. 사실 오늘날 선진국으로 알려진 사회에서는 그런 현상이 없지 않다. 그것이야말로 가장 바람직한 일일 것이다. 법의 준수가 개인적 습관으로, 사회의 관습으로 정착되어서 그 이상 강제력이 필요 없게 되면 오죽 좋겠는가?

조규의 강제력은 윤리뿐 아니라 예의를 보완하기도 한다. 은행이나 병원에서 차례를 지키는 것은 윤리적이라 하기보다는 예의를 지키는 것이라 할 수 있다. 사람들의 교양수준이 충분하게 높은 사회에서는 먼저 온 사람이 먼저 서비스를 받도록 차례를 잘 지킨다. 그러나 그런 교양을 갖추지 못한 사람이 많으면 무례한 사람이 우선권을 행사하고 점잖은 사람이 손해를 보는 상황이 벌어진다. 비록 거짓말에 속는 것과 같은 정도의 손해는 아니더라도 기분이 좋을 수 없다. 이런 상황을 막기 위하여 요즘 병원이나 은행처럼 많은 사람이 서비스를 받아야 하는 기관에는 번호표를 뽑을 수 있는 장치를 만들어 두었다. 구태여 차례를 지키라고 요구하지 않아도 대부분의 사람들이 잘 지킨다. 비록 작은 권리이지만 자기 권리를 요구할 객관적 근거를 제공함으로 사람들로 하여금 다른 사람의 기분을 나쁘지 않게 행동하도록 최소한의 강제력을 이용하는 것이라 할 수 있다.

법률에는 불문율이란 것도 있고 관습법이란 것도 있지만 대부분의 경우 법률은 예의나 윤리와 달리 상황의 필요에 따라 통치자 혹은 시민들을 대표하는 국회가 의식적으로 그리고 의도적으로 제정한다. 그래서 새로운 상황이 나타나면 새로운 법률을 만들 필요가 생겨나고, 사회가 복잡하면 그만큼 법률이 많아지는 것이 보통이다. 우리나라에서도 1960년대까지는 법률이 그렇게 많지 않아서 변호사 한 사람이 거의 모든 종류의 소송에 대응할 수 있었다. 그러나 오늘에는 우리 사회가 매우 복잡해졌고 법률도 많아졌기 때문에 변호사도 전문분야로 나누어졌고, 판사들도 특허나 의료분쟁 등 전문 분야로 분담영역이 나누어져야 할 상황이 되었다.

법이 점점 많아지는 것은 단순히 우리의 삶이 다양화되고 복잡해졌기 때문만은 아니다. 지켜야 하는 권리도 많아지고 남에게 해를 끼치는 사람들과 그렇게 하는 방법도 다양해지기 때문에 이를 막기 위하여 법이 더 많아지기도 한다. 그리고 법을 지키지 않으면 벌금을 내거나 징역을 살고 심지어 사형까지 당할 수 있기 때문에 매우 강력하여 사람들의 행위를 규제하는 데 매우 효과적이다. 그리고 사회가 세속화되고 인간관계가 익명적이 되는 것도 법이 더 많아지고 강력해지는 원인으로 작용한다. 1950년대까지 우리나라가 매우 가난하여 굶는 사람이 많았을 때도 대부분의 시골에는 대문 있는 집, 자물쇠 있는 집이 거의 없었다. 전 식구들이 들에 나가서 일하느라 종일 집을 비워두어도 도둑질하는 사람이 없었다. 그런 짓을 하면 천벌을 받는다는 믿음, 대대로 내려오는 습관, 서로 잘 아는 사이에서 지켜야 하는 체면, 자존심 등이 비록 굶고 구걸하더라도 도둑질은 하지 못하게 했다. 그러나 지금은 산에 방목한 소나 논에 쌓아놓은 벼 더미를 트럭으로 훔쳐가는 사람들이 있을 정도로 세상이 변했다. 과거 종교, 전통, 관습, 체면 등이 감당했던 기능을 오늘날에는 법이 할 수밖에 없기 때문에 법이 많아지는 것이다.

　이렇게 법이 많고 잘 집행되면 사회 질서와 정의가 확립되어 억울하게 손해를 보는 사람이 적어지는 장점이 없지 않으나, 그에 못지않게 부작용도 많다. 우선 비용이 많이 든다. 법을 만드는 과정에도 돈이 들지만, 특히 집행하는 데는 엄청난 비용이 든다. 경찰, 검찰, 법원 등이 많아질 수밖에 없고 교육받고 훈련된 고급 공직자들이 많이 필요하다. 경제적으로 쌀 한 톨도 생산하지 못하는 것에 막대한 액수의 돈을 써야 하고 세금으로 충당할 수밖에 없기 때문에 시민들의 부담이 커질 수밖에 없다. 자동차 접촉사고가 났는데, 당사자들끼리 서로 싸우다가 타협해서 실비로 손상을 보상하면 큰돈이 들지 않는다. 그러나 변호사와 보험 회사를 통해서 문제를 해결하면 당사자들끼리 적당히 해결하는 것보다 훨씬 더 많은 비용이 들고, 그것은 결과적으로 보험 가입자의 몫으로 되돌아온다. 변호사와 보험회사의 수익도 보장되어야 하기 때문이다. 변호사와 보험회사를 통하여 공정하고 질서 있게 법에 따라 문제를 해결하는 것이 선진 사회의 특징이지만 엄청난 비용이 드는 것은 불가피하다. 의료사고도 비슷하다. 어떤 사람이 병원에서 치료 중 사망했을 때

미국에서는 거의 대부분의 유족이 의료사고 소송을 제기한다 한다. 만약 의사의 실수임이 드러나면 매우 큰 액수의 배상을 해야 하기 때문에 의사들은 의료사고 보험에 가입하지 않을 수 없고, 혹시 소송에서 불리해질까 해서 모든 가능한 검사를 다 하기 때문에 의료수가가 높아질 수밖에 없다. 보험회사도 수지를 맞추어야 하기 때문에 고액의 의료사고 보험금을 의사들로부터 요구한다. 변호사 수임료까지 합쳐서 그 비용은 건강보험회사를 통하여 그대로 환자들의 부담으로 돌아온다. 법적으로 환자의 권리를 보호하고 모든 문제를 법적으로 처리하는 것은 좋으나 천정부지의 비용은 불가피하다. 결과적으로 가난한 사람은 의료혜택을 받지 못하는 역설적인 상황이 벌어지는 것이다.

그리고 법은 인간관계를 기계적으로 만들고 규격화할 수 있다. 서로 이해하고 타협해서 갈등을 해결할 때와 소송을 통하여 해결할 때 인간관계가 서로 다를 것은 자명하지만, 비록 매우 정의롭고 합리적인 조정이라도 법을 통하여 이루어지는 것은 인간관계를 이해관계로 만들고 왜곡할 수 있다. 인간사회의 구체적인 상황은 무한하게 복잡하고 다양하다. 어떤 법률도 그 모든 상황을 다 적절하고 정의롭게 처리할 수 없다. 사람들 간의 관계를 범주화하는 것이 불가피하므로 어느 범주에도 정확하게 속하지 않는 예외가 생기게 마련이다. 그러므로 항상 억울함과 불만이 남아 있을 수밖에 없다. 예를 들어 갑동이가 석돌의 빚보증을 서는 이유와 을숙이가 석돌이

빚보증을 서는 이유는 전혀 다를 수 있다. 그러나 석돌이가 못 갚은 빚에 대해서 두 사람이 지는 법적 책임에는 그 차이가 충분히 반영되지 못할 수 있다는 것이다.

사실 법에 의한 사회질서 유지는 인간의 존엄성에 어긋난다 할 수 있다. 인간의 인간다움은 자신의 행위를 스스로 결정하는 자율성에 있고, 그 결과에 대해서 책임을 지는 것에 있다. 그런데 외부의 압력이나 처벌에 대한 두려움 때문에 특정한 방식으로 행동하는 것은 그런 자율성에 위배된다. 물리적인 강제나 처벌에 대한 두려움 때문에 행동하는 것은 짐승에게나 적합하지 자율적인 인간에게는 어울리지 않는다. 그러므로 법이 없거나 법이 있지만 강력하게 집행하지 않아도 되는 사회는 좋은 사회일 것이고, 그런 사회가 현실적으로 불가능하더라도 법이 적은 사회일수록 인간다운 사회라 할 수 있을 것이다. 우리 언론이 국회가 법을 많이 제정하지 않았다고 비판하는 것은 인간과 사회에 대한 피상적인 이해를 반영한다. 중국 신화에 나오는 요 임금이 변장해서 민정을 시찰했는데, 백성들이 "등 따습고 배부른데 임금이 무슨 소용 있나!" 하면서 격양가 (擊壤歌)를 부르는 것을 들었다. 그는 그가 선정을 베풀어서 그렇게 평화롭게 되었는데도 백성들이 몰라보는 것에 대해서 괘씸하게 생각한 것이 아니라 오히려 매우 만족해했다 한다. 법이 없고 임금이 없어도 '등 따습고 배부를' 수 있다면 그것이 가장 이상적인 사회일 것이다. 오늘날 대부분의 나라들이 '작은 정부'를 추구하는 것도 강제적인 법이 가져오는 부작용 때문일 것이다. 사실 법이란 법이 없어도 되는 사회를 만들기 위해서 존재한다. 법도 자살지향적이다.

민주주의 국가에서는 국민이 자유롭게 투표해서 선택한 대표들이 법을 만들기 때문에 법이 전적으로 타율적이지 않다 할 수 있다. 그러나 엄격하게 따지자면 자신의 투표한 후보자가 당선하지 못했다면 의회가 결정한 법에는 자신의 의사가 반영되지 않았다 할 수 있고 자신이 태어나기도 전에 만들어진 법에 의하여 규제받는 것은 억울하다 할 수 있다. 다수의 결정에 소수가 따라야 하는 것도 마찬가지다. 심지어는 악을 저지르는 몇몇 사람 때문에 전혀 무고한 사람들이 자유를 방해받고 불편을 겪을 수 있다. 미국에서는 테러를 막기 위해서 단순히 생물학적 형태를 근거로 범행과 무관한 피의자를 체포할 수 있다. 체포되는 사람들 가운데 30%는 전혀 무고하게 억울함을 당한다 한다. 그런데 그런 법이 의회에서 통과되었고 국민들에게 공포되지 않았다 한다. 기술이 너무 발전하고 인간과 사회가 항상 이상적이지 않기 때문에 그런 법이 불가피하게 제정되게 된 것이다.

법과 관계해서 가장 심각한 것은 역시 '악법'의 문제다. 인위적으로 만드는 것이기 때문에 모든 법이 항상 공정하고 유익하며 필요하다는 보장이 없다. 독재자가 자신의 권력을 유지하기 위하여 법을 만들 수도 있고 수준 낮은 국민의 대표들이 비합리적이고 불공정한 법을 만들 수 있다. 악법이 공권력에 의하여 물리적 폭력으로 사람들의 행동을 규제할 수 있기 때문에 수많은 사람들이 엄청난 고통을 받을 수 있다. 비윤리적인 것은 모두 다 부정적이지만 비윤리적인 법만큼 심각하게 부정적인 것도 드물다 하겠다.

법이 비윤리적이 될 수 있다는 것은 윤리가 법보다 더 보편적이고 근본적임을 함축한다. '불법적인 윤리'란 말은 존재하지 않지만 '악법'이란 표현은 일반화되어 있다. 법이 비윤리적이 될 수 있는 것이다. 정상적인 사회라면 윤리가 합법적이라야 한다고 요구하는 경우는 없다. 그러나 법은 적어도 윤리적이라야 한다. 윤리는 법의 잣대에 의하여 평가될 수 없지만 법은 윤리적 잣대에 의하여 평가받을 수 있다는 것이다.

그런데도 불구하고 원칙적으로 법은 지켜야 한다. 한때 우리나라에 "악법도 법이다"란 소크라테스의 주장이 비난의 대상이 된 적이 있다. "악법도 법"이란 주장이 독재정부를 옹호하는 수단으로 이용되었기 때문이다. 그때는 투표의 자유와 투명성이 충분히 보장되지 않았기 때문에 법이 국민의 의사를 대변한다 할 수 없었다. 그러나 적어도 투표의 자유가 완전히 보장된 국가에서는 국민의 대표가 정상적인 절차를 거쳐 제정한 법은 비록 마음에 들지 않고 개인적으로 비도덕적이라고 판단되더라도 지켜야 한다. 모든 개인이 자신의 판단에 따라 법을 지키기도 하고 어기기도 한다면 사회질서는 무너질 것이고 결과적으로 약자들이 그 주 피해자가 되고 말 것이다. 만약 양심이 허락하지 않으면 법을 어길 수 있으나 법을 어긴 것에 대한 처벌은 받아야 한다. 시민불복종은 민주시민의 정당한 권리이지만 거기에는 그만한 희생이 따르는 것이다. 원자폭탄 제조를 반대한 철학자 러셀(B. Russell)은 법을 어긴 대가로 옥살이를 했고, 그것은 오히려 그의 명예를 높이는 데 공헌했다.

2) 예 의

법이 가장 강력한 당위라면 예의는 가장 약한 당위이다. "어른에게 자리를 양보해야지," "버스 안에서 큰 소리로 떠들지 말아야지" 하는 것이 예의의 범주에 속한다. 법률과 달리 예의는 윤리와 함께 상대적으로 자율적이다. 무례하거나 비도덕적이라 해서 경제적 혹은 물리적 벌을 받지는 않는다. 그러므로 벌이 무서워서 예의 바르게 혹은 윤리적으로 행동 하는 것이 아니라 그것이 옳고 바르다고 스스로 판단해서 그렇게 행동하는 것이다.

물론 예의에도 전혀 외부의 압력이나 제재가 없는 것은 아니다. 당위의 영역에 속하는 모든 행위에는 어느 정도의 외부적인 제재가 있게 마련이다. 그러나 실례에 대한 제재는 부도덕이나 불법보다 약하다. 기껏해야 '무례한 사람'이란 비난을 받는 정도다. 물론 외부와 접촉이 많지 않은 닫힌 공동체에서는 그런 비난도 상당히 큰 압력이 된다. 사람들로부터 무시당하고 결혼이나 취업에도 방해가 될 수 있다. 그러나 오늘날처럼 서로 얼굴을 모르는 사람들도 많이 만나고 사람들이 한곳에 오래 살지도 않는 열린 사회에서는 '무례한 사람'이란 비판이 그렇게 심각한 압력이 되지 못한다. 그러므로 현대 사회에서는 예의가 과거에처럼 그렇게 중요한 역할을 하지 못한다. 물론 예의에 대한 이해가 다소 달랐지만 공자(孔子)는 사회의 질서를 주로 예의로 유지할 수 있다고 믿었다. 그렇게만 될 수 있으면 오죽 좋을까마는 오늘날에는 꿈같은 이상이다.

예의는 음식을 먹을 때 소리를 내지 않는 것, 사람들이 모여 있는데 큰 소리로 떠들지 않는 것같이 다른 사람에게 방해되는 짓을 하지 않는 예의(禮義)도 있지만, 어른에게 경어를 쓰는 것, 새해에 서로 축복하는 것과 같은 예절(禮節), 그리고 조문을 하기 위하여 상가에 갈 때는 검은 옷을 입는 것, 국기에 대해서 주목할 때는 가슴에 손을 얹는 것 같은 의례(儀禮)를 모두 포함한다. 이런 예의, 예절, 의례는 우리가 사회생활을 하면서 어떤 구체적인 상황에 처했을 때 모두가 편하고 자연스럽게 느끼도록 행동하는 규칙이다. 상황이 벌어질 때마다 어떻게 행동해야 할지를 새로 결정해야 한다면 삶은 매우 복잡하고 불편해질 것이다. 만약 문상하는 의례가 정해져 있지 않다면 상가에 갈 때마다 어떻게 조문을 할 것인가를 고민해야 할 것이다. 그러나 누가 먼저 시작했는지는 모르지만 우리는 매우 자연스럽게 빈소에 가서 고인의 영정 앞에 절을 하거나 묵념을 하고 상주에게 정중하게 절하는 것이 문상의 방법이라는 것을 알기 때문에 그대로 하면 정상적으로 문상한 것으로 인정되는 것이다. 사람을 만났을 때 인사하는 것도 마찬가지다.

그러나 그 어느 것도 어긴다 하여 다른 사람에게 큰 해를 끼치는 것은 아니다. 다만 사람들의 기분을 거스르고 불편하게 한다. 사람들이 서로를 언짢게 하지 않고 마찰 없이 같이 살아가는 데 필요한 의식들이다.

법률이 상황의 요구에 따라서 의도적으로 제정되는 것에 비해서 예의는 역사적 과정을 통해서 무의식적으로 만들어진다. 국기에 대한 경례 같은 특별한 의례를 제외하고는 예의와 예절은 상황의 요구에 따라 몇 사람이 의도적으로 만들지 않는다. 한 공동체가 오랫동안 공동생활을 유지하면서 모두가 지키면 좋을 기본적인 행동방식이 무의식적으로 형성되는 것이다. 예를 들어 젊은 사람은 어른에게 인사해야 한다는 범절은 공자나 맹자 같은 성현이 명령한 것도 아니고 역사상 어떤 시점에서 마을의 어른들이 모여서 결정한 것도 아니다. 오랜 세월을 지나면서 그렇게 하는 전통이 만들어졌고, 그것이 합리적이고 사람들에게 크게 불편하지 않다고 인식되기 때문에 그대로 유지하는 것이다. 부모나 교사, 이웃 어른들에게 인사하는 것이 옳고 좋다고 젊은 사람들을 가르치고 그렇게 하는 젊은이는 교양 있다고 칭찬하고 그렇게 하지 않는 젊은이는 버릇없는 사람으로 비난했기 때문에 그런 예절이 상당 기간 동안 유지되어 온 것이다.

예의는 윤리적 규범보다 훨씬 상대적이다. 구체적인 예의범절은 때와 장소에 따라 다를 수 있다. 예를 들어 어떻게 하는 것이 인사하는 것인가는 시대나 사회마다 다를 수 있다. 무릎을 꿇고 절하는 시대도 있었고 허리를 굽혀 절하는 방법도 있다. 그러나 서양인들에게는 무릎을 꿇고 절하는 것은 생소하게 느껴질 것이고, 우리나라에서도 그런 방식의 인사는 점점 없어지고 있다. 허리를 굽혀 인사하는 것이 정착되고 있으며 어른이 먼저 손을 내밀면 악수하는 것도 용인되고 있다. 악수를 하면서도 젊은 사람은 허리를 약간 굽히는 것은 예절이 어떻게 변하는가를 잘 보여주는 재미있는 예라 할 수 있다.

사회마다 예의가 다를 수 있다. 한국에서 무례한 것이 반드시 미국에서도 무례하지 않을 수 있고, 그 역도 마찬가지다. 옛날 우리나라에서는 남자와 여자가 일곱 살이 넘으면 같이 앉아서는 안 되었지만 지금은 그런 예의는 없어졌다. 세계적인 갑부요 정보통신업계의 선두주자며 유명한 자선사업가인 게이츠(Bill Gates)가 호주머니에 한 손을 넣은 채 한국 대통령과 악수해서 한국인들의 눈살을 찌푸리게 했다. 미국에서는 큰 실례가 아닌지 모르나 한국에서는 실례였다. 서양에서는 식사 도중에 코 푸는 것은 전혀 실례가 아니나 트림을 하면 반드시 사과하지만 한국에서는 정반대다.

예의는 새로운 환경에서 새롭게 만들어질 수 있고, 어떤 것은 사라질 수 있다. 자동차 운전자가 끼어들기를 해 놓고 뒤에 오는 운전자에게 손을 들거나 깜빡이를 켜서 미안함을 표시하는 것은 자동차가 많아진 오늘날 우리나라에서 생겨난 예의고, 에스컬레이터를 탈

때 오른쪽에 서는 풍속은 옛날에는 없었던 것이다. 그리고 옛날에는 길거리에 침을 뱉는 것은 오늘에서와 같이 실례는 아니었다.

비록 매우 약한 강제력을 갖고 있는 것은 사실이나, 예의도 사회질서를 유지하는데 상당한 공헌을 하고 있다. 예를 들어 몸이 건장한 아들이 병약한 아버지의 말씀에 순종하는 것은 법이 요구하는 것도 아니고 윤리적 규범에 의한 것도 아니다. 그것은 예의의 영역에 속한다. 만약 그런 예의가 무시된다면 한국의 가정생활은 엉망이 되고 말 것이다. 자기를 꾸짖는다고 젊고 건장한 아들이 노약한 아버지에게 욕설을 하면 어떻게 되겠는가? 젊은 사람이 지하철에서 노인에게 자리를 양보하는 것도 예의에 속한다. 젊은 사람에게는 큰 부담이 되지 않지만 노인들에게는 그렇게 고마울 수 없는 예의다.

많은 사람들은 예의와 도덕을 혼동한다. 그래서 '예의 도덕'이란 말로 둘을 한꺼번에 일컫는다. 사실 그 둘 사이의 경계가 분명하지 않는 경우가 없지 않다. 그러나 일반적으로 예의는 주로 다른 사람의 감정을 거슬리지 않게 행동하는 정도의 규범이라 할 수 있다. 젊은 사람이 어른에게 인사를 하지 않거나, 자식이 아비의 말을 듣지 않는 것이 어른이나 아비에게 경제적 손실을 입히는 것도 아니고 물리적으로 고통을 주는 것도 아니다. 다만 기분을 나쁘게 한다. 물론 기분이 아주 나빠서 금전적으로 손해를 보거나 물리적으로 얻어맞는 것보다 더 고통스러울 수도 있지만, 그렇다고 하여 법에 호소할 수도 없고 비도덕적이라고 매도할 수도 없다. 그저 '버릇없는 사람' 혹은 무례한 인간'이라고 비난하는 것으로 끝낼 수밖에 없다. 말하자면 기분 나쁘게 한 사람을 기분 나쁘게 하는 정도의 벌을 주는 것으로 만족해야 하는 것이다. 그리고 예의는 시대와 장소에 따라 다르고 변할 수 있는 반면에 윤리는 상당할 정도로 항구적이고 보편적이다.

그러나 다른 사람의 기분을 나쁘게 하는 정도는 그렇게 심각한 것이 아니라고 생각하여 예의를 무시하는 것은 잘못이다. 사람이 항상 합리적이고 법적으로만 행동하고 살지는 않는다. 감정은 사람의 삶에 매우 중요한 자리를 차지하고 있어서 다른 것이 다 만족되어도 기분이 나쁘면 불행하게 느낀다. 앞에서 언급했지만 교도소에서 폭행죄로 복역하고 있는 죄수들을 조사한 길리건에 의하면 그들이 폭행을 저지른 가장 중요한 이유가 자신들이 무시를 당한 것이라 했다. 다른 사람을 무시하는 것은 법을 어기는 것도 아니고 비도덕적으로 행동하는 것도 아니다. 다만 그 사람의 감정을 상하게 하는 것이다. 그런 점에서 그것도 실례의 범주에 속한다 할 수 있다. 그런데 다른 사람을 무시함으로 그 사람의 감정을 상하게 하는 것은 그 사람을 엄청나게 불행하게 만들고 심지어 폭행을 저질러 감옥에 가기까지 할 수도 있다. 큰 잘못이 아닐 수 없다. 특히 한국인에게는 감정이 매우 중요하므로 실례하여 다른 사람의 감정을 상하게 하는 것은 상당히 심각한 결과를 가져올 수도 있다. "말 한마디로 천 냥 빚 갚는다"는 속담이 말하듯 예의바른 행동은 큰 결과를 가져올 수도 있다.

일반적으로 우리는 우리보다 돈이나 권력이 많고 명예가 높은 사람에게 예의를 지키고 가난하고 권력이 없으며 지위가 낮은 사람에게 실례하기 쉽다. 화려한 옷차림을 한 사람에게는 특별한 호의를 보이면서 "여기 좋은 자리에 앉으십시오" 하고 가난한 사람에게는 "당신은 거기에 서 있든지, 나의 발치에 앉든지 하시오" 하게 되는 것이다. 강자에게 아첨하고 예의를 지켜서 그의 기분을 상하게 하지 않아야 직·간접으로 우리에게 유리할 것이라 느끼는 반면에 약자에 대해서는 그런 두려움이 없기 때문이다. 오히려 자신의 지위와 힘을 과시하기 위하여 '갑질'을 하는 것이다. 그러므로 약자에게 예의를 지키려면 어느 정도의 의식적인 노력과 인격 수련이 필요하다. 그리고 강자에게 지킨 예의는 당연한 것으로 수용되고 강자의 특별한 반응을 일으키지 않는다. 그러나 약자에게 지킨 예의는 그를 행복하게 만들 수 있다.

예의가 다른 사람의 감정을 상하게 하지 않을 정도로 상대적으로 가벼운 것이라면 예의를 지키는 것도 그렇게 어렵지 않다. 어른에게 인사한다 하여 경제적으로나 사회적으로 손해를 보는 것도 아니고 상당한 육체적 긴장을 요구하는 것도 아니다. 사람이 비도덕적으로 행동하거나 법을 어기는 것은 거의 대부분 자기가 어떤 이익을 부당하게 얻기 위함이다. 그러나 예의에 어긋나게 행동하는 것은 그런 이익을 위한 것이 아니다. 역으로 도덕적으로 혹은 합법적으로 행동하기 위해서는 어느 정도의 욕망의 절제가 필요하지만 예의를 지키기 위해서는 그런 절제도 필요 없다.

다른 사람을 무시하지 않는 것도 마찬가지다. 다른 사람의 인격과 존엄성을 존중한다 하여 내가 경제적인 손실을 입는 것도 아니고 사회적으로 수치를 당하는 것도 아니다. 그렇게 힘들지 않은데도 불구하고 예의를 지키지 않고 다른 사람을 정중하게 대우하지 않아서 공연히 다른 사람의 기분을 나쁘게 하는 것은 매우 어리석은 짓이다. 큰 힘 들이지 않고도 다른 사람의 감정을 즐겁게 하는 것은 현명한 처세술이라 할 수 있다.

3) 윤 리

윤리는 예의와 법률 중간쯤의 위치를 차지하고 예의보다 더 강력한 규제력을 갖고 있다. 법률과 예의와 더불어 윤리는 당위에 속하고, 전통적으로는 당위의 전형으로 이해되어 왔다. "사람은 정직해야지", "약속한 것은 지켜야지" 등이 윤리에 속한다. "정직해야지"는 "인사를 잘 해야지"보다 훨씬 강력한 요구다. 그러나 "살인하지 말아야지"나 "세금을 내야지"보다는 약하다. 그렇지만 윤리는 예의와 더불어 자율적이다. 외부로부터의 압력이나 제재가 상당하지만, 가두거나 벌금을 내는 것과 같은 법적인 제재보다는 가볍다.

물론 법률과 윤리의 경계나 예의와 윤리의 경계가 항상 분명한 것은 아니다. 옛날에는 예의에 속했던 것이 지금은 윤리적 규범이나 법적인 강제조항이 된 것도 있고, 정반대의 경우도 있을 수 있다. 과거에 큰소리를 지르면서 싸우는 것이나 길거리에 침을 뱉는 것은 그렇게 예의 바른 행위는 아니었으나, 지금처럼 경범죄에 걸리지는 않았다. 부모의 잘못을 숨겨주는 것은 옛날에는 미덕이었으나 요즘은 많은 나라에서 법적인 처벌의 대상이 될 수 있다. 그러나 부모에게 욕을 하는 것은 옛날에는 심각한 범죄였으나, 요즘은 매우 교양 없는 짓이기는 하나 법적인 처벌 대상은 될 수 없다. 거짓말은 단순히 비윤리적일 수도 있고 사기죄일 수도 있다. 단순히 사회로부터 '비윤리적'이란 비난을 받으면 윤리의 범위에 속하고, 고발을 받아서 재판에 회부되면 법적인 문제가 되는 것이다.

윤리와 법의 경계를 더욱 복잡하게 하는 것은 법을 잘 지키는 사람을 윤리적이라고 칭찬하고, 법을 어기는 사람을 비윤리적이라고 비난하는 경우다. 그래서 대부분의 경우 법을 어기는 사람은 범법자로 물리적 제재인 형벌을 받을 뿐 아니라 비윤리적이란 사회적 제재도 같이 받는다. 그러나 어떤 경우에는 범법자이면서 윤리적일 수도 있다. 특히 법 자체가 정의롭지 못할 때는 오히려 법을 어기는 것이 더 윤리적일 수도 있고, 법 집행이 공정하지 못하면 윤리적인 사람이 법적인 처벌을 받을 수 있다. 소크라테스는 범법자로 사형을 받았지만 사람들은 그를 훌륭한 사람으로 평가하고, 안중근 의사도 살인죄로 사형을 받았지만 한국인은 말할 것도 없고 심지어 일본 사람들 가운데도 그를 존경하는 사람들이 있다. 범법자였지만 윤리적이었다.

그것은 법률과 예의의 관계에서도 비슷하다. 대부분의 경우 범법자는 그 사실 자체로 무례하다 할 수 있지만, 범법자이면서 매우 예의 바를 수 있고, 무례하면서도 법은 잘 지킬 수 있다.

그러나 예의와 법률은 시대마다, 사회마다 다를 수 있으나 윤리는 상당할 정도로 보편적이라고 나는 주장한다. 최근 문화 상대주의가 일반화되어 있고, 윤리도 문화의 일부인 만큼 상대적일 수밖에 없다고 주장하는 사람들이 많다. 역사상 가장 유명한 윤리적 상대주의자는 니체였다. 그는 우리가 알고 있는 것과 같은 윤리적 규범을 지키는 것은 약한 자의 몫이고 노예들이 그 전형이라고 보았다. 강자는 약한 사람을 배려하는 것과 같은 그런 윤리를 존중할 필요가 없다는 것이다. 최근에는 윤리적 상대주의 경향이 더욱 강해졌다. 요즘 인기를 끌고 있는 샌들(Michael J. Sandel), 매킨타이어(Alasdair MacIntyre), 왈저(Michael Walzer) 등의 공동체주의자들에게도 그런 경향이 엿보인다. 예를 들어 식민지시대 이전까지 인도에서는 남편이 죽으면 아내를 화장하는 풍속(Sati)이 있었는데 영국이 통치한 이후 그 풍속을 금지시켰고 독립한 이후에도 인도 정부가 그 금지법을 유지하고 있다. 그러나 최근 미국 철학자 왈저 같은 상대주의자는 인도인 이외에 아무도 그것을 비판할 권리가 없다고 주장한다. 그것은 아프리카 일부에서 이루어지는 여자 할례제도에 대해서도 마찬가지다. 여자 아이들의 성감대를 제거해버리는 악습인데 아무 외부인도 이를 비판할 권리가 없다고 주장하는 것이다. 심지어 국제연합이 1948년 '보편인권선언'을 제정하고 있을 때 상대주의가 주류를 이루고 있던 〈미국 문화인류학회〉는 이를 강력히 반대하기도 하였다. 인권사상도 사회와 시대에 따라 상대적이기 때문에 '보편' 인권선언이란 국제연합의 월권이란 것이었다.

물론 그렇게 주장할 근거는 얼마든지 있다. 식인종들에게는 사람을 잡아먹는 것이 잘못이 아니고 일부다처제도가 정상적인 사회도 얼마든지 있다. 공자조차도 아비가 양을 훔치면 자식이 숨겨주고 자식이 약을 훔치면 아비가 숨겨주는 것이 진정한 정직이라 하였다. 시대마다, 사회마다 도덕적 기준이 달랐던 것이 사실이다.

그러나 그렇다고 하여 윤리적 규범들은 항상 상대적이라고 주장할 수는 없다. 고의적인 살인, 핑계 댈 수 없는 도둑질, 악의의 거짓말도 허용될 수 있다고 해서는 안 될 것이다. 특히 윤리를 개인의 선한 행동이 아니라 내가 주장하는 것처럼 다른 사람과의 관계에서 문제되는 것이라면 상대주의는 더욱 심각한 문제를 일으킨다. 예를 들어 갑돌이는 훔치는 것이 나쁘지 않다고 주장하고 도둑맞는 것을 싫어하는 을식이의 돈을 훔치면 어떻게 되겠는가? 물론 윤리적 상대주의는 서양 사회가 중부 아프리카의 여자 할례를 비난하는 경우처럼 서로 다른 문화 간의 문제지 같은 사회 안에서 윤리적 규범이 상대적이란 것은 아니라고 주장할 수 있다. 그러나 비록 그것이 문화와 문화 간의 문제라 하더라도 오늘날처럼 교통·통신 기술이 발달되고 세계화가 이루어져 전 세계가 하나의 마을이 되는 상황에서 두 사회 간의 윤리적 규범이 서로 모순되는 것을 허용한다면 갑돌이와 을식이의 문제와 크게 다르지 않을 것이다. 그리고 어떤 경우의 것이든 윤리적 규범이란 절대적이 아니라는 사실을 한번 인정하게 되면 자신의 편의에 따라 규범을 무시할 수 있는 정당성이 강화되고 규범의 당위성은 그만큼 약해질 수밖에 없을 것이다.

그러나 역시 구체적인 윤리적 규범에만 관심을 집중하면 상대주의가 정당하게 보일 수도 있다. 규범 하나하나에 관심을 기울일 것이 아니라 그런 규범이 당위가 되게 하는 보편적인 원칙을 찾아야 상대주의 문제를 해결할 수 있다. 그 원칙이 바로 모든 인간은 고통을 싫어하고, 직접 간접으로 다른 사람에게 해가 되지 않게 행동해야 한다는 것이다. 거기에는 예외가 있을 수 없다. 살인, 신체에 대한 상해, 절도, 거짓말 등은 어느 사회, 어느 시대에도 다른 사람에게 해를 끼치기 때문에 보편적이며 상대적일 수 없다. 그리고 그 원칙에 입각해서 구체적인 윤리적 규범을 판단해야 할 것이다. 남편 잃은 부인을 화장하는 것이나 여자아이의 성감대를 잘라내는 것은 그 원칙에 어긋나므로 모든 시대, 모든 사회의 모든 사람이 금지해야 하고 비난해야 할 악이다. 그런 것이 인도나 중부 아프리카에서 과거에 정당한 것으로 인정되었다는 사실로 그것을 정당화하는 것은 옳지 않다. 어떤 사회에 사람을 잡아먹는 풍속이 있다면 그것은 보편적인 비난을 받아야 하고 그런 풍속은 없애야 한다. 그러나 만약 어떤 사회에서는 일부다처제가 아무에게도 고통을 주지 않는다면 다른 사회가 비난할 권리가 없고, 따라서 그런 수준의 상대주의는 허용될 수 있다. 물론 앞으로 여성 권리가 확대되고 여성들이 그 권리를 인식하게 되면 여성들에게 고통을 줄 것이고 따라서 사라져야 할 풍속이라고 믿는다. 비록 과거에는 식인풍속도 있었고 일부다처제도 허용되었으나 앞으로는 없어져야 하며 없어질 것이라 믿는다. 그리고 적어도 지금 우리가 알고 있는 이 역사가 계속되는 한 어떤 사회에서도 식인이 허용되고 일부다처제가 복원되는 일은 없을 것이라 믿는다. 과거에 많은 사회에서 포악한 집권자들의 인권유린이 다반사로 일어났고 사람들도 그것을 당연하게 생각했다 해서 그것이 옳았다고 할 수는 없다. 과거에는, 그리고 어떤 사회에서는 사람들이 그런 것이 비윤리적이란 사실을 충분히 인식하지 못했더라도 후에 그런 인권유린이 잘못된 것이란 사실이 한번 인식된 이상 다시 옛날의 상태로 돌아가지는 않을 것이다. 법률과 예의는 지역과 시대에 따라 다를 수 있으나 다른 사람에게 고통을 가하는 것을 금지하는 윤리적 원칙과 그에 근거한 규범과 제도는 상대적이 될 수 없다. 어떻게 하는 것이 다른 사람에게 해를 끼치는가에 대해서는 사회에 따라 조금 다를 수 있다. 그러나 해를 끼치는 것은 금지되어야 한다는 원칙은 사회에 따라 다를 수 없는 것이다.

제 **3** 장

ㅡ

타자 중심의 윤리

윤리를 직접 혹은 간접으로 다른 사람에게 해가 되지 않도록 자발적으로 행동하는 것이라고 정의하는 것은 이제까지의 철학적 윤리학이나 일반 상식의 윤리 이해에는 다소 생소하다. 그것은 이제까지 대부분의 윤리이론들이 윤리적 행위의 초점을 '행동하는 주체'에 두는 것에 비해서 나는 그 초점을 '행동의 영향을 받는 다른 사람'에게 맞추기 때문이다. 주체 중심의 윤리가 아니라 타자 중심의 윤리를 주장하는 것이다. 이것은 특히 인간의 고통이 과거에는 주로 자연에 의해서 가해진 반면에 오늘날엔 주로 인간에 의해 가해지는 것과도 관련이 있다. 원칙적으로 모든 윤리는 타자 중심적이만 특히 오늘날에는 '반드시' 타자 중심적이라야 한다고 주장한다.

1. 주체 중심의 윤리

도덕적 행위는 자유의지를 가진 행동주체가 판단하여 수행하는 것이다. 물론 우리가 윤리적인 함의를 가진 행위를 할 때도 주위의 영향이나 사회의 문화나 관습의 영향을 받는 것이 사실이다. 그러나 적어도 그것이 윤리적으로 옳은지 그른지를 판단을 받을 수 있는 행위라면 그 결과에 대해서 행동 주체가 책임을 져야 한다. 그러므로 윤리적 의의를 가진 행동은 모든 인간의 행동 가운데 가장 능동적일 수밖에 없다. 이렇게 따져보면 윤리적 행위가 주체 중심적이 되는 것이 전혀 이상하지 않다.

1) 전통적 윤리는 주체 중심적

그러므로 윤리에 대한 이제까지의 철학적 혹은 종교적 반성은 주로 행동하는 주체에 초점을 맞추었고, 일반 사회의 인식도 그와 크게 다르지 않았다. 고대 그리스 철학자 소크라테스에게는 "사람은 어떻게 살아야 하는가?" 하는 물음이 윤리적 논의의 핵심이었고 그것은 그 유명한 "너 자신을 알라"는 명제와 무관하지 않으며 철저히 주체 중심적이다. 아리스토텔레스에게는 덕(virtues)을 기르고 행사하는 것이 윤리의 본질과 윤리교육의 전부였다. 고대 그리스에서 사람이 마땅히 가져야 하고 배양해야 할 덕목은 지혜, 용기, 정의, 절제 등 네 가지였고 중세 기독교에서는 여기에다 믿음, 소망, 사랑을 더해서 일곱 가지 덕목을 장려하였다. 모두 개인의 도덕성 함양에 관심을 두었고 그렇게 교육하였으며, 그런 덕목을 갖춘 사람들을 도덕적이라고 높이 평가했다. 덕목은 모두 행동 주체가 함양해야 할 것들이었다.

이런 주체 중심의 윤리의 대표자는 말할 것도 없이 현대 철학과 윤리학의 거두 칸트였다. 그는 인간에게 가장 기본적인 문제는 세

가지라 했다. 즉 "나는 무엇을 알 수 있는가?"(Was kann ich wissen?), "무엇을 해야 하는가?"(Was soll ich tun?), 그리고 "무엇을 희망할 수 있는가?"(Was darf ich hoffen?) 하는 것이다. 첫 번째 물음은 형이상학 혹은 인식론의 문제고 세 번째 물음은 종교의 문제라 했다. 그리고 두 번째 질문이 윤리적 반성의 주제였다. 그 질문에는 우리의 행위가 다른 사람들에게 어떤 결과를 초래할 것인가는 전혀 고려되지 않았다. 고려되지 않을 정도가 아니라 의도적으로 배제되고 제거되었다 해야 할 것이다. 칸트의 윤리적 입장을 가장 잘 대변하는 구절은 "선한 의지가 선한 이유는 그것이 끼칠 수 있는 영향이나 성취할 수 있는 결과 때문도 아니고 제시된 목적을 달성하기에 적절해서도 아니다. 다만 의지(意志, das Wollen) 그 자체 때문에 선하다. 즉 선한 의지는 그 자체로 선한 것이다"란 것이다. 오직 선한 의지만 중요할 뿐 그 의지에 의하여 이뤄진 행동이 다른 사람이나 사회에 어떤 영향을 미치는 가는 전혀 중요하지 않다는 것이다. 심지어 선한 의지로 행동한 것이 다른 사람에게 치명적인 손해를 끼쳤다 하더라도 그것을 비도덕적이라 할 수 없다는 것이 되었다. 물론 칸트 같은 합리주의자에게는 선한 행위가 악한 결과를 가져오거나 악한 행위가 긍정적인 결과를 가져온다는 것은 상상도 할 수 없었을 것이다. 그러나 칸트에게는 행위의 결과를 고려하는 것은 전혀 윤리적인 문제가 될 수 없고 다만 목적을 당성하기 위한 전략적 고려에 불과했다. 따라서 결과를 따지는 것은 윤리와는 전혀 무관하다고 보았다.

그런 입장에는 칸트가 예외인 것은 아니다. 주체의 진정한 결단을 강조하는 실존주의 윤리는 말할 것도 없고 현대 윤리가 강조하는 합리성과 보편성을 모두 비판하고 포스트 모던적 윤리이론을 제시한다고 주장하는 바우만(Z. Bauman) 같은 사람조차도 주체 중심의 윤리에서 벗어나지 못하고 있다. 그도 행위자의 자율성과 그에 따를 책임을 윤리의 기초로 삼음으로 칸트나 실존주의 윤리가 가진 행위자 중심의 윤리에서 벗어나지 않고 있다. 윤리적 자원을 인간의 양심에서 찾는 것이나 윤리적 당위의 근거를 신의 명령에 찾는 것도 마찬가지로 주체 중심적이다.

이제까지의 윤리적 논의가 행위자 중심으로 이뤄지고 대부분의 사람들이 그에 동의하는 것에는 물론 그럴 만한 이유가 있다. 도덕적 행위란 어디까지나 행위 주체가 의식적으로 선택하거나 습관적으로 하는 행동이고, 행위의 결과에 대해서도 어디까지는 그 행위의 주체가 책임을 져야 하는 이상, 그 주체에 대해서 관심을 집중하는 것은 어쩌면 당연하고 불가피한 것이 아닌가 볼 수도 있다.

전통적인 종교와 철학에서는 사람을 주로 개인적이고 독립적인 개체로 이해하려 했고 영혼, 정신, 육체, 이성 등의 본질로 설명하려 하였다. 예를 들어 아리스토텔레스가 인간을 "이성을 가진 동물"(animal rationale)로 정의했을 때 그 이성은 우주질서를 지배하는 신적인 이성에 참여할 뿐 그런 이성을 가진 다른 사람과의 교류를 필요로 하지 않는다. 산파술(産婆術)이라고 알려진 소크라테스의 교육이론에 의하면 교육자는 새로운 정보를 피교육자에게 전달하는 것이 아니라 피교육자가 이미 생득적(生得的)으로 가지고 있는 이념(idea)을 스스로 깨닫게 해 주는 산파에 불과하다. 플라톤의 대화 〈메논〉에는 기하학 지식이 전혀 없는 노예소년이 소크라테스의 질문만 받고도 기하학 원리를 스스로 깨닫게 되는 내용이 있다. 그런 지식을 그 소년이 가지고 태어났기 때문에 소크라테스가 가르치지 않고 다만 자극만 주어도 스스로 깨달을 수 있었던 것이다. 스승의 역할은 다만 이미 알고 있던 것을 깨닫게 하는 데 자극을 줄 뿐 새로운 정보를 제공하는 것이 아니다. 여기서 다른 사람의 역할은 그렇게 중요하지 않은 것으로 되어 있다. 지식의 성격은 좀 다르지만 공자도 〈논어〉에서 가장 뛰어난 지식은 생이지지(生而知之), 즉 태어날 때부터 가지고 있는 지식이라 하였다.

고대 그리스의 궤변론자들로부터 시작해서 서양철학의 주 관심이 인식론에 집중되었다 할 수 있는데 그것은 불가피하게 인식 주체에 모든 관심을 기울일 수밖에 없게 하였다. 독일 철학자 라이프니츠(G. W. Leibniz)에게 인간의 의식은 '창문이 없는' 단자(單子, monad)다. 창문이 없다는 것은 다른 사람을 포함한 외부의 정보와 영향은 전혀 들어올 수도 없고 필요하지도, 중요하지도 않다는 것이다. 우리가 아는 것은 모두 인간의 이성에 이미 태어날 때부터 들어 있고, 우리가 경험하는 모든 것은 이미 그렇게 보이도록 예정되어 있다고 본 것이다. 갑돌이와 을식이가 같은 대상에 대해서 같은 지식을 갖는 것은 이미 그렇게 인식되도록 예정되어 있기 때문이란 것이다. 최근까지도 나만 존재한다는 유아론(唯我論=solipsism) 같은 이론이 제시되었고 '다른 사람의 마음'(other mind)을 아는 것은 신을 아는 것만큼 어렵다는 주장도 있었다. 이렇게 모든 것을 인식주체 중심으로 이해하는 전통적인 서양철학을 레비나스(Emmanuel Levinas)가 '제국주의적'이라고 표현한 것은 매우 흥미롭다. 즉 모든 것을 인식하는 주체 중심으로 이해하고 주체가 모든 것을 지배하는 철학이란 것이다.

과거에는 사람의 행복과 불행, 삶의 질이 자연이나 초자연적인 힘에 의하여 결정될 뿐 다른 사람의 영향에 의하여 결정되었다고 생각하는 사람은 많지 않았다. 노예가 되는 것같이 어떤 사람이 사회적으로 불이익을 당하는 것은 사회제도가 잘못되었거나 다른 사람들이 정의롭지 못해서가 아니라 여자로 태어나는 것과 같이 신의 뜻 혹은 운명이 그렇게 정했기 때문이라고 믿은 것이다. 우리나라에도 옛날에는 가난하거나 상인(常人)으로 태어나는 것이 모두 '팔자소관' 즉 운명이라고 생각하고 그런 상황을 큰 불평 없이 수용하였다.

이런 역사-문화적 배경에서 형성된 윤리 이론도 철저히 주체 중심적일 수밖에 없었다. 나의 행위가 다른 사람에게 어떤 영향을 끼치는가에 대한 관심보다는 나의 행위 그 자체가 옳은가 혹은 나의 '동기' 그 자체가 정당한가, 내가 얼마나 착한 사람이 되는가 등이 윤리적 판단의 핵심이었다. 행동하는 사람이 중요하지 그 행동에 의하여 영향을 받는 다른 사람은 윤리학적 고려의 대상에서 제외되어 온 것이다. 비도덕적 행위는 다른 사람에게 해를 끼치는 것보다는 신의 뜻, 우주의 법칙, 운명, 인간의 본성 혹은 양심에 거역하는 잘못으로 인식하였다. 따라서 행동하는 주체의 양심, 신, 법칙 등에 주 관심을 기울일 뿐 다른 사람, 사회에 대해서는 관심이 적을 수밖에 없었다.

많은 사람들은 아직도 '양심'을 아주 중요한 도덕적 원천으로 인식하고 있다. 윤동주 시인의 "죽는 날까지 하늘을 우러러 한 점 부끄럼이 없기를 잎새에 이는 바람에도 나는 괴로워했다"란 구절은 많은 한국인들에게 감동을 주고 우리 모두가 하늘을 우러러 한 점 부끄럼 없는 사람이 되기를 바란다. 그런 상태를 우리는 보통 "양심에 가책을 받지 않는다"고 표현한다. 그것은 모든 인간에게 본래부터 악한 행위를 스스로 억제할 수 있고 옳고 바르게 살게 하는 양심이란 것이 있다는 것을 전제한다. 맹자가 인간에게는 '옳고 그름을 분별하는 마음'(是非之心)이나 '악한 것을 부끄러워하는 마음'(羞惡之心)이 있다고 주장한 것이나 성경에서 잘못을 저지르면 그것을 정죄하는 율법을 모르는 사람도 그의 양심이 자신을 심판한다고 가르친 것도 비슷하게 이해할 수 있다. 아주 못된 사람은 '양심을 버린 자' 혹은 '양심 없는 자'라 하여 마땅히 가져야 할 양심을 갖지 못한 비정상적인 인간으로 취급하는 것이다. 행위의 옳고 그름이 다른 사람 혹은 사회에 어떤 결과를 초래하는가에 따라 결정되는 것이 아니라 양심이 있는지, 혹은 양심에 충실하게 행동하는지 여부에 따라 결정되는 것으로 보는 것이다.

신, 우주의 법칙, 양심 등은 그 자체로 선하고 합리적이기 때문에 선한 동기에서 행동하면 결과는 거의 자동적으로 올바르게 된다는 믿음이 있었던 것 같다. 우주는 질서 있게 만들어져 있고 역사는 합리적으로 이뤄진다고 믿었기 때문에 선한 동기는 반드시 선한 결과를 보장한다고 믿은 것이다. 라이프니츠는 모든 것이 다 조화를 이루도록 되어 있다는 예정 조화설(豫定調和說, harmonia prae-etabilia)을 주장했고, 헤겔은 "세계의 역사는 세계의 심판"(Weltgeschichte ist Weltgericht)이라고 주장하여 악은 언젠가는 반드시 처벌받고 선은 궁극적으로 상을 받을 것이라고 믿었다. 그뿐 아니라 역사는 그 자체로 합리적이라서 인간의 악한 동기도 결과적으로는 역사를 합리적으로 완성하는 데 도움을 줄 것이라고 주장했다. 심지어 네덜란드인 의사 만더비어(B. Mandeville)는 '사적인 악이 공적인 이익'(private vices, public benefits)이 된다고 주장했고 영국의 경제학자 스미스(Adam Smith)는 시장은 '보이지 않는 손'이 개입하여 수요와 공급이 자동적으로 조정된다고 주장했다. 공자도 "선을 행하는 자는 하늘이 복으로 갚아주고 선하지 못한 것을 행하는 자는 하늘이 화로 갚는다"(爲善者 天報之以福, 爲不善者 天報之以禍)고 하였다. 지금도 우리는 가끔 '역사의 심판'이란 표현을 자주 사용한다. 착한 행실과 악한 행위는 언제인가 드러나기 마련이고 그에 대한 정당한 평가와 보응이 반드시 일어날 것이란 믿음이다. 선한 동기가 악한 결과를 가져올 수 있다고 주장하는 것은 인류의 역사를 뒤죽박죽 비합리적인 것으로 취급하는 것이고, 그것은 매우 위험한 냉소주의라고 생각하는 것이다.

최근 윤리학에서 많은 관심을 끌고 있는 '덕의 윤리'(Virtue Ethics)도 역시 주체 중심적이다. 덕의 윤리는 우리가 왜 윤리적으로 행동해야 하며 어떻게 행동해야 하는가를 따지는 것보다는 행위자가 올바로 행동할 수 있는 인격, 성향, 품성을 갖추는 것을 강조한다. 사실 우리의 구체적인 일상생활에서 우리는 행동할 때마다 어떻게 행동해야 할 것인가를 일일이 따지지 않는다. 대부분의 경우 우리들이 가지고 있는 성향과 습관에 따라 행동하고 인격의 수준에 따라 행동의 질이 결정된다. 그러므로 사회의 윤리적 수준을 높이기 위해서는 사람들이 행동할 때마다 윤리적 원칙에 의하여 새롭게 판단하도록 지식을 제공하는 것이 아니라 오히려 교육과 훈련을 거쳐 도덕적 품성을 높이는 것이 더 효과적이다. 그런 점에서 덕의 윤리에는 일리가 있다 할 수 있다.

그러나 행위보다는 그 행동하는 사람의 성향, 덕을 강조한다 해서 덕의 윤리가 주체 중심의 윤리의 성격을 버린 것은 아니다. 제고되어야 할 윤리적 미덕은 어디까지는 행위 주체의 것이고 윤리교육의 목표도 행위 주체의 덕을 강화하는 것이다. 덕의 윤리의 대표자라 할 수 있는 아리스토텔레스는 윤리적 삶의 목표로 '번영' 혹은 '행복'(eudaimonia)을 제시했지만 그것은 주로 미덕을 소유한 사람의 행복이지 그 미덕의 영향을 받는 다른 사람들의 행복이 아니었다.

2) 주체 중심의 윤리는 종교적 유산

칸트와 같이 선한 의지 혹은 선한 동기를 중요하게 생각하는 윤리에는 상당할 정도로 종교적 유산이 남아 있다고 해야 할 것이다. 예를 들어 갑돌이가 을식이를 매우 미워해서 해를 가할 생각을 했다 하자. 그래서 갑돌이가 아무도 엿들을 수 없는 골방에 들어가서 을식이에 대해서 심하게 욕을 하고 저주했다 하자. 그러나 그는 을식이를 다른 사람 앞에서 욕을 하거나 구체적으로 을식이에게 해가되는 어떤 행동도 하지 않았다 하자. 그래도 을식이에 대해서 악감을 가지고 골방에서 그를 욕하고 저주했기 때문에 갑돌이가 비도덕적인가? 을식이를 욕하는 것은 비록 그것이 을식이에게 아무 해를 끼치지 않더라도 악한 동기에서 비롯되었으므로 그 자체로 비도덕적이라고 한다면 이는 도덕적 평가의 초점을 행위 주체에 집중하는 것이다. 그리고 나아가서 그것은 인간의 속마음을 살피는 전능한 신 혹은 영원불변한 법칙을 전제해야 의미가 있다. 따라서 그런 것을 비도덕적이라 하는 것은 절대적이고 선한 존재의 명령을 어기거나 영원불변한 법칙을 어기는 것이 잘못이란 종교적 전통의 유산이라 할 수 있다.

종교는 기독교가 믿는 하나님이나 이슬람이 믿는 알라와 같이 인격적인 신이나 유교나 불교가 인정하는 하늘 혹은 만고불변의 법칙

같은 초자연적인 존재와의 관계가 그 핵심이다. 그러므로 어떤 사람이 닫힌 골방에서 아무도 듣지 못하는 가운데 욕설을 하면 초자연적인 신의 명령을 불순종한 것이고 불변의 법칙을 어긴 것이다. 따라서 그것 자체가 죄가 되고 비도덕적이 되는 것이다. 그런데 그가 혼자서 욕을 아무리 심하게 해도 다른 사람이 듣지 못했고 욕먹는 사람에게 아무 해도 끼치지 않았다면 그래도 그것을 비도덕적이라 할 수 있겠는가?

나는 윤리란 어디까지나 다른 사람에게 해가 되지 않게 행동하는 것이기 때문에 갑돌이가 을식이에게 어떤 실제적인 해를 끼치지 않은 한 그것을 비도덕적이라 할 수 없다고 주장한다. 사막이나 바다 한가운데서 혼자 있는 사람에게는 윤리가 문제될 수 없다. 해를 끼칠 대상이 없기 때문이다. 그러나 신이나 초자연적인 힘을 믿지 않는 사람에게라도 다른 사람과 함께 사는 한 윤리는 필수적이다. 다른 사람에게 해를 끼치지 않아야 하기 때문에 다른 사람과 함께 있는 한 윤리는 꼭 필요하다. 무신론자, 종교를 전혀 갖지 않은 사람들에게도 다른 사람과 같이 사는 한 윤리는 필수적이다.

인격적인 신 혹은 초자연적인 절대 존재를 믿는 사람들에게는 윤리가 종교에 근거해 있다. 그들은 다른 사람에 대한 임무도 신에 대한 임무의 일부라고 간주하는 것이다. 성경이 가르치는 십계명에서 4계명부터 10계명은 윤리적인 계명이지만 그것들을 잘 지키는 것은 동시에 하나님의 명령을 순종하는 것이다. 따라서 종교가 윤리적인 계율을 가르치더라도 그것은 물론 절대자의 명령이므로 종교적이다.

그러나 십계명에서 하나님 이외에 다른 신을 섬기지 말라, 하나님의 이름을 함부로 부르지 말라, 우상을 만들거나 섬기지 말라 등의 계명은 하나님과의 관계에서 적용되는 순수 종교적인 계명이고 다른 사람과의 관계에서 문제가 되는 것들이 아니다. 그러나 하나님을 인정하지 않는 사람들에게도 살인, 간음, 도둑질, 거짓말 등은 보편적으로 금지되어야 하고, 실제로 종교를 갖지 않은 사람들도 대부분 윤리적인 의무를 느끼고 도덕적으로 행동한다. 따라서 윤리적인 계명은 좁은 의미로서의 종교적 윤리라 할 수는 없다. 그것은 절대자와의 집적적인 관계가 아니라 다른 사람과의 관계에서 요구되는 것이다. 즉 종교는 절대자와의 직접적인 관계의 문제고, 윤리는 다른 인간과의 관계에서 그 의미를 갖는 것이다.

종교에 뿌리를 둔 윤리는 역시 '선한 동기'를 중요시한다. 전능한 존재는 사람의 '중심이 진실함'을 원하는 것이다. 그런 점에서 동기를 중요시한 전통적 윤리는 비록 의식적으로 인정하지 않더라도 종교적 뿌리를 가지고 있다 해야 할 것이다. 그 종교가 반드시 불교, 이슬람, 기독교 등 널리 알려진 종교일 필요는 없다. 이론적이고 실증적으로 증명할 수는 없어도 절대자를 인정하는 모든 세계관은 종교적인 성격을 가졌다 할 수 있고, 고대 그리스의 세계관이나 유교도 그런 범주에 속한다고 할 수 있다.

이와 관계해서 흥미로운 것은 〈아가페와 에로스〉란 책을 쓴 스웨덴의 기독교 신학자 니그렌(A. Nygren)의 주장이다. 그는 아리스토텔레스나 스토아 등 고대 그리스 윤리학은 엄격한 의미에서 윤리학이라 할 수 없다고 주장한다. 개인주의적이고, 선 자체(the Good in itself)를 추구하는 것에 집중하기 때문이라 했다. 즉 내가 말하는 '주체 중심적'이란 것이다. 그런데 이런 상황에서 기독교가 혁명적인 변화를 가져왔다고 그는 주장한다. 기독교가 역사상 처음으로 관계(fellowship)를 윤리에 도입했기 때문이란 것이다. 윤리란 개인이 자신에게 가장 선하고 옳은 것을 택하고 추구하는 것이 아니라 다른 사람과 조화롭고 평화로운 관계를 갖는 것이라는 것이다. 거기에 대두되는 것이 바로 아가페(agape)란 이름을 가진 아주 특이한 사랑이라고 니그렌은 주장한다. 특이하게 그는 아가페 사랑을 오직 인간관계에만 적용한다. 인간은 오직 다른 사람에게만 아가페 사랑을 실천할 수 있고 하나님에 대해서는 사랑(아가페)하는 것이 아니라 믿을 뿐이라고 주장한다. 즉 이웃에게는 사랑(agape), 하나님께는 믿음(piste)이 중요하다는 것이다. 따라서 그에게는 사랑(agape)은 오직 윤리적인 사랑에 국한된다.

니그렌이 개인주의적이라고 비판한 것을 이 책에서는 주체 중심적이라고 비판하고 니그렌이 지적한 선 그 자체(Good in itself)는 동기 혹은 선한 의지에 해당한다 할 수 있다. 윤리는 한 개인이 절대 선을 추구함으로 훌륭한 사람이 되는 것이 아니고 오히려 다른 사람과의 정상적인 관계의 문제이며 다른 사람에게 해를 끼치지 않는 것이다. 종교적 신앙에는 개인이 헌신하는 절대자가 중요하지만 윤리적 사랑에는 주체의 행동에 영향을 받는 다른 사람이 중요하다. 그러므로 다른 사람을 단순히 한 주체가 올바른 동기로 행동하거나 지고의 선을 성취하는 데 이용되는 수단 정도로 취급되면 이는 윤리가 아니라 종교라 해야 할 것이다.

이 책이 제시하고자 하는 타자 중심적 윤리의 관점에서 보았을 때 니그렌의 주장은 다소 역설적이다. 니그렌이 엄격하게 윤리학이라 부를 수 없다고 비판한 고대 그리스 철학의 윤리학이야말로 바로 내가 주장한 종교적인 뿌리를 가진 윤리학이고, 나와 그가 진정한 윤리학으로 인정한 것을 그는 기독교가 역사상 처음으로 도입했다고 주장하기 때문이다. 다시 말해서 니그렌이 주장하는 기독교적이라 부르는 것을 나는 비종교적이라 하고, 니그렌이 철학적인 윤리라 한 것을 나는 종교적 윤리라 이해하는 것이다. 그러나 니그렌과 내가 일치하는 부분은 개인주의적이고 주체 중심의 윤리는 엄격한 의미에서 윤리라 할 수 없다는 점이다.

주체 중심의 윤리관이 종교적 전통의 유산이라고 주장한다 하여 그런 유산이 사회질서를 유지하는 데 방해가 되었거나 윤리적인 가치가 전혀 없다고 주장하는 것은 결코 아니다. 상당한 수준의 질서를 유지해 온 선진 사회들에서는 그런 종교적 유산이 큰 역할을 감당했고, 비록 매우 세속화되긴 했지만 지금도 막강한 영향력을 행사하고 있다. 매킨타이어(A. MacIntyre)와 하버마스(J. Habermas)는 '기본인권' 사상이 유대교와 기독교의 가르침이 세속화된 것에 불과하다고 주장했고 1982년 이란의 유엔대사 사이드 라자디-코라사니(Said Rajadie-Khorassani)는 국제연합이 1948년에 제정 선포한 〈보편인권선언〉은 '유대-기독교적 전통의 세속적 이해'(a secular understanding of the Judeo-Christian tradition)라고 비판했다. 기본인권 사상이나 〈보편인권선언〉이 오늘날 전 세계 수많은 사람과 많은 사회에 엄청나게 긍정적인 공헌을 한 것을 고려하면 종교의 영향은 결코 무시할 수 없다. 그것이 구태여 기독교에만 국한된 것은 물론 아니다. 모든 고등종교는 그 종교를 수용하는 사회의 윤리규범의 형성과 윤리적 질서 유지에 막대한 공헌을 했다. 다만 종교적 윤리가 행위자의 선한 동기와 그에 대한 보상 혹은 악에 대한 처벌의 두려움 등 주체 중심적이란 사실을 지적하는 것뿐이다.

3) 도덕성의 객관적 판단 문제

주체 중심의 윤리에서는 도덕적 동기가 옳은지 아닌지에 대한 판단도 궁극적으로 행위 주체의 몫이 될 수밖에 없다. 행위의 옳고 그름은 그 행위를 일으킨 동기 혹은 의지의 옳고 그름, 양심에 충실했는가 아닌가에 의하여 결정되고, 그 동기, 의지, 양심 등은 행동 주체 밖의 다른 사람이 알 수가 없기 때문이다. 따라서 행위자의 실제적인 도덕성은 전혀 객관적이 될 수 없다. 오직 인간의 마음을 꿰뚫어 볼 수 있는 신만이 객관적으로 판단할 수 있을 것이다.

우리가 흔히 듣는 '양심에 부끄러움이 없다'는 말이 주체 중심의 윤리의 약점을 잘 드러낸다. 온갖 부정을 다 저지른 정치인이 조사를 받으러 검찰청에 들어가면서 "하늘을 우러러 한 점 부끄럼도 없다"는 윤동주의 시 구절을 인용하는 것을 가끔 듣는다. 그의 양심 자체가 잘못되었는지, 양심은 있는데 양심에 어긋난 말을 하고 있는지 알 수는 없으나 어쨌든 분명한 것은 양심이란 그렇게 객관적이지도 않고 믿을 수도 없다는 사실이다. 히틀러의 양심과 본훼퍼 (D. Bonhoeffer) 목사의 양심이 같지 않고 안중근 의사의 양심과 이토 히로부미의 양심이 다를 수밖에 없다. 불교와 기독교를 비롯한 고등종교들이 양심에 대해서 가르치고 거의 모든 사회에서 아직도 사람들이 양심을 들먹이고 있는 것을 보면 양심이란 본래 없는 것이라고 주장하기는 어렵다. 양심의 가책을 받아 자살하는 사람도 있고 오랜 시간이 지났는데도 갚지 못한 빚을 양심 때문에 기어코 갚는 사람들이 있는 것을 보면 양심은 도덕적 질서를 위하여 상당히 중요한 역할을 하고 있음을 알 수 있다. 그러나 그것이 모든 사람에게 선천적으로 주어졌다는 생각은 시간이 흐를수록 약해지고 오히려 양육과 교육 과정에서 사회의 도덕적 규범이 내면화된 것으로 이해하는 경향이 지배적이다. 식인종은 사람을 잡아먹어도 양심의 가책을 받지 않고 성도덕이 자유로워진 사회에서는 간음을 범해도 죄의식을 심각하게 느끼지 않는다. 그러므로 양심은 모든 상황에서 사람으로 하여금 도덕적으로 행동하도록 보장하지도 못하고 그 기준이 그렇게 객관적이거나 공정하지도 못하다.

그런데 우리가 왜 도덕적 행동을 꼭 객관적으로 판단하거나 평가해야 하는가? 가장 자명한 이유는 비도덕적 행위가 행동하는 사람 개인의 영역에 머물지 않고 다른 사람 혹은 다른 사람들에게 해를 끼치기 때문이다. 앞에서도 강조했거니와 현대인이 당하는 고통의 대부분이 다른 사람에 의한 것이기 때문에 이제는 다른 사람이 옛날 호랑이보다 더 무서울 수 있다. 호랑이 경계하듯 다른 사람을 경계할 수밖에 없는 것이 우리의 안타까운 현실이다. 처음 만나는 사람에 대해서는 자신도 모르게 그가 착한 사람인지 아닌지를 알려고 하는 것은 그 사람이 나에게 해를 끼칠까 두렵기 때문이다. 열 길 우물 속은 알 수 있으나 한 길 사람의 속은 알 수 없는 것이 인간 사회에 온갖 문제를 불러일으킨다.

사람의 속을 어느 정도라도 알 수 있는 유일한 길은 그의 말과 행동을 보는 것이다. 인간의 의지 혹은 동기는 행동으로 나타날 수 있기 때문에 그것으로 행위자의 동기를 어느 정도 평가할 수 있다. 그러나 모든 인간은 다소간 위선적이므로 겉으로 나타나는 행위가 그 동기를 반영하는 정도는 행위자 본인 이외에는 알 수 없다. 동기가 악한데도 선한 것처럼 행동하기도 하고, 선한데도 그것을 그대로 표현하지 못할 수도 있다. 그러므로 동기에 따라 그 가치를 평가하고 판단하는 것은 가능하지 않고 공정하기도 어렵다. 매우 섬세하고도 강력한 신비로운 현미경이 개발되어 사람의 동기를 그대로 들여다볼 수 있다면 인간 사회의 문제 가운데 상당수는 해결될 것이다. 물론 더러운 동기가 너무 폭로되어 모두가 절망해버릴 수도 있기는 하다.

고상한 동기와 저열한 동기가 그에 상응하는 인정과 처벌을 받을 수 있다면 이는 매우 바람직하고 우리의 정의감을 만족시킬 것이다. 그러므로 가능한 한 많은 사람이 가능한 한 고상한 동기를 갖도록 고취하고 교육하는 것은 계속되어야 할 것이다. 그러나 어떤 행위나 인격에 대한 실제적인 인정과 비난은 역시 동기보다는 그 행동, 혹은 그 사람이 다른 사람과 사회에 초래하고 초래할 결과에 따라 평가하는 것이 훨씬 더 객관적이고 공정하다. 우리에게 실제적으로 문제가 되고 따라서 우리가 걱정해야 할 것은 행동의 동기가 아니라 그것이 우리에게 미치는 영향과 결과이기 때문이다. 행위 주체에게는 동기가 중요할지 모르지만 그 행위의 영향을 받는 사람에게는 결과가 중요하다.

2. 타자 중심의 윤리

1) 책임의 윤리

물론 대부분의 종교 윤리가 전제하는 것처럼 선한 동기가 선한 결과를, 악한 동기가 악한 결과를 가져올 개연성은 크다. 그러나 역사적 경험이나 구체적인 현실에 비추어 볼 때 동기만 선하면 충분하고 그 결과에 대해서는 책임을 질 필요가 없을 정도로 그 인과관계가 확실한 것은 아니다. 선한 동기는 반드시 선한 결과를 가져오고 악한 동기는 악한 결과를 가져온다고 믿을 만한 근거는 그렇게 강하지 않다. 우주가 철저히 합리적인 질서에 의하여 운영되거나 우주를 지배하는 전능자가 완벽하게 합리적이고, 우리가 알고 있는 인과법칙이 그 전능자가 설계한 그대로 완벽할 때만 그런 믿음은 정당하다.

그러나 이미 구약 성경에도 선한 사람이 고난을 당하고 악한 자가 번영을 누리는 것에 대한 불만이 여러 곳에서 표현되어 있고, 욥은 큰 악을 저지르지 않았는데도 불구하고 엄청난 고통을 당하는 것으로 기록되어 있다. 우리가 상식적으로 알고 있는 인과보응의 법칙이 적어도 이 세상에서는 그렇게 절대적이지는 않다는 것이다. 그리고 그동안 인간사회는 너무 인위적으로 그리고 너무 복잡하게 조직되어 있어서 전통적인 인과보응의 원칙이 상당할 정도로 약화되고 말았다. 선한 동기가 치명적인 결과를 가져오지 않는다는 보장이 없고 올바르지 못한 동기에서 행동했는데도 불구하고 기대하지 않았던 긍정적 결과가 생겨나는 경우도 없지 않다. "전쟁은 만물의 어머니"란 말이 있다 하거니와 전쟁은 인류문화 발전에 결정적인 공헌을 했다는 사실은 역설적이라 하지 않을 수 없다. 적을 공격

하기 위하여 개발된 로켓이 우주 탐사와 위치추적(GPS)을 가능하게 했고 적을 대량살상하기 위하여 핵폭탄을 만들었는데 그 덕으로 핵발전소가 생겨나서 값싼 전기를 쓸 수 있게 되었다. 친구를 괴롭게 하기 위하여 그의 약점을 드러낸 것이 친구로 하여금 그 약점을 극복하여 큰 성공을 거두게 하는 것과 같은 경우는 얼마든지 있고, 이웃에게 이익을 준다는 것이 엄청난 해를 끼친 경우도 비일비재하다. 그래서 이제는 선한 동기로만 행동하면 책임을 다한 것이란 생각은 매우 낡은 것이 되고 말았다. 착한 동기로 환자를 치료했는데 그 환자가 죽거나 장애인이 되어버렸을 때 의사가 자기는 선한 동기에서 치료했기 때문에 그 결과에 대해서는 책임질 필요가 없다고 주장할 수 있겠는가? 물론 선한 동기도 중요하지만 더 중요한 것은 행위의 결과가 다른 사람에게 해가 되지는 않아야 하는 것이고, 그럴 때에만 그 행위를 도덕적으로 책임 있는 것이라고 말할 수 있다. 의사는 선한 동기 이외에도 환자를 고칠 수 있는 기술을 가지고 있어야 윤리적이라 할 수 있다.

독일의 사회학자 베버(Max Weber)는 그의 〈소명으로서의 정치〉(Politik als Beruf)란 강연에서 정치 윤리에 대해서 언급하면서 윤리를 '동기윤리'(Gesinnungsethik)와 '책임윤리'(Verantwortungsethik)로 구분했다. 그는 오른 뺨을 치면 왼 뺨도 내놓고 겉옷을 달라면 속옷까지 벗어 주라는 산상보훈(山上報勳)의 윤리는 전형적인 동기 혹은 확신의 윤리로, 그런 윤리는 정치에 적용될 수 없다고 주장했다. 정치적 목적을 달성하기 위해서는 권력이 필요하고 심지어는 폭력도 행사할 수 있어야 한다는 것이다. '인간의 평균적 결함'이 그런 수단을 불가피하게 한다는 것이다. 정치가는 인간의 선 혹은 완전성을 전제할 권리가 없다는 피히테(J. G. Fichte)의 말을 인용한다. 모든 인간은 불완전하기 때문에 선한 동기가 왜곡되고 잘못 이용되어 악한 결과를 가져올 수 있다는 것이다.

히틀러를 암살하려는 모의에 가담한 본훼퍼 목사의 경우가 베버의 책임윤리를 가장 분명하고 확실하게 뒷받침해 주었다. 기독교 목사로 그는 살인이 무서운 죄라는 것을 너무나도 잘 알았지만 자신의 도덕적 순결보다는 히틀러를 죽임으로 수백만 명의 무고한 유대인의 생명을 구하는 것이 더 도덕적이라고 믿은 것이다. 베버는 적어도 정치가라면 개인의 도덕적 순결보다는 자신의 정책과 행동이 사회와 다른 사람들에게 가져올 결과에 대해서 책임을 져야 한다고 주장한 것이다. 정치의 윤리는 결과에 대해서 책임을 지는 책임윤리라야 한다는 것이다. 물론 본훼퍼 목사의 경우에는 그의 동기와 책임이 복잡하게 얽혀 있었지만, 유대인을 살려야 한다는 책임이 히틀러란 개인을 죽여서는 안 된다는 원칙을 능가한 것이다. 그러나 유대인을 살려야 한다는 책임감도 일종의 동기이므로 엄밀하게 말해도 동기윤리와 책임윤리의 갈등은 아니었다.

베버가 말한 책임윤리는 구태여 정치에만 국한되어야 할 이유가 없다. 현대 사회는 이미 '정신적 공동체'(Gemeinschaft)가 아니라 자신의 이익을 극대화하려는 개인들이 일종의 사회계약을 통해서 서로 관계하는 '이익공동체'(Gesellschaft) 혹은 '시민사회'가 되어 있다. 이런 사회에서는 이익을 극대화하려는 개인들 간의 경쟁이 치열하기 때문에 도덕적인 동기가 경쟁에서 이기는 데 방해가 되면 쉽게 위장하고 포기할 수 있다.

더군다나 그 이해관계가 집단적이 될 경우에는 인간의 평균적 결함이 훨씬 더 강하고 노골적으로 나타날 수 있다. 내가 선한 양심을 지키는 것이 내가 속한 공동체의 다른 구성원들의 이익에 방해가 된다고 생각하면 선한 양심을 고집하는 것 자체가 비도덕적이라고 생각하기 때문에 그 양심을 쉽게 포기할 수 있고, 집단에 속한 개인들이 모두 서로의 이익을 도모한다는 정당성으로 뭉쳐져서 흉측한 집단 이기주의가 생겨나는 것이다. 현대 사회의 가장 심각한 도덕적 문제는 개인의 이기주의가 아니라 집단 이기주의 뒤에 숨어서 전체의 이익을 도모한다는 도덕적 정당성을 가지고 강화되는 인간의 이기주의라 할 수 있다. 그 가장 심각한 모습은 말할 것도 없이 국가 이기주의다. 나라와 나라 사이에는 아직도 약육강식이란 정글의 법칙이 그대로 작용하고 있고 국가단위의 집단 이기주의는 애국심이란 이름으로 정당화되고 있다. 약소국의 애국심은 생존을 위해 필요하기 때문에 용인될 수 있지만 강대국민의 애국심은 후안무치한 비도덕의 표출인 경우가 많다. 올림픽 경기에서 약한 나라 선수는 메달을 땄을 때 자기 나라 국기를 들고 운동장을 돌 수 있지만 미국이나 일본 같은 강대국 선수가 그런 짓을 하는 것은 위험하고 흉측하다. 한국 선수도 이제는 그런 부끄러운 짓을 중단할 때가 되었다. 미국인과 일본인은 애국자가 되지 말아야 하는 경우와 한국인의 애국도 비도덕적이 되는 경우가 늘어나고 있다.

2) 타자의 고통

모든 인간이 기피하는 것이 고통이고, 사람을 아프게 하는 것은 자연이 아니라 인간이라면 모든 인간에게 주어진 당연한 의무는 다른 사람을 아프지 않게 하는 것이다. 그 의무에 충실한 것이 바로 윤리다. 그러므로 윤리의 주된 관심은 윤리적 행위 주체가 얼마나 착한가, 얼마나 고상한가, 어떻게 하면 착하게 되는가, 어떻게 하면 다른 사람, 사회, 혹은 하나님으로부터 보상을 받는가에 있는 것이 아니라 어떻게 하면 다른 사람에게 해가 되지 않고 다른 사람에게 고통을 가하지 않도록 행동할까에 집중되어야 하는 것이다.

윤리적 판단의 무게 중심이 행동하는 주체에 있는 것이 아니라 행동의 영향을 받는 타자에게 있다는 사실은 윤리적 행동의 결과가 누구에게 이익이 되며 비윤리적 행동의 결과가 누구에게 해가 되는가만 살펴보아도 알 수 있다. 가령 가게 주인이 어떤 상품에 대해서 고객에게 정직하게 알려 주었다면 물론 주인도 신용을 얻는 이익을 보고 자신의 정직성에 대해서 자존감을 가질 수도 있겠지만 일차적인 이익은 역시 상품에 대해서 정확한 판단을 할 수 있게 된 고객에게 돌아간다. 역으로 고객에게 거짓말을 하면 물론 주인의 신용도 떨어지고 양심의 가책도 받고 자존심도 상하는 손해도 보겠지만 가장 큰 손해는 역시 고객에게 돌아간다. 도덕적인 행위는 행위자 자신을 위한 것이 아니고 그 행위의 영향을 받는 타자를 위한 것임이 분명하다. 윤리는 근본적으로 타자 중심적이다.

역사를 되돌아보면 '사회'와 마찬가지로 '다른 사람'의 중요성은 최근에야 발견되었음을 알 수 있다. 물론 과거에도 사람은 혼자 살 수 없었고, 홍수, 맹수, 다른 종족의 공격 같은 것에 공동대응하지 않으면 안 되었다. 심리적으로도 인간은 혼자서는 외로움 때문에 오래 생존할 수 없다 한다. 그러므로 '다른 사람'이 없다면 인간의 생존은 불가능하다.

나아가서 다른 사람이 없다면 언어가 필요하지 않았을 것이고, 언어가 없었다면 사람은 생각하는 능력을 갖추지 못했을 것이다. 언어가 없고 사고 능력이 없었다면 사람은 정상적인 사람이 아닐 것이다. 그런 점에서 다른 사람의 존재는 나의 존재의 전제조건이다. 그런데도 불구하고 거의 최근까지 인간에게만 주어진 영혼, 이성, 양심, 혹은 그 외에 인간을 인간이 되게 하는 인간의 본질 등이 인간을 짐승과 다르게 만들었지 다른 사람이 우리를 사람으로 만드는 데 공헌한다고 인정하지 않았다. 앞에서 언급한 유아론이나 라이프니츠의 단자론은 그 극단적인 경우였다. '너'가 나를 진정한 '나'가 되게 하고 '타자'가 나의 선험적 조건이란 사실은 최근에야 부버

(M. Buber)나 레비나스(E. Levinas) 등의 사상가들에 의하여 제시되었고 많은 공감을 얻고 있다.

그러나 불행하게도 그렇게 중요한 다른 사람이 나에게 항상 천사로 나타나고 나를 행복하게만 하는 것이 아니다. 많은 경우 악마로, 적으로 나타나서 나에게 고통을 주는 것이다. 실존주의 철학자 사르트르(J. P. Sartre)는 타자의 눈길이 나를 정죄하고 나를 물화(物化, reify)한다고 주장했다. 다른 사람의 눈이 나를 객체로 보기 때문에 나는 다른 물건과 같은 위치에 서게 된다는 것이다. 다른 사람을 전제하지 않으면 내가 죄의식을 느낄 필요가 없다고 했다. 불행하게도 다른 사람이 나를 행복하게 할 때는 그것을 당연하게 느끼지만 나를 괴롭힐 때는 그것을 심각하게 인식하고 아파하는 것이다.

그런데 현대인이 최소한의 행복이라도 누리려면 적어도 다른 사람으로부터 고통을 당하지 않아야 한다. 그래서 우리는 다른 사람들이 우리를 행복하게 만들지는 못할지라도 적어도 고통은 가하지 않기를 바란다. 그 말은 우리가 다른 사람들에게 우리를 행복하게 해달라고 요구할 권리는 없지만 우리가 다른 사람에게 고통을 가하지 않은 한 아무도 우리에게 고통을 가하지 못하도록 요구할 권리는 있다는 것을 뜻한다.

부당하게 고통을 당하지 않을 권리는 소수의 특권층만 누릴 수 있는 특권이 아니다. 고통을 느낄 수 있는 모든 생물은 다 누려야 하는 보편적인 권리다. '동물의 권리'를 주장하는 싱어 같은 사람들은 동물의 본성에 너무 어긋나는 잔인한 방법으로 동물에게 고통을 가하지 말아야 한다고 주장한다. 동물에게도 고통을 가하지 말아야 하는데 하물며 사람에게 고통을 가해서야 되겠는가?

모든 권리는 의무를 함축한다. 부당하게 고통을 당하지 않을 권리는 억울하게 고통을 가하지 않을 의무를 요구한다. 윤리적 의무는 특혜를 누리는 사람이 그 특혜를 잃음으로 당하는 고통에까지 관심을 기울일 의무는 없다. 그러나 자신과 같거나 오히려 자신보다 불리한 상황에 처한 사람의 권리를 존중하는 것은 윤리적 의무일 수밖에 없다. 내가 의무를 수행하는 것은 단순히 나는 인간의 도리를 다하거나 내가 착하게 되고 착하다는 인정을 받기 위한 것이 아니다. 오직 다른 사람의 권리에 대한 의무를 수행하는 것뿐이다. 진정한 윤리는 타자 중심적일 수밖에 없다. 물론 그런 의무는 고통을 가할 가능성 혹은 능력을 가졌으면서도 그 능력을 사용하지 않을 수도 있는 인간에게만 요구된다. 짐승은 고통을 가할 능력은 있으나 그것을 자제할 능력을 갖지 못하므로 동물에게는 의무가 무의미하다.

윤리가 타자 중심적이라 해서 타자의 이익을 자신의 이익보다 우선하라는 것도 아니다. 그렇게 하는 것은 아주 바람직하고 그렇게 하는 사람이 있으면 모두의 존경을 받을 만하다. 그런 사람이 많으면 오죽 좋겠나마는 보통 인간에게 그것을 요구하는 것은 지나치다. 타자 중심적인 윤리가 요구하는 것은 자신의 이익보다 타자의 이익을 우선하라는 것이 아니라 적어도 타자에게 부당하게 고통을 가하지 말라는 것이다. 윤리에서 문제가 되는 타자는 억울하게 고통당하는 타자다.

일반적으로 말해서 피해자가 당하는 고통은 가해자가 고통을 가함으로 얻을 수 있는 이익보다 훨씬 더 크고 심각하다. 물론 가난한 사람이 부자의 돈 10만 원을 훔치면 부자에게는 그것이 심각한 고통이 아니지만 가난한 사람에게 큰 도움이 될 수 있다. 그러나 곧 이어서 지적하겠지만 그런 경우는 예외에 속하고 대부분의 경우에는 비도덕적 행위의 피해자가 약자들이고 도덕적 질서가 파괴되면 약자들이 더 큰 고통을 당한다. 그리고 비도덕적 행위는 그것이 행위자에게 가져다주는 이익보다는 피해자가 당하는 고통이 훨씬 더 크므로 비도덕적인 사회의 고통 총량은 도덕적인 사회의 그것보다 훨씬 클 수밖에 없다. 그런 점에서도 비도덕적 행위는 반사회적이다.

제 4 장

—

약자 중심의 윤리

예외가 없는 것은 아니지만 비도덕적 행위 때문에 억울하게 고통당하는 타자는 대부분 약자들이다. 모든 사회에서 약자는 약자이기 때문에 억울하게 고통을 당하고, 억울함을 당한다는 사실 자체가 그가 약자임을 보여준다. 물론 모든 비도덕적 행위가 강자와 약자 사이에만 일어나는 것은 아니고, 비도덕적 행위를 하는 사람은 항상 강자인 것도 아니다. 가끔은 강자도 약자의 비도덕적인 행위로 고통을 당할 수 있다. 약자가 강자에게 폭력을 행사할 수도 있고 약자들이 떼를 지어 강자의 재물을 약탈할 수도 있다. 그러나 일반적으로 강자는 약자보다 더 많은 기회와 더 큰 능력을 가지고 있으므로 비도덕적으로 행동할 유혹을 더 많이 받고 실제로 그렇게 행동하는 것이 사실이다. 그리고 비도덕적 행위는 상대방에게 해를 끼치는 것이므로 약자는 강자보다 그 대상이 되기가 쉬운 것은 당연하다. 높은 담장과 철책을 두르고 수위까지 지키고 있는 부잣집에 강도가 침입하기보다는 그렇게 할 능력이 없어서 방어가 허술한 집을 훔치기가 더 쉽다. 그리고 약자의 비도덕적 행위로 손해 보는 강자의 고통은 강자의 비도덕적 행위 때문에 당하는 약자의 고통보다는 약할 것이다. 수백억 원의 재산가가 100만 원을 잃었을 때 당하는 고통과 가난한 사람이 100만 원을 잃었을 때 느끼는 고통이 같을 수가 없다.

약자가 비도덕적 행위의 피해자가 되는 것은 구태여 개인들 간의 관계에만 국한되지 않는다. 가해자와 피해자가 분명하지 않은 사회적 관계에서도 그런 현상은 일어난다. 윤리적 질서가 무너진 사회에는 약육강식의 법칙이 지배한다. 약한 자의 것을 강자가 먹어 치우는 것이다. 사회가 부패하면 대부분의 시민들이 피해자가 되지만 역시 약자가 가장 큰 피해자가 된다. 부패의 전형이라 할 수 있는 뇌물수수를 베일리(H. Bayley)란 사람이 "가난한 사람의 돈이 부자에게 직행하는 것"이라고 표현한 바 있다. 뇌물수수는 구체적으로는 돈 있는 자와 권한이 있는 자들 간에 일어나기 때문에 당장 가난한 사람의 돈이 부자에게 가는 경우는 매우 드물고 당장 누가 손해를 입는지도 눈에 보이지 않는다. 그래서 가끔 부패를 '피해자가 없는 범죄'(victimless crime)라고 주장하는 사람들이 없지 않다. 그러나 좀더 자세히 들여다보면 뇌물은 사회 구성원 전체를 피해자로 만들고 특히 부패한 자만큼 뇌물을 제공할 능력이 없는 사람들에게 가장 큰 손해를 끼친다는 사실을 알 수 있다. 부패는 사회발전에 가장 큰 방해거리란 것은 잘 알려져 있다. 2차 대전 후 반 세기가 넘도록 엄청난 액수의 원조가 공여되었는데도 대부분의 저개발국가들의 경제상황은 별로 좋아지지 않았고 빈민들의 생활수준은 전혀 개선되지 않았을 뿐 아니라 오히려 후퇴했다. 부패가 만연하여 그 돈 대부분을 소수의 강자들이 독식했기 때문이다. UN의 조사에 의하면 부패 때문에 최근 매년 160조 불의 돈이 국경을 넘어가는데 그 돈의 대부분이 가난한 나라에서 도둑맞는다 한다. 부패는 '피해자 없는 범죄'가 아니라 한 사회의 약자들과 가난한 나라들을 피해자로 만드는 매우 비열한 범죄라 할 수 있다.

사회가 워낙 부패했기 때문에 개인의 비도덕적인 행위는 용서받을 수 있고 심각하지 않다고 해서는 안 된다. 사회가 부패하면 개인들의 범죄도 늘어나지만, 역으로 개인들의 범죄가 늘어나면 사회도 부패할 수밖에 없다. 비도덕적인 행위가 많으면 많을수록 사회의 도덕적 질서는 문란해지고 그 파급효과는 결과적으로 약자들에게 가장 부정적으로 나타나는 것이다. 부패가 심한 사회에서는 모두가 피해자가 되지만 가난한 사람들은 굶어 죽는다. 그러므로 비록 강자에게 가한 비도덕적 행위라도 그것이 사회의 무질서에 공헌하는 한 약자는 그 간접적인 피해자가 되고 마는 것이다.

이런 사실은 우리로 하여금 우리의 비도덕적인 행위가 어떤 결과를 가져오는가를 좀 더 구체적으로 실감나게 하고 그런 인식은 비윤리적인 행위를 자제하는 데 도움을 줄 수 있을 것이다. 우리가 다른 사람에게 억울하게 고통을 가하지 않도록 행동해야 한다면 그것은 곧 약자에게 고통을 주지 않기 위한 것이다.

1. 누가 약자인가?

누가 약자인가는 그렇게 어려운 질문이 아니다. 시대마다, 사회마다 약자는 다를 수 있지만 그 시대, 그 사회 구성원들은 누가 약자인가를 쉽게 알 수 있다. 원시적인 사회에서는 짐승의 세계와 비슷하게 육체적으로 약하고 병든 사람이 약자였고, 봉건 사회에서는 하층계급에 속한 사람이 약자였다. 농경사회에는 토지가 없는 사람, 산업사회에서는 자본과 기술이 없는 사람, 오늘날과 같은 정보사회에서는 정보를 창조하거나 활용할 수 없는 사람들이 약자들이다. 화폐가 통용된 후에는 재산이 강자와 약자를 구분하는 가장 대표적인 기준이 되고 있다. 정치적으로는 어떤 근거나 이유에서든지 권력을 가진 자는 강자고 못 가진 자는 약자일 수밖에 없다.

물론 아무도 약자가 되기를 원하지 않는다. 그런데도 모든 시대에는 고통 받는 약자가 있었고 앞으로도 있을 것이다. 약자 편에 섰고 스스로 약자가 된 예수님도 가난한 사람은 항상 있을 것이라 했다. 왜 어떤 사람은 약자가 되는가?

옛날에는 어떤 사람이 가난하거나 노예가 된 것은 운명 때문이라 믿었다. 신의 뜻, 자연의 섭리, 전생의 업보, 조상의 죄 등 구체적인 개인이 항의할 수도, 고칠 수도 없는 원인에 의한 것이라고 믿었다. 숙명으로 수용했기 때문에 약자들은 온갖 불이익, 차별대우, 고통을 당해도 별로 억울하다고 느끼지 않았다. 억울해 하고 항의해도 고쳐질 가능성이 없다고 생각했기 때문이다.

그리고 상당수의 사람들은 어떤 사람이 약자가 된 것은 자신의 잘못 때문이라고 믿는다. 사회의 강자들이 가장 즐겨 제시하는 이유다. 실패한 사람들은 성공한 강자들에 비해서 유난히 게으르고, 어리석고, 무책임하고, 절제하지 못하고, 일확천금을 노리는 등 그렇지 않을 수 있었는데도 불구하고 잘못 결정하고 잘못 행동해서 그렇게 되었다고 믿는 것이다. 만약 약자들 당사자들이 모두 이렇게 이해한다면 별로 억울하다고 느끼지 않을 것이다. 자신들의 잘못에 대한 당연한 대가로 보기 때문이다. 앞에서 자신들이 교도소에 온 것이 모두 사회의 잘못 때문이라고 믿는 미국의 죄수들보다는 모든 것이 자신들의 잘못 때문이라고 믿는 남미의 죄수들이 훨씬 더 행복하다고 느낀다는 머독의 주장을 소개한 바 있다. 그럴듯한 반응이 아닌가 한다.

그러나 오늘날 점점 더 많은 약자들은 자신들이 약자가 된 것이 운명 때문도 아니고 자신들의 잘못 때문도 아니라고 알고 있다. 그리고 그런 이해는 전혀 근거 없는 것이 아니다. 특별한 재능이 없는 것, 지능지수가 나쁜 것, 가난한 가정에서 태어나서 교육을 못 받은 것 등은 자신들이 선택한 것이 아니므로 자신들이 책임 져야 할 일이 아니다. 열심히 공부하지 않은 것, 어려움을 참고 견디지 못한 것, 일확천금을 추구하다 재산을 다 날린 것 등에는 자신의 책임이 어느 정도 있다 할 수 있으나 그런 결정을 하고 그런 습관을 갖게 된 것에도 자신이 선택하지 않은 가정적·사회적 요인들이 작용했다는 것도 무시할 수 없다. 과거 어느 때보다 교통통신 기술이 더 발달하고 행정조직이 더 치밀해져서 사회는 과거 어느 때보다 더 유기적이 되어 있기 때문에 한 개인에게 일어나는 모든 것을 스스로 혼자서 결정할 수 없고 따라서 그 모든 것에 대해서 혼자 책임질 수도 없다. 그래서 많은 것을 성취하고 풍요로운 삶을 즐기는 사람도 그것이 전적으로 자신의 판단과 노력에 의한 것이 아닌 것처럼 가난하고 힘들게 사는 사람들도 그 고통의 책임이 전적으로 자신들에게 있다 할 수 없다.

지금 세계 대부분을 지배하고 있는 자본주의 제도는 약자들에게 우호적이 아님은 잘 알려져 있다. 민주주의와 복지제도를 도입한 나라들에서도 역시 가난한 사람들은 넉넉한 사람들보다 더 손해를 보고 있다. 미국의 사회학자 캐플로비치(David Caplovitz)는 1967년에 출간된 그의 〈가난한 사람들이 더 많이 지불한다: 저소득 가정의 소비형태〉(The Poor Pay More: Consumer Practices of Low-Income Families)란 책에서 같은 상품을 사고 같은 서비스를 받으면서도 가난한 가정들은 결과적으로 부자들보다 더 많이 지불하지 않을 수 없음을 확실한 근거를 가지고 매우 객관적으로 증명해 주고 있다.

다행하게도 인류는 그동안 모든 인간은 평등하고 평등해야 한다는 사실을 알아냈다. 인류 역사 발전에 긍정적인 요소가 있다면 바로 이 사실이 아닐까 한다. 그러나 불행하게도 그것이 실제로 사람들을 과거보다 더 평등하게 만들었는지도 확실하지 않거니와 그보다 더 오늘의 약자들이 그 발전 때문에 더 큰 행복을 느끼는지는 전혀 확실하지 않다. 오히려 평등해야 하는데도 불구하고 실제로는 평등한 대우를 받지 못하기 때문에 더 억울해 하고 더 불행한 것이 아닌가 한다. 즉 오늘날의 약자들은 약자가 당하는 고통 때문에 억울하고 거기다가 억울하다는 사실을 알기 때문에 더 큰 고통을 느끼는 것이다. 경제적으로나 정치적으로 불이익을 당하고 차별대우를 받을 뿐 아니라 세속화된 사회에서 다른 사람들의 인정을 받지 못하기 때문에 오늘날의 약자는 과거의 약자들보다 훨씬 더 불행한 것이다. "강자는 능력대로 할 수 있고 약자는 하는 수 없이 고통을 당한다." 간디가 지적한 것처럼 심지어 "용서조차도 강자만이 할 수 있고 약자는 용서도 할 수 없다."

2. 약자를 위한 질서

자연질서는 개별적인 약자를 보호하지 않는다. 짐승의 세계를 지배하는 질서는 약육강식의 법칙 혹은 정글의 법칙으로 약자를 보호하기는커녕 오히려 약자를 도태시키는 것을 목적으로 하고 있다. 수천 마리의 얼룩말 무리 가운데서도 가장 약한 놈이 가장 먼저 사자의 먹잇감이 되고 만다. 그 수많은 얼룩말이 힘을 합치면 사자 몇 마리쯤은 능히 이길 수 있는데도 불구하고 약한 놈이 잡아먹히는 것을 전혀 막아주지 않는다. 아마 강한 자만 살아남게 함으로써 종족을 보존하기 위한 우생학적 법칙이 자연의 섭리로 작용하기 때문일 것이다.

그러나 자연의 섭리는 짐승 세계의 약육강식에 한계를 설정하여 개체의 약자들은 희생되어도 종족은 보존되도록 하고 있다. 토끼나 거북처럼 너무 약해서 강한 포식자들로부터 스스로를 보호할 능력이 전혀 없는 동물들은 번식력이 매우 강해서 몇 마리가 잡혀 먹혀도 강한 놈은 살아남을 수 있게 되어 있다. 반면 사자나 호랑이처럼 다른 동물을 모두 먹잇감으로 삼을 수 있는 포식자들은 번식력이 약해서 그나마 약한 짐승들의 완전한 멸절을 막아준다.

그러나 인간은 지능이 있고 자신의 욕망을 자신의 전략과 결정에 따라 충족시키기 때문에 자연의 자동적인 섭리가 작용하지 않는다. 약자에 대한 강자의 착취와 파괴를 막는 자연적 한계는 존재하지 않는다. 홉스(Thomas Hobbes)는 자연상태에서는 '인간은 인간에게 늑대'(Homo homini lupus)라고 했지만 늑대보다 훨씬 더 악질적인 약탈자가 될 수 있다. 그리고 약자를 멸절시킨 강자들은 또 다시 강자와 약자로 갈라져 강자가 약자를 파괴함으로 인류는 멸절될 수도 있다. 자연질서는 약육강식을 허용하여 약자를 도태시켜도 종족은 보존되지만 인간에게 약육강식이 허용되면 그 무한한 욕망 때문에 인종이 멸절될 수도 있다. 약자의 강한 번식력과 강자의 번식제한이란 자연의 섭리가 인간에게는 작용하지 않기 때문이다.

이 사실을 인식하고 그것을 극복하려고 시도하는 데서 인간은 짐승과 다르고 결과적으로 짐승보다 강하게 되었다. 짐승의 세계를 지배하는 자연의 질서와는 근본적으로 다른 사회적 질서를 만들어 내고 그것을 유지하려고 노력하게 된 것이다. 강자가 약자를 다 삼키고 모든 사람이 모든 사람을 상대로 전쟁을 하는 상태(Bellum omnium contra omnes)를 막기 위하여 인류는 사회계약을 통해서 국가란 괴물(Leviathan)을 제조했다고 홉스가 주장했다. 물론 그런 인위적인 질서는 단순히 인류의 생존을 위한 것에 국한되어 있지 않다. 국가의 권력과 권위에 의하여 도입되고 유지되는 법률 외에도 전통, 관습, 도덕, 예의 등 다양한 전략이 형성되어 작용하고 있다.

물론 이런 인위적인 질서는 단순히 인류의 존속을 보장하는 기능만 하는 것이 아니다. 종족보존을 훨씬 넘어 인간관계를 원활하게 하여 사회평화를 유지하고 우리의 일상생활을 편리하게 하며 경제생활을 효율적이게 하는 등 여러 가지 다른 기능을 수행한다. 예외없는 자연질서의 효율성과 강도에는 뒤지지만 인위적인 질서는 자연질서보다 훨씬 더 다양하고 인간이 창조한 다양한 삶이 요구하는 많은 기능을 수행할 수 있다.

짐승세계의 자연질서가 전혀 하지 못하는 것으로서 인간 세상의 인위적 질서가 수행하는 가장 중요한 기능 가운데 하나가 바로 바로 약자를 보호하는 것이고, 이것이야말로 인간을 짐승보다 더 고귀하게 만드는 것이 아닌가 한다. 짐승 세계의 자연질서는 오히려 약자를 도태시킴으로 종족을 보존하지만 인간 세계의 인위적인 질서는 약자를 보호함으로 인류의 생존을 도모할 뿐 아니라 그보다 훨씬 더 다양하고 고상한 목적도 달성하는 것이다.

국가의 법률뿐 아니라 대부분의 다른 질서도 약자를 보호하기 위해서 만들어졌거나, 다른 기능을 수행하면서 동시에 약자를 보호한다. 앞에서도 예를 들었지만 교통질서가 아주 좋은 예다. 탱크나 덤프트럭에게는 신호등, 차선, 속도제한 등이 오히려 귀찮은 것들이다. 그러나 교통질서가 무너지면 보행자는 말할 것도 없고 자전거나 손수레, 작은 차들은 마음 놓고 도로를 이용할 수 없다. 교통질서는 모든 사람에게 필요하지만 특히 약한 이용자들을 위하여 존재한다 할 수 있다. 윤리도 사회질서를 유지하기 위한 중요한 규범이라면 그것도 약자를 위하여 필요하다 할 수 있다. 예의도 마찬가지다. 어른을 존경하라는 예의는 청소년들이 건정한 청년들을 존중하라는 것이기보다는 건장한 청년들이 노쇠한 노인들을 보호하라는 것이고 위급한 상황에서 여자, 노인, 어린이들을 먼저 구조하라는 것도 약자를 보호하라는 것이다.

짐승은 자연질서를 어기지 않는다. 지키고 싶어서가 아니라 지키도록 만들어졌기 때문이다. 그러나 인간이 만든 후천적인 질서는 누구든지 어길 수 있으므로 그것은 '마땅히 지켜야' 하는 것이다. 즉 당위의 대상인 것이다. 그러므로 거기에는 바름과 바르지 않음, 선과 악의 문제가 발생하는 것이다. 만약 질서가 궁극적으로 약자를 보호하기 위한 것이든지 약자를 보호하는 요소가 함축되어 있다면 어떤 질서의 우열은 그것이 약자를 보호하는 데 어느 정도 효과적인지를 기준으로 해서 평가될 수 있을 것이다. 약자에게 고통을 가하거나 약자 보호에 무관한 법률, 전통, 관습, 예의는 저급하며 원시적이고 그런 법률, 전통, 제도, 관습 등을 가졌거나 훌륭한 법률, 관습, 제도를 가졌더라도 실천에 옮기지 않는 사회는 다른 면에서는 아무리 발전했더라도 역시 미개한 후진사회라 해야 할 것이다. 윤리의 핵심은 약자에게 이익은 끼치지 않더라도 적어도 해는 끼치지 않는 것이고 법률, 관습, 예의 등 질서를 유지하기 위하여 제정된 인위적인 제도들은 적어도 윤리적이라야 한다. 즉 다른 기능을 아무리 훌륭하게 수행하더라도 약한 자에게 고통을 가하는 요소가 있다면 윤리적이라고 할 수 없는 것이다.

어떤 사람이 자신의 잘못으로 약자가 되었다 해서 그가 보호 받을 자격이 없다고 할 수 없고 그들에게 해를 끼치는 것이 나쁘지 않다고 주장할 수 없다. 그 원인이야 무엇이든 약자는 강자보다 더 고통을 당하고 있는 것이 사실이고, 따라서 보호받아야 하는 것이다. 신약성경 복음서에 기록된 "탕자의 비유"에 등장하는 탕자는 전적으로 자기 잘못으로 비참한 상황에 처해졌다. 그런데도 불구하고 그 아버지는 돌아오는 탕자를 따뜻하게 환영하고 말 잘 듣는 맏아들보다 더 그를 사랑했다. 그가 더 훌륭해서가 아니라 그가 지금 고통을 당하고 있기 때문이다. 비록 자신들의 잘못으로 약자가 되었다 하더라도 그들에게 더 큰 고통을 가하지 않도록 행동해야 한다는 것은 여전히 중요한 윤리적 의무라 해야 할 것이다.

3. 정의와 약자보호

윤리가 약자를 보호하기 위한 제도라면 모든 윤리는 정의로 환원된다. 그런 점에서 샌들(M. Sandel) 교수가 윤리학 입문서를 〈정의란 무엇인가?〉(본래 제목은 〈정의〉)라고 한 것은 적절하다.

이런 주장은 물론 정의를 개인의 문제가 아니라 인간'관계'의 문제라고 이해할 때만 정당하고, 그것은 윤리가 타자 중심적이라는 사실을 함축한다. 주체 중심의 윤리에서는 정의는 행위 주체의 특성(trait) 혹은 미덕(virtue)의 하나로 간주되고 다른 사람과의 올바른 관계는 그 정의란 특성의 외적 표현에 불과하다. 고대 그리스에서는 정의는 4대 미덕(지혜, 용기, 정의, 인내) 가운데 하나로 인간이 가져야 하는 덕성이었다. 샌들은 플라톤과 아리스토텔레스는 정의를 주로 '적합'(fit)으로 이해했음을 지적한다. 예를 들어 자유시민이 도시국가의 정치를 논하고 노예가 육체노동을 하는 것을 정의라 했는데 이는 그들의 활동이 그들의 본성에 '적합'하기 때문이다. 그 유명한 정의의 형식적인 정의(定義), 즉 "같은 것을 같이 취급하는 것"(To treat the like alike)도 그것이 적절하기 때문이다. 갑돌이나 을식이가 둘 다 여덟 시간 일했다면 두 사람에게 동일한 임금을 지불하는 것이 정의로운 이유는 그 임금이 그들의 노동시간에 적합하기 때문이다. 물론 아리스토텔레스의 정의관에는 다른 이해가 가능하다 한다. 그러나 덕의 윤리에서는 정의도 하나의 미덕으로 취급하였고 덕의 윤리는 전형적인 주체 중심의 윤리학이다.

물론 정의가 미덕과 전혀 무관하다고 주장하기는 어렵다. 우리는 가끔 매우 공정한 사람을 만난다. 자기나 자기가 사랑하는 사람에게 유리하더라도 그것이 공정하지 않으면 추구하지 않는 사람이 있고, 뇌물을 주어도 기어코 받지 않는 사람이 있다. 그들은 정의란 미덕을 가진 사람들이라 할 수 있다. 그러나 미덕으로서의 정의는 역시 정의의 핵심에서 벗어난 것이라 해야 할 것이다. 혼자서 아무리 정의로운들 그 정의의 이익을 볼 다른 사람이 없으면 무슨 소용이 있겠는가? 정의는 행위 주체의 어떤 특성이기보다는 다른 사람과의 이해관계에서 발휘되는 것이며 주체의 행위가 다른 사람에게 미치는 이익보다는 주로 해악에 관한 것으로 이해해야 한다.

밀(Mill)은 정의에 대한 인식은 부정의(injustice), 즉 정의롭지 못한 상황을 인식함으로 비롯된다고 지적했다. 우리가 일차적으로 의식하고 느끼는 것은 정의가 아니라 정의롭지 못한 상황이란 것이다, 모든 것이 정상적일 때 우리는 그것이 정상이란 사실도 인식하지 못하는 것처럼 사회가 정의로우면 우리가 정의로운 사회에 살고 있다는 사실도 인식하지 못한다. 만약 우리 사회가 완벽하게 공정하고 정의로웠다면 우리는 정의 혹은 공정성이 무엇인지 알 수도 없고 알 필요도 없을 것이다. 아예 정의란 개념 자체가 존재하지 않았을 것이다. 다만 우리 자신이 억울함을 당하거나 다른 사람이 억울함을 당하는 상황을 알았을 때 비로소 우리는 그것이 공정하지 못하다는 사실을 인식하고 정의가 필요함을 느끼는 것이다. 이 세상에 억울한 일이 일어나기 때문에 정의에 대한 인식이 생겨나고 정의를 요구하게 되는 것이다. 그런데 그런 억울함은 어디까지나 사람과 사람, 혹은 집단과 집단 사이에서 일어나는 것이지 한 개인에 국한된 문제는 아니다.

물론 누가 그의 능력과 자격에 걸맞지 않은 대우를 받았을 때도 억울함을 느끼는 것이 사실이다. 음악에 천재적인 소질을 가진 사람이 많은 연습을 거쳐 뛰어난 연주를 할 수 있는데도 불구하고 공장에서 육체노동을 한다면 이는 정의롭지 못하고 따라서 억울할 것이다. 그는 마땅히 공연장에서 연주를 해야 하는데 공장에서 육체노동을 하는 것은 그에게 걸맞지 않은 것이다. 그런 점에서 아리스토텔레스가 정의를 '적합'이라 한 것에는 일리가 있다. 그러나 이제 우리는 그런 '부적합'의 원인이 그 자신에게만 있다면 그것을 '억울하다' 할 수는 없다. 오직 그 원인이 다른 사람들 혹은 사회에게 있을 때만 억울하고 따라서 정의의 문제가 대두된다.

억울함을 느끼는 것은 인간에게는 거의 본능적이다. 우리 속담에

"지렁이도 밟으면 꿈틀한다"란 것이 있다. 아무리 약하고 보잘것없는 사람이라도 억울함을 당하면 항거한다는 뜻이다. 2012년 12월에 제시된 TED 강연에서 드 발(Frans de Wall)은 원숭이도 공정한 대우를 요구한다는 것을 보여주었다. 두 마리의 카프친 원숭이를 서로 들여다볼 수 있는 우리에 넣고 두 놈에게 다 같이 포도를 주어 맛보게 한 다음 한 원숭이에게는 계속해서 포도를 주고 다른 놈에게는 맛이 없는 오이조각을 주었다. 그랬더니 오이 조각을 받은 원숭이가 화가 나서 오이 조각을 내던져버렸다. 차별대우에 화가 난 것이다. 원숭이가 그렇다면 하물며 사람이랴.

루소(J. J. Rousseau)는 그의 책 〈에밀〉(Emile)에서 우는 아기를 울지 말라고 때리면 더 크게 우는 것을 보면 정의감이란 선천적임을 알 수 있다고 주장하였다. 무엇이 부족해서 우는데 그것을 채워주기는 커녕 때리는 것이 억울하다는 것이다. 루소의 제자 이타드(Dr. Itard)는 숲속에서 발견된 야생 소년 빅토르에게 언어와 도덕적 행동을 가르치면서 그가 빅토르의 행동을 단순히 조금 수정했는지 그가 본래 가지고 있던 도덕적 감정을 일깨웠는지 알아보기 위해서 한 가지 실험을 했다. 아무 잘못도 저지르지 않았는데도 빅토르를 좁은 공간에 가두는 방식으로 벌을 주었다. 얼마 후 풀려났을 때 빅토르는 이타드의 손을 깨물었다. 억울한 처벌에 대한 복수를 한 것이다. 이타드는 빅토르가 억울함을 느낄 수 있는 완전한 인격체가 되었다고 기뻐하였다 한다. 즉 정의감을 갖추었기 때문에 정상적인 인간이 되었다는 것이다. 모든 인간에게 본능적으로 존재하는 복수는 정의의 가장 원시적인 표현이다.

그런데 불공정한 대우를 받고 억울함을 당하는 편은 대부분의 경우 약자들이다. 억울함을 당한다는 사실 그 자체가 그가 약자란 사실을 드러내고 또한 약자로 만든다. 강자도 억울한 대우를 받을 수 있으나 예외적이고 치명적이거나 심각한 고통을 당하는 경우는 드물다. 정의가 억울함을 해소하거나 억울한 일이 생겨나지 않도록 하는 것이라면 정의는 약자를 위한 것이라 해야 할 것이다. 오늘날 뇌물수수가 사회정의를 파괴하는 주범인데 뇌물은 바로 가난한 사람의 돈을 부자에게 가져다주는 효과를 만들어 내기 때문이다.

성경은 정의에 대해서 많이 언급하고 있다. 정의가 무엇인가와 같은 이론적인 문제에는 관심이 없고 재판을 공정하게 하라는 등 구체적인 명령을 통하여 정의의 중요성을 가르친다. 가난하다 하여 재판에서 불이익을 당하지 않아야 함을 엄중하게 명령하면서도 가난한 사람이라 하여 무조건 두둔하지도 말라고 경고한다. 그러나 성경 전체의 강조점은 역시 약자를 보호하는 것에 놓여 있다. 구약성경에서는 하나님은 특히 고아와 과부의 억울함에 귀 기울이지 않는 관원들에 대해서 진노하신다고 반복해서 경고한다. 아직도 정부의 질서유지 능력이 미미했던 구약시대에는 국가가 약자들을 충분히 보호해 주지 못했다. 그러므로 어린아이들은 부모가 보호해야 하고 연약한 여자는 남편이 보호해 주어야 했다. 그러므로 안전을 보장해 줄 수 있는 부모가 없는 고아나 남편이 없는 과부는 그 시대에서 약자들 가운데 약자였다. 약한 자의 아내를 빼앗은 다윗 왕의 악행도 그런 점에서 바라볼 수 있다. 충성스럽기 짝이 없는 군인 우리아의 아내와 간통하고 그 사실을 숨기기 위하여 온갖 비겁한 수단을 다 사용하다가 실패하자 마침내 우리아를 전투의 최전방으로 나가게 해서 죽게 한 다윗은 비록 잘못을 철저히 회개했으나 혹독한 벌을 받았다. 그의 잘못을 경고하기 위하여 사용한 선지자 나단의 예화는 역시 강자가 억울하게 약자를 착취하는 것이었다. 소와 양이 매우 많은 부잣집에 손님이 왔는데 그 부자는 자기 집 짐승은 그대로 두고 아주 작은 암양새끼 하나를 자식같이 애지중지하는 가난한 이웃집의 그 암양새끼를 빼앗아다 손님을 대접했다는 이야기였다. 가난한 사람이 부자를 착취하기는 어렵고 따라서 거의 일어나지 않는다. 강자만이 약자를 억울하게 할 수 있는 것이다.

신약성경은 가난한 자, 병든 자, 사회에서 무시 받는 자들이 예수님의 관심을 끌었다. 고아, 과부, 병든 자와 가난한 자는 자신들의 잘못과 무관하게 약자가 되었으므로 그들이 불이익을 당하는 것은 억울하다 하겠지만 세리처럼 로마 권력에 시중을 들면서 유대인에게 세금을 늑징하기 때문에 무시를 받는 자들인데도 예수님이 그들까지 돌보아야 할 약자로 간주한 것은 이해하기가 쉽지 않다. 그러나 그들이 무시를 받을 짓을 했더라도 그들이 무시 받은 것은 사실이고 그만큼 고통 받은 것도 사실이다. 자신들의 잘못 때문에 약자가 되었더라도 약자는 역시 약자고 약자가 당하는 고통과 억울함을 당할 수밖에 없다. 성경의 정의는 원칙에 따라 옳은가 그른가가 아니라 고통을 당하고 억울함을 당하는 구체적인 사람에 초점을 두고 있다. "고아와 과부를 그 환난 중에 돌아보는 것"이 곧 정의인 것이다.

1) 보응의 정의와 약자보호

과거에는 보응의 정의(Retributive Justice)가 중요했다. 생존은 자연에 의존했고 사회조직이 그렇게 복잡하고 중요하지 않았을 때에는 재산과 권한의 분배가 중요하지 않았고, 따라서 분배의 정의가 오늘날만큼 중요하지 않았다. 비록 많지는 않아도 억울한 경우는 주로 힘을 가진 자들의 착취나 이웃 간의 분쟁에서 일어났고 정의의 문제는 주로 보응의 공정성에 집중되어 있었다. 오늘날 소설이나 영화의 주제가 주로 남녀 간의 사랑이었다면 우리나라의 옛날 설화나 이야기의 주제는 주로 복수와 보은이었다. 까치 새끼를 잡아먹으려는 뱀을 활로 쏘아 죽인 후 뱀 가족의 복수와 어미 까치의 보은으로 얽힌 치악산 선비의 이야기는 복수와 보은이 서로 얽힌 설화의 대표적인 예이다. 특히 약자가 억울함을 당하고도 힘이 없어 복수하지 못하면 죽은 뒤 원귀(冤鬼)가 되어 기어코 복수한다는 이야기가 자주 등장한다. 약자라 하여 결코 억울하게 하지 말라는 교훈이기도 하지만 동시에 그렇게 억울한 일들이 많이 일어났음

을 보여 준다. 정도의 차이는 있지만 모든 시대, 모든 사회에 약자
는 억울함을 당한다.

억울함에 대한 사적인 복수는 또 다른 억울함을 만들어 낼 수 있
고, 그것은 매우 심각할 수 있다. 구약성경에 소개된 도피성(逃避城)
제도는 억울함을 당한 사람의 감정이 공정성을 해치는 것을 막기
위한 제도였다. 오늘날은 모든 국가에 사법제도가 마련되어 억울
함에 대한 보응의 임무를 피해자 대신 국가가 수행함으로 공정성을
유지하려 한다. 그러므로 약자가 당하는 억울함에 대한 공정한 보
응을 대행하는 법률과 법원은 그 자체가 다른 무엇보다 더 공정해
야 하는 것이다. 법 자체가 공정하지 못하거나 사법부가 부패하면
억울함을 당한 약자를 더욱 억울하게 하는 것이므로 모든 부패 가
운데 가장 악질의 부패라 할 수 있다. 전관예우란 이름으로 전직 대
법관이 5개월 만에 16억 원을 벌 수 있고 그것이 관행이기 때문에
심각하지 않다는 생각이 일반적인 나라를 정의롭다 할 수 없다. 이
들은 법관이란 명예를 누렸지만 사실은 약자의 팔을 비트는 비겁한
사람들이다. 이런 사람들이 건재하고 사회적으로 매도되지 않는 것
을 보면 선진국들과는 달리 한국에서는 가장 기본적인 보응의 정의
조차 제대로 확립되어 있지 않음을 알 수 있다.

2) 분배의 정의와 약자보호

그러나 오늘날 정의에 대한 논의는 주로 분배의 정의(Distributive

Justice)에 집중되어 있다. 우선 인류의 양심과 사회의 제도가 그래도 어느 정도 강화되어서 강자가 약자를 직접적으로 억울하게 하는 정도는 많이 줄었고 그에 대한 처벌도 어느 정도 이뤄져서 선진국에서는 보응의 정의가 어느 정도 만족되었기 때문이 아닌가 한다. 반면에 분배의 정의는 과거 어느 때보다 더 큰 문제로 대두하게 되었다. 우선 자연과학의 발달과 문화의 세속화로 과거에 비해 몸의 위상이 높아졌고 따라서 음식, 의복, 주택, 교통, 건강, 여가 등 몸과 관계되는 물질적 재화의 위치도 과거보다 더 중요하게 되었다. 사랑, 지혜, 지식 등 대부분의 정신적 가치는 분배의 문제를 야기하지 않지만 물질적 가치는 경쟁과 분배의 문제를 동반한다. 오늘날 과거보다 경쟁이 심해진 것은 더 많은 사람들이 돈, 권력, 인기같이 공유 불가능한(zero-sum) 하급가치를 더 많이 추구하기 때문이다.

분배의 문제를 심각하게 만든 것은 화폐의 도입이었다. 로크(J. Locke)는 화폐가 사용되었기 때문에 빈부의 격차가 생겨났다는 것을 설득력 있게 설명한다. 화폐가 없었을 때는 아무리 능력 있는 사람이라도 자신과 가족이 필요한 것 이상의 곡식을 수확하거나 옷감을 장만하지 않았다. 남은 것은 썩어버리기 때문이다. 그러나 교환이 가능하면 다른 것과 바꿀 수 있으므로 자신에게 필요한 것보다 더 많이 생산할 수 있고 교환의 매개로 돈이 이용되자 남는 것을 팔아 돈을 가질 수 있게 되었다. 그런데 돈은 곡식이나 옷과 달리 썩지 않기 때문에 오랫동안 저장할 수 있게 되었고 미래의 수요를 충당할 수 있게 되었다. 금이 돈으로 가장 많이 사용된 것은 아마도 그것이 많이 생산되지 않기도 하거니와 녹이 슬지 않기 때문일 것이다. 돈이란 썩지 않은 재화가 사용되었기 때문에 빈부, 강약의 차이가 생겨난 것이다. 능력이 있는 사람은 더 생산하고 남는 것을 재투자함으로 부익부가 이뤄지고 강한 사람이 생산수단을 많이 소유할수록 능력 없는 사람은 그만큼 생산수단을 갖지 못하게 되어 빈익빈의 현상이 일어난 것이다. 돈은 계속 진화하여 금·은화는 지폐로, 지폐는 카드로(plastic money) 대체되고 이제는 은행 장부의 숫자로 대체되어 강자는 돈을 한없이 그리고 편리하게 축적할 수 있게 되었고 약자는 그만큼 더 가난할 수밖에 없게 되었다. 그동안 문화는 점점 더 물질주의적이 되어 이제는 돈과 바꿀 수 없는 가치는 거의 없게 되어서 돈만 있으면 무엇이든 소유하고 향유할 수 있게 되었다. 그래서 돈은 "검은 것을 희게, 추한 것을 아름답게, 잘못을 옳은 것으로, 천한 것을 고상하게, 늙은이를 젊은이로, 비겁한 자를 용사로" 바꿀 수 있다고 이미 오래 전에 셰익스피어가 꼬집었고 마르크스가 즐겨 인용했다. 17세기에 이미 그러했다면 오늘날엔 더할 나위가 없다. 돈은 만능의 열쇠로 등극했다. 돈이 있어야 발언권이 있다. 특히 전 세계에서 돈을 제일 좋아하는 한국, 중국, 대만, 싱가포르에서는 돈의 위력이 다른 나라들에 비해서 더 클 수밖에 없고, 그만큼 약자는 더 가난해지고 서러울 수밖에 없게 되었다.

돈은 모든 가치 가운데 최하급에 속한다. 돈을 좋아하기 위하여 인격적 수양이나 힘 드는 훈련이 필요하지 않다. 최하수준의 지능만 가져도 좋아할 수 있다. 인간의 동물적 욕망이 가장 쉽게 그리고 강력하게 추구하는 가치다. 오늘날 거의 모든 사람이 과거 어느 때보다 더 적극적으로 추구하기 때문에 돈은 수에 있어서나 강도에 있어서 가장 치열한 경쟁 품목이 되고 말았다. 인간 생존경쟁의 가장 원시적인 표현이면서도 가장 심각한 경쟁의 원인이 된 것이다.

경쟁이 치열할수록 승자와 패자의 차이는 분명해지고 패자는 그만큼 더 비참해질 수밖에 없다. 특히 돈의 발언권이 과거 어느 때보다 더 커진 오늘날에는 돈의 경쟁에서 패한 사람은 과거 어느 때보다 더 서러울 수밖에 없다. 가난은 모든 재앙 가운데 가장 큰 재앙이고 모든 재앙의 근원이 되고 있는 것이다. 권력, 지위, 기회도 경쟁적 가치이므로 그런 것에도 분배의 정의가 필요하지만 오늘날 그것들도 상당할 정도로 돈에 의하여 결정되므로 거의 모든 경쟁이 돈의 경쟁으로 환원되고 있다. 오직 타고난 능력과 훈련으로만 승부를 가리는 운동 경기조차도 돈이 개입되자 타락하여 올림픽이나 월드컵 경기에서 가난한 나라는 메달을 따기가 어렵게 되었다. 아름다운 역사를 지닌 올림픽 경기에 전문직 운동선수가 출전할 수 있도록 허용된 것은 물질주의가 세상을 지배하게 되었음을 가장 웅변적으로 말해주고 있다. 현대 올림픽 경기는 인류 역사의 가장 부끄러운 수치거리 가운데 하나가 아닌가 한다.

이런 경쟁의 대상인 돈, 권력, 지위, 기회를 어떤 기준에 따라 분배하는 것이 정의로운가에 대해서는 여러 가지 주장들이 있어 왔다. 과거에는 대부분의 사회에서 신분, 가문, 타고난 능력 등 자신의 노력이나 공헌과 무관한 근거로 분배되었고 오늘날에도 그런 사회가 전혀 없는 것은 아니다. 그러나 자신의 공헌과 무관한 그런 기준에 따라 보상을 받는 것이 공정하지 못하다는 것은 오늘날 다행하게도 보편적으로 인식되고 있다. 그런 것보다는 훨씬 더 자명하게 보이는 분배의 근거는 '성취'일 것이다. 사회의 다수가 필요로 하는 가치를 생산하는 정도에 따라 부를 분배하는 것이다.

그러나 조금만 더 따져보면 성취에 따라 분배하는 것도 그렇게 공정하지는 않다는 것을 알 수 있다. 한 사람의 성취에는 자신의 판단이나 노력 외에도 타고난 능력, 교육기회, 가정, 사회, 정치, 전통 등 자신의 공헌이라 할 수 없는 요소들이 매우 많이 작용하기 때문이다. 특히 개인이 아무리 능력을 많이 타고나고 아무리 열심히 노력해도 사회적 환경이 좋지 못해서 그 능력을 개발할 수 없고 이용할 수 없으면 아무것도 성취할 수 없다. 가난한 개발도상국가에 태어난 사람들 대부분이 그런 불운에 처해 있다. 그런 환경은 개인이나 한 세대가 마음대로 형성하거나 바꿀 수 없으므로 좋은 사회에 속한다는 것은 개인에게는 행운이라 할 수밖에 없다. 그런데 운이 좋아 많이 성취한다 해서 많이 분배받는 것은 공정하다 할 수 없다. 그리고 많이 분배받은 사람은 더 많은 생산수단을 이용할 수 있기 때문에 부익부 현상이 일어나고 능력과 기회를 갖지 못한 사람들은 빈익빈의 악순환에 빠지는 것이다. 이런 현상은 마르크스가 이론적으로 설득력 있게 설명했고 자본주의적 경제체제를 채택한 사회에서 실제로 경험하는 사실이다. 오늘날 어느 사회도 순수 자본주의 경제체제를 시행하지 않는 것도 바로 그런 현상이 극단적이 되는 것을 막기 위함이다.

성취보다는 노력에 따라 보상하는 것이 훨씬 더 공정하게 보인다. 환경이나 능력처럼 우연의 도움이나 방해 없이 오직 개인의 판단과 노력에 의한 것이기 때문이다. 그러나 문제는 노력은 객관적 측정이 불가능하다는 것이다. 그러므로 행위자의 능력, 자격, 성취, 노력 등 어느 것도 부의 배분을 위한 객관적이고 공정한 기준이 될 수 없다.

성취나 자격보다는 오히려 수요에 따라 분배하는 것이 공정하다고 생각할 수 있다. 모든 사람은 근본적으로 동등한 권리를 가지고 있고 실제로 모든 사람은 기본적인 영양을 섭취하고 추위와 더위로부터 몸을 보호해야 하며, 잠자고 쉬는 집이 있어야 하고 기본적인 건강을 유지할 수 있어야 생존할 수 있다. 그리고 지식이 힘이 되는 현대 사회에서 모든 사람은 기본교육은 받아야 생존경쟁에 참여할 수 있고 지나친 차별대우를 막을 수 있다. 평등의 원칙은 단순히 정치적 권리행사에만 적용되어야 할 이유가 없다. 이론적으로 보면 수요에 따라 분배하는 것은 성취에 따라 분배하는 것에 비해서 월등하게 더 공정하다 할 수 있다. 마르크스가 바라본 이상사회의 모습이다.

신약성경의 복음서에는 포도원 농장 주인이 아침부터 저녁까지 뙤약볕에서 일한 일꾼과 겨우 한 시간 일한 일꾼에게 같은 임금을 주는 비유가 있다. "같은 경우는 같이 취급하고 다른 경우는 다르게 취급한다"는 아리스토텔레스의 형식적인 정의에 정면으로 어긋나는 처사며 성취 혹은 노력에 따라 보상해야 한다는 자본주의적 정의도 결코 수용할 수 없는 행위다. 종일 일한 일꾼들이 당연히 항의한다. 그런데 농장주인은 약속대로 보상했고, 임금을 어떻게 주는가는 주인의 권한이라면서 그들의 항의를 수용하지 않는다. 이 비유에 대해서 여러 가지 해석이 가능하다. 인간이 누리는 복과 구원은 인간의 성취에 대한 대가가 아니라 하나님의 은혜란 것을 가르친다고 정통 기독교 신학이 해석한다. 그러나 신명기 24:14-15 "같은 겨레 가운데서나 너희 땅 성문 안에 사는 외국사람 가운데서, 가난하여 품팔이하는 사람을 억울하게 해서는 안 된다. 그날 품삯은 그날로 주되, 해가 지기 전에 주어야 한다. 그는 가난한 사람이기 때문에 그날 품삯을 그날 받아야 살아갈 수 있다. 그가 그날 품삯을 못 받아, 너희를 원망하면서 주께 호소하면, 너희에게 죄가 돌아갈 것이다"란 구절을 보면 또 다른 해석이 가능하다. 늦게까지 일을 구하지 못한 사람은 일할 의욕이 없어서가 아니라 몸이 약하거나 기술이 없어서 다른 일꾼만큼 생산성을 갖지 못한 사람일 가능성이 많다. 몸이 약하거나 기술이 없는 것이 자신의 잘못일 수도 있지만 약하게 태어났거나 가난한 부모를 만나서 교육을 받지 못하는 등 자신의 잘못과 무관하게 생산성을 갖지 못했기 때문일 수도 있다. 그렇다고 하여 그와 그 가족에게 기본적인 수요가 없는 것은 아니다. 그들도 먹어야 하고 입어야 하는 것이다. 포도원 주인은 그 사실을 감안하여 한 시간 일한 사람에게도 하루 품값을 지불한 것이라고 해석할 수도 있다. 고아와 과부를 돌보는 것을 정의로 보는 성경의 가르침과 부합되기 때문이다.

이와 관계해서 흥미로운 것은 롤스(J. Rawls)가 제시한 차등의 원칙이다. 그의 〈정의론〉(A Theory of Justice)에서 롤스는 '평등의 원칙'과 '차등의 원칙'이란 두 가지 정의의 원칙을 내세우고 그것이 어떻게 정당화될 수 있는가를 제시하였다. 그런데 그 둘 가운데 "모든 사람은 기본적인 자유에 있어서 동등한 권리를 가지고 있다"는 평등의 원칙은 거의 자명하고 우리에게 익숙한 것이다. 그러나 사회적, 경제적 불평등은 '최소 수혜자에게 최대 이익'이 될 때만 공정하다는 차등의 원칙은 좀 독특하고 우리의 관심을 끈다. 원칙적으로 모든 인간은 평등하고 따라서 어떤 차별도 있어서는 안 되지만 그것은 하나의 이상일 뿐 현실적으로 성취하기는 불가능하다. 구체적인 사회는 아무리 조화롭고 평화스러워도 거기에는 항상 다소의 불평등이 존재할 수밖에 없다. 그러므로 어느 정도 실용성이 있는 이론이라면 불평등 혹은 차이가 있는 상황을 어떻게 정의롭게 만들 수 있는가에 대한 지침을 줄 수 있어야 할 것이다. 그런 점에서 롤스의 정의론은 이제까지의 이론들에서 진일보했다 할 수 있다. 그는 차등이 있는 사회라도 거기서 '최소 수혜자가 최대 이익'을 볼 수 있다면 그 사회는 공정하다 할 수 있다는 것이다. 앞에서 든 포도원 주인의 처사가 바로 그런 것이다. 아침부터 기다렸으나 마감시간이 거의 다 되도록 일자리를 구하지 못한 사람은 최소 수혜자라 할 수 있다. 품삯 하나 받지 못하고 빈손으로 집에 가야하고 처자식과 함께 굶어야 하는 사람이다. 그가 아침부터 일한 사람과 동등한 품값을 받는 것은 그 모든 일꾼들 가운데서 최대 이익을 보는 것이다. 물론 최대 이익을 보았다 하여 그가 다른 일꾼들보다 돈을 더 받은 것은 아니다. 그러나 다른 사람들보다 일은 적게 하고 삯은 같이 받았기 때문에 가장 큰 혜택을 본 것은 사실이다. 우리가 최소 수혜자가 최대 이익을 보도록 하는 것이 공정하다고 인정한다면 그것은 분명히 능력이나 성취에 따라 분배하는 것이 아니라 수요에 따라 분배하는 것이 공정하다는 것을 전제하는 것이다.

롤스는 이런 차등의 원칙을 주장할 수 있는 근거로 '무지의 베일"(veil of ignorance)이란 가상적인 상황을 제시한다. 모든 사람이 동의할 수 있는 정의의 원칙을 만들어내기 위해서 몇 사람이 회의장 입구에 쳐놓은 베일을 통과한다 하자. 그 베일을 통과하면 모든 인간이 공통으로 가진 특징은 모두 그대로 기억하되 자신에게 독특한 것은 모두 망각한다 하자. 즉 자신이 부자인지 아닌지, 머리가 좋은지 나쁜지, 유식한지 무식한지, 몸이 건강한지 약한지, 상류사회에 속했는지 아닌지 등에 대해서는 완전히 잊어버린다고 가정한다면 거기에 모인 사람들은 모두 보편적인 것만 알고 있게 된다. 그런 상황에서 그들은 어떤 정의의 원칙에 동의하겠는가? 적어도 그들은 부자나 능력 있는 사람에게 유리한 원칙에는 동의하지 않을 것이다. 왜냐하면 무지의 베일을 벗어났을 때 자신이 가난하거나 무능한 사람인 것이 드러날 수도 있기 때문이다. 오히려 가난하고 무능한 사람에게 더 유리한 원칙에 동의할 것이다. 왜냐하면 무지의 베일에서 벗어났을 때 자신이 유능하고 부자임이 드러나더라도, 그래서 부자들에게 유리하도록 결정한 원칙에 비해서는 손해를 보더라도, 치명적인 손해는 보지 않을 것이기 때문이다. 즉 부자는 배당금이 좀 줄어져도 굶어죽지는 않겠지만 가난한 사람은 조금만 손해를 봐도 치명적인 고통을 당할 수 있는 것이다. 그래서 무지의 베일을 벗어나면 자신이 부자로 판명될지 가난한 자로 드러날지 모르는 상황에서는 최소 수혜자에게 가장 유리한 원칙에 동의하는 것이 현실적이라는 것이다.

그렇다. 구체적인 실제 사회에서도 사람은 아무도 자신이 미래에 어떤 상황에 처하게 될지 확실하게 알 수 없다. 진정 합리적이고 지혜로운 사람이라면 아주 유리한 상황을 전제로 계획을 세울 것이 아니라 오히려 불리한 상황을 전제로 해서 세울 것이다. 그렇게 해 놓았다가 실제로 좋은 상황이 닥치더라도 손해 볼 것이 별로 없다. 그러나 유리한 상황을 전제로 계획을 세워 놓았다가 실제로 불리한 상황이 닥치면 매우 곤궁하고 난처한 입장에 서게 될 것이다.

그러나 불행하게도 수요에 따라 분배하는 것은 구체적인 실천과정에서 매우 비현실적임이 드러나고 말았다. 인간의 욕망은 마르크스가 이해했던 것만큼 단순하지 않기 때문이다. 마르크스는 사유재산이 욕망의 근원이라고 이해했고 사유재산 제도만 없어지면 소유욕이 없어지거나 약해질 것이라고 생각했다. 그래서 사유재산 제도만 제거하면 모든 사람은 "능력만큼 생산하고 필요한 만큼 소비할 것"(From each according to his ability, to each according to his need)이라고 믿었다. 이론적으로 그럴듯한 것이 사실이다. 자기 것이라고 주장할 수 있는 것이 없다면 왜 무엇을 과도하게 탐하겠는가? 그러나 문제는 사유재산 제도가 인간 욕망의 유일한 근원도 아니고 가장 중요한 것도 아님이 드러난 것이다. 물론 사유재산이 완벽하게 없어진 사회를 만들어보지 못한 것은 사실이지만 공산주의의 역사적 실패는 마르크스의 인간관이 지나치게 낙관적이고 피상적임을 드러내고 말았다. 인간의 욕망을 없애거나 줄여보려고 그렇게 오랫동안 수많은 종교들이 노력해 왔고 전 인류는 그 욕망이 불러오는 폐해를 줄이기 위해서 온갖 종류의 정치제도를 고안하고 실현해 보았지만 그 어느 것도 성공하지 못했다. 인간의 욕망을 없애는 것은 이 세상에서는 실현 불가능한 이상인 것 같다.

수요에 따라 분배하면 능력이나 환경, 기회가 불리한 사람들은 아무래도 자신들이 성취한 것보다 더 많이 받을 것이고 그것이 가능하기 위해서는 유리한 위치에 있어서 많이 성취한 사람들은 아무래도 자신들이 이룩한 것보다 적게 받을 수밖에 없다. 결과적으로 불리한 위치에 처한 사람들이나 유리한 위치에 처한 사람들 모두가 생산 활동을 적극적으로 하지 않으려는 유혹에 빠지고 만다. 이론적으로는 "능력만큼 생산하고 필요한 만큼 소비"해야 하는데도 불구하고 실제로는 모두가 "능력보다는 적게 생산하고 필요한 것보다는 더 많이 소비"하는 상황이 벌어지는 것이다. 능력만큼 생산하고 수요만큼 소비해야 하는데도 실제 인간은 그렇게 하지 않기 때문에 그렇게 하지 않는 인간을 그렇게 하도록 공권력이 개입해서 강제하는 과정에서 독재정치가 불가피해진다고 포퍼(Karl Popper)가 분석했다. 마르크스는 공산주의야말로 그 자체로 인간주의("Kommunismus = Huamnismus")라고 주장했는데도 불구하고 소련연방을 비롯한 모든 공산주의 국가에서 독재정치가 시행되어 공산주의는 반 인간주의란 악명을 얻게 되었다. 인본주의라고 주장하는 공산주의가 반 인간주의적이 되었으니 역설적이라 하지 않을 수 없다. 그런 독재를 용인하지 않는 사회에서도 이론적인 분배정의가 제시하는 이상과 구체적인 인간 욕망이 요구하는 현실이 충돌하는 과정에서 심각한 이념갈등이 일어나고 있다. 특히 독재적인 북한의 침공을 받아 봤고 독재정치의 쓰라린 경험을 한 한국 사회에서는 이 갈등이 세계 어느 사회보다 더 심각하다. 분배의 정의를 확립하는 것은 결코 쉬운 일이 아님을 알 수 있다. 해결을 위해서 다양한 시도가 계속될 것이다. 다음에 소개할 기본수요의 정의도 그런 시도의 하나다.

3) 기본수요의 정의와 약자보호

역사를 통해서 얻어낸 인류의 지혜는 수요에 따라 분배하는 완벽한 정의는 현실적으로 불가능하다는 것을 터득하고 여러 가지 형태의 절충을 시도하고 있다. 인간의 욕망은 순수한 사회주의를 불가능하게 하고 순수한 자본주의를 모든 정의의 파괴자로 만든다. 그러므로 순수하게 사회주의적 분배를 실시하는 나라도 없거니와 100% 자본주의적 분배정책을 시행하는 나라도 없다. 모든 나라들은 정도의 차이를 두고 '기본수요의 정의'(Justice of Basic Needs)로 절충을 도모하고 있지 않나 한다. 생존과 활동을 위해서 필요한 의식주, 건강과 교육 등 기본수요는 평등의 원칙에 따라 분배하고 맛있게 먹고 멋있게 입는 등 사치는 성취에 따라 보상하는 방식이다. 기본수요가 충족되면 사람들은 사치를 추구하기 때문에 사치란 당근으로 적극적인 생산 활동을 자극하면서도 약자들이 지나치게 고통을 당하지 않게 하기 위해서는 적어도 기본수요는 보장하자는 전략이다. 그것이 복지국가가 제시하는 타협이라 할 수 있다.

이 기본수요의 정의가 가진 장점은 사회의 부가 커짐에 따라 기본수요의 범위를 확대할 수 있는 것이다. 예를 들어 경제적 수준이 낮으면 초등학교만 의무교육으로 제한하다가 경제적 수준이 높아지면 중학교, 고등학교로 그 범위를 확대하는 것이다. 오늘날 민주화가 어느 정도 정착된 나라들에서는 대부분 기본수요의 정의에 따라 분배정책을 쓰고 있다 할 수 있다.

다만 기본수요의 범위는 사회마다 조금씩 다르다. 북유럽 국가들과 일본은 보장되는 기본수요의 범위가 넓어서 좀 더 사회주의적이고 미국이나 한국은 그 범위가 좁아서 자본주의적이라 할 수 있다. 복지수준이 바로 기본수요의 수준이라 할 수 있는데, 한국의 복지수준이 높아지면 조금 더 사회주의적이 될 것이고, 그것은 '최소 수혜자의 최대 이익'으로 표현된 롤스의 차등의 원칙에 부합하는 것이다.

사치란 차등을 두는 기본수요의 정의도 엄격하게 따지면 공정하지 못하다 할 수 있다. 더 많이 성취하는 것에도 생득적 능력이나 부모의 재산 등 순수한 개인의 공헌이 아닌 우연적인 요소들이 작용하는데 그런 혜택을 받은 사람만 사치를 누리는 것은 공정하지 못하다 할 수 있기 때문이다. 그러나 완전한 평등주의에 입각해서 수요에 따라서만 분배했을 때 일어날 수 있는 부작용, 즉 사회 전체의 부가 축소되어 모두의 생존이 위험에 처하는 상황을 피하기 위해서는 불가피한 절충책이라 할 수밖에 없다. 부한 자는 가난하게되고, 가난한 자는 더 가난해져서 생존과 인간다운 삶이 위협을 받는 상황은 약자들에게도 도움이 되지 않기 때문이다. 그런 점에서 기본수요의 정의도 약자를 위한 것이라 할 수 있다.

4) 과정의 정의와 약자보호

롤스는 분배의 정의 외에 과정의 정의(Procedural Justice)를 정리함으로 정의에 대한 논의에 크게 공헌했다. 물론 그전에도 과정이 공정해야 한다는 인식은 충분히 있었지만 롤스가 그것을 체계적으로 정리한 것이다. 그는 과정의 정의를 완전 과정의 정의, 불완전 과정의 정의, 그리고 순수 과정의 정의 세 가지로 분류하였다.

완전 과정의 정의(Perfect Procedural Justice)란 과정의 결과가 공정한가 않은가를 판단하는 독립적인 기준이 있는데 그런 결과를 확실히 보장하는 과정이 있는 경우를 말한다. 예를 들어 몇 사람이 하나의 파이를 나누어 먹을 때 각자가 먹을 수 있는 파이의 크기가 꼭 같으면 그 분배는 공정할 것이다. 그것을 보장하는 과정은 파이를 나누는 사람이 가장 마지막에 선택하도록 하는 것이다. 자기에게 마지막으로 돌아오는 파이조각의 크기가 다른 사람의 것보다 작지 않게 하기 위해서 그는 모든 조각을 아주 꼭 같이 자를 것이기 때문이다. 공동작업으로 성취한 것을 공정하게 나누기 위하여 실제로 적용될 수 있는 방법일 수 있다.

불완전 과정의 정의(Imperfect Procedural Justice)는 결과의 공정성을 판단하는 객관적 기준은 있는데, 그것을 보장하는 과정은 정해져 있지 않은 경우를 말한다. 법을 어긴 사람이 그에 상응하는 벌을 받도록 판결하면 그 재판은 공정하다. 그러나 그런 판결을 내리는 재판과정은 다를 수 있다. 미국에서처럼 피의자를 일단 유죄로 전제하고 재판은 그가 무죄하다는 것을 증명하는 과정으로 이용하는가 하면, 유럽이나 우리나라처럼 피의자를 무죄라 전제하고 재판은 그의 유죄를 증명하는 과정으로 이용할 수도 있다는 것이다.

롤스의 분류에서 가장 흥미로운 것은 순수 과정의 정의(Pure Procedural Justice)다. 그것은 결과의 공정성을 판단하는 기준은 정해져 있지 않으나 과정 그 자체만 공정하면 정의의 요구가 만족되는 것이다. 가장 대표적인 것이 선거, 경기, 도박 같은 것이다. 어떤 후보자가 당선되어야 하는가에 대한 기준은 투표란 과정이 결정할 뿐 그외 다른 기준이 없는 것이다. 아주 유능한 후보가 낙선되고 무능한 후보가 당선해도 그 선거과정만 공정하면 그 선거는 공정한 것으로 인정될 수 있는 것이다. 완전 과정의 정의와 불완전 과정의 정의는 비록 과정의 정의이기는 하지만 과정의 공정성 여부는 결과의 공정성에 따라 결정되는 것이다. 그러나 순수 과정의 정의는 결과의 공정성이 과정의 공정성에 의해서 판정되는 것이다. 비록 유능한 팀이 이겼더라도 경기과정이 공정하지 못했으면 그 경기는 공정하지 못한 것이며, 비록 법이 허용하는 도박에서 돈을 땄더라도 속임수를 썼다면 그 도박은 불공정한 것이다.

앞의 두 과정의 정의에서는 역시 분배 결과의 공정성이 중요하므로 분배의 정의가 가진 의의를 그대로 가지고 있다. 그러므로 그런 과정의 정의도 궁극적으로 약자를 보호하기 위한 것이라 할 수 있다. 그러나 순수 과정의 정의는 얼핏 보면 약자보호와 아무 관계가 없어 보인다. 과정의 공정성은 모든 사람이 직관적으로 인정하거나 어떤 외부의 압력이나 이해관계가 없는 당사자들이 자유롭게 합의한 것을 준수하면 보장되는 것이다. 롤스가 상정한 무지의 베일에 들어가서 결정할 수 있는 과정을 잘 지키면 그만이다. 순수 과정의 정의를 지킨다 하여 약자가 반드시 보호받는다는 보장이 없다. 도박의 규칙을 엄격하게 지킨다 하여 약자가 돈을 잃지 않도록 보장하지 않고, 선거 규정을 잘 지킨다 하여 돈은 없으나 유능한 후보자가 항상 당선한다는 보장이 없다.

순수 과정의 정의가 요구되는 상황에서 과정이 공정하면 약자가 반드시 더 유리하게 되는 것은 아니지만 구체적인 실제 상황에서는 과정의 정의가 무시되면 거의 예외 없이 약자가 그 피해자가 된다. 만약 과정의 정의가 무시된다면 강자와 약자 간에 어느 쪽이 그 원인을 제공하며 어느 쪽이 덕을 보겠는가? 물론 약자가 과정의 정의를 무시할 수도 있다. 예를 들어 선거에서 돈도 없고 지지자의 수도 적은 후보가 아무래도 질 것이 예상되면 '밀져 봐야 본전'이란 심정으로 선거법을 어길 수 있다. 그러나 그럴 경우 그것은 곧 발각되어 상응하는 처벌을 받는다. 그러나 돈이 있고 공권력의 도움을 받을 수 있는 후보는 선거법을 어길 유혹도 많이 받고 발각될 위험도 적다. 후진국 선거에서 선거법을 어기는 것은 거의 예외 없이 돈, 권력, 영향력, 협박, 폭력을 행사할 수 있는 집권당이나 후보들이다. 축구와 같은 스포츠 경기도 마찬가지다. 경기 규칙과 심판이 공정하다 하여 돈과 힘이 없는 팀이 이기는 것은 보장되지 않는다. 그러나 심판이 뇌물을 받고 불공정하게 경기를 운영하면 돈과 힘이 있는 팀이 이기고 그렇지 못한 팀이 지는 것은 확실하다. 과정의 정의가 존중되어도 돈 없고 힘없는 후보나 약한 팀이 질 수 있다. 그러나 그것이 존중되지 않으면 반드시 지게 되어 있다. 밀이 주장한 것처럼 정의롭지 못한 상황이 있기 때문에 정의에 대해서 인식하고 정의를 추구하게 되는 것이 사실이라면 그것은 순수 과정의 정의에도 해당된다. 우리가 순수 과정의 정의의 중요성을 인식하고 그런 정의의 구현을 강조하는 것도 궁극적으로 약자를 보호하기 위해서다. 그런 점에서 공명선거운동도 약자를 위한 운동이라 할 수 있다. 나아가서 민주주의 제도도 그런 관점에서 평가할 수 있다. 단순히 다수의 의견이 소수의 의견보다 더 훌륭하기 때문에 우리가 민주주의를 추구하는 것이 아니라 약자를 보호하는 데 가장 좋은 정치제도이기 때문이라 할 수 있다. 인류는 아직 강자의 횡포와 부패를 막는 데 민주주의만큼 효과적인 제도를 개발해 내지 못했다.

4. 진실과 약자보호

정직과 투명성은 모든 사회에서 윤리의 대명사처럼 인식되어 왔다. 즉 정직한 사람은 윤리적인 사람으로 인정되고 실제로 정직한 사람은 다른 면에서도 윤리적인 경우가 대부분이다. 그리고 다른 면에서 아무리 훌륭해도 정직하지 못하면 그 사람은 비윤리적일 뿐 아니라 그 뛰어난 다른 덕목들이 오히려 더 큰 악이 될 수 있다. 정직하지 못한 사람이 친절하거나 너그러우면 그는 사기꾼일 가능성이 크다. 그러나 다른 면에서는 좀 부족하더라도 정직하면 믿을 수 있기 때문에 정상적인 인간관계가 가능하다. 정직하지 못하면서 친절한 가게보다는 좀 불친절하지만 정직한 가게를 사람들이 선호한다. 유럽 여러 나라를 방문해 본 사람은 좀 무뚝뚝하지만 정직한 독일 가게를 자기 간이라도 내어 줄 듯 친절한 이웃 어느 나라보다 선호하게 된다. 독일인이 정직하기 때문에 믿을 수 있는 것이다.

거짓은 믿음을 파괴함으로 정상적인 인간관계를 좀 먹는다. 남편이나 아내가 서로 속이고 그래서 서로 믿지 못한다면 어떻게 집에서 안심하고 잠을 자거나 음식을 먹을 수 있겠는가? 우리가 일상생활에서 다른 사람들과 만나서 대화하고 관계를 맺을 때 우리는 우선 다른 사람이 신실하다는 것을 전제한다. 그러나 만약 서로가 속일 수 있다는 것을 전제하면 우리의 삶은 매우 피곤하고 힘들 것이다. 그리고 엄청난 추가 비용이 필요하게 된다.

한국은 경제, 기술, 학문, 예술, 스포츠 등 거의 모든 면에서 거의 선진국 수준에 이르렀다. 그러나 다만 투명성에서는 매우 뒤떨어져 있고 그 때문에 계속되어야 할 발전이 방해를 받고 있다. 투명성이 일본 수준만 되면 경제가 매년 1.4%에서 1.5% 더 성장할 수 있다는 연구가 있고 지금보다 10%만 더 투명하면 매년 인천 국제공항 같은 것을 14개 건설할 수 있는 경비만큼 큰돈을 절약할 수 있다 한다. 경제적 손실도 안타깝지만 그보다 더 심각한 것은 가시지 않는 불신풍조와 그 때문에 생겨나는 온갖 갈등이다. OECD에서 두 번째로 높은 갈등지수나 110개국 가운데 104번째로 조사된 생활만족도가 그 쓴 열매가 아닌가 한다.

우리의 부정직은 하나의 민족적 고질이라 할 수 있다. 17세기 네덜란드 선원 하멜이 파선으로 제주도에 표착하여 약 3년간 우리나라에 잡혀 있다 탈출해서 쓴 보고서가 1653에 출판된 〈하멜 표류기〉다. 거기에는 "조선 사람들은 매우 도둑질을 잘하며 속이거나 거짓말도 잘한다. 그래서 조선 사람들은 신뢰할 수가 없다"란 구절이 있다. 그때 이미 서양인의 눈에 뜨이는 것이 우리 민족의 부정직이었던 것이다. 19세기 말 나라가 일본의 수모를 당하고 있을 때 도산 안창호는 우리가 정직하지 못하기 때문에 나라가 약해졌다고 탄식했다. "거짓이여! 너는 내 나라를 죽인 원수로구나. 군부(君父)의 원수는 불공대천(不共戴天)이라 했으니, 내 평생에 죽어도 거짓말을 아니 하리라"고 맹서했고 그는 그 말이 거짓말이 되지 않게 하기 위하여 숱한 고생을 했다. 그가 우리 민족의 부정직을 얼마나 뼈아프게 한탄했는가를 알 수 있다. 무신론인 무속종교와 유교의 철저히 차세 중심적인 세계관은 가장 전형적인 '부끄러움의 문화'(shame culture)를 이룩했다. 이는 인격적인 신이나 복수의 법칙을 의식하는

'죄의식의 문화'(guilt culture)와는 달리 '마음속의 경찰'(police within)을 의식하지 않아도 되도록 한다. 이런 상황은 속임의 유혹을 억제하는 힘을 약화시킨다. 일반적으로 인격적인 신을 믿는 사회, 혹은 인과보응을 믿는 사회와 그렇지 않은 사회 간에 정직성과 투명성의 정도가 월등하게 차이가 나는 현상은 그것을 잘 보여주고 있다. 인격적인 신을 인정하지 않은 유교사회가 인격적인 신을 인정하는 서양 사회보다 투명성에 뒤지는 것은 어쩌면 당연하다 하겠다. 중국이 전 세계에서 위조품을 가장 많이 만들어내는 것이나 우리 사회에 거짓이 많은 것은 우연한 일이 아니다. 우리의 약점을 아는 것은 그것을 고칠 수 있는 전제며 그 과정의 시작일 것이다.

뉘앙스가 있지만 정직은 진실(veracity, truthfulness), 투명(transparency), 성실(integrity)과 비슷하게 이해된다. 그러나 정의의 경우와 비슷하게 부정직한 것에 대한 역겨움에서 정직의 중요성이 인식된다. 부정직한 행위가 없었다면 정직함의 필요가 없었을 것이고 정직이란 개념도 없었을 것이다. 도둑질하는 것도 거짓과 속임을 전제로 한다. 거짓은 사기, 조작, 은폐, 위증, 왜곡, 위선, 오도, 과장, 미화, 회피, 축소, 이중성, 아첨, 침묵, 위조, 위장, 표절, 부분 진실 등 실로 다양한 형태로 이뤄진다. 사실의 일부분만 전달함으로 듣는 사람으로 하여금 그것이 전부인 줄 알도록 하는 것은 전체를 속이는 것보다 더 심각한 결과를 가져올 수도 있고, 심지어 사실을 말함으로 다른 사람을 오도할 수도 있다. 셰익스피어의 비극 오셀로(*Othello*)에서 악한 모사꾼인 이아고는 귀족의 딸이요 오셀로 장군의 부인인 데스데모나가 오셀로의 부관 캐시오와 가사문제로 이야기하는 것을 보고 "나는 저런 것 좋아하지 않아!"(Ha! I like not that.) 란 한마디로 비극을 유발한다. 그 간단한 말 한 마디로 낮은 신분 출신인 오셀로 장군으로 하여금 아내에 대해서 의심과 부관에 대해 불신과 질투심을 갖게 만들어 결국 이아고 자신을 포함한 모두가 다 죽게 되고 만다. 그가 한 말은 형식적으로는 거짓말도 아니고 잘못된 말도 아니다. 그러나 오셀로의 심리상태와 상황을 잘 이용하여 하지 말아야 할 말을 함으로 오셀로를 오도한 것이다. 거짓말은 아니지만 거짓말 이상으로 다른 사람을 오도하면 그것도 거짓말이 될 수밖에 없다. 거짓은 대부분 말이나 문자 등 언어를 매개로 이루어지지만 얼굴의 표정, 몸짓, 행위를 통해서도 가능하다. 그러므로 형식적으로 사실이 아닌 것을 말하는 것만 거짓말이 아니다. 사실을 그대로 말해도 거짓말이 가져오는 결과를 충분히 가져올 수 있다. 이아고는 갓 결혼한 신부가 젊은 남자와 길거리에 서서 이야기하는 것을 좋아하지 않을 수 있고 그는 그가 느낀 대로 사실을 말한 것도 사실이다. 그러나 그는 사실을 말함으로 다른 사람을 오도했다.

사람은 짐승이나 기계와는 달리 스스로 판단하여 행동한다. 물론 물리적 혹은 심리적 수단을 이용하여 사람의 행위를 외부에서 통제할 수가 있겠지만, 그렇게 이루어지는 행위는 전형적인 인간의 행위라 할 수 없다. 사람의 사람다운 행위는 스스로 판단하여 하는 것이며 그 행위의 결과에 대해서 책임을 지는 것이다. 그러나 사람의 판단은 항상 올바를 수 없고, 잘못된 판단은 다른 사람과 자신에게 엄청난 고통을 가져다줄 수 있다.

사람의 판단에는 어떤 종류의 것이든 간에 정보가 중요하다. 정확한 판단에는 정확한 정보가 기본이다. 물론 정확한 정보가 있어도 잘못 판단하는 경우가 없지 않지만, 정확하지 못한 정보에 근거하여 정확한 판단을 하는 것은 불가능하다.

불행하게도 동서고금을 막론하고 거짓이 문제가 되지 않은 사회는 없었다. 그러나 속임은 과거 농경사회에서보다 현대 사회에서 훨씬 더 심각한 문제를 일으킨다. 인간의 삶이 주로 자연에 의존하여 이뤄졌을 때에는 사람들에게 고통을 주는 것은 주로 자연의 힘과 변덕이었다. 그런데 자연은 사람을 속이지 않는다. 그리고 자연에 의존하던 시대에는 사람의 판단이 반드시 정확한 것은 아니었지만 외부의 정보에 의하여 결정되는 정도는 크지 않았고, 따라서 부정확한 정보에 근거해서 이뤄진 판단이 가져온 결과도 그렇게 심각하지 않았다.

그러나 현대 사회에서는 인간의 삶이 거의 인공적인 환경에 의하여 결정되고 거의 모든 행위가 인위적인 판단에 의하여 이뤄지고 있어 정확한 정보가 과거 어느 때보다 더 중요하게 되었다. 국가의 정책, 기업의 전략, 개인의 계획 등 모든 중요한 결정이 정확하지 못하거나 거짓된 정보에 근거해서 이뤄지면 수많은 사람들이 그 피해자가 될 수 있다. 수백 명을 실은 대형 비행기, 수백만 명의 안전을 위협할 수 있는 핵발전소에서 거짓 정보가 입력되면 대형 사고가 일어날 수 있을 것이다. 그러므로 오늘날에는 과거 어느 때보다 더 정확하고 바른 정보의 중요성이 더 커졌다. 이런 상황도 이 시대를 정보화시대 혹은 정보시대라 부르는 한 중요한 이유일 것이다.

정직하고 정확한 정보가 중요한 만큼 부정직한 정보를 제공할 유혹도 그만큼 커졌다. 부정확한 정보에 의한 잘못된 판단은 판단하는 사람에게 큰 손해를 끼치는 만큼 거짓 정보를 제공한 사람에게 상당한 이익을 준다. 아무 이익도 없는데 공연히 잘못된 정보를 제공할 사람은 많지 않다. 과거 어느 때보다 오늘날 나쁜 목적을 달성하기 위해서는 정보의 조작은 매우 효과적이 되었다. 10만 원의 부당이익을 가져올 거짓 정보보다는 10억 원의 이익을 가져다줄 거짓 정보를 제공할 유혹이 클 수밖에 없다. 정보가 그만큼 중요하게 되었기 때문에 거짓 정보를 제공할 유혹도 그만큼 커진 것이다.

현대사회는 과거 어느 때보다 경쟁적이 되었다. 성공과 실패, 행복과 불행이 자연과의 관계에서가 아니라 인간관계에서 결정되고, 그 관계는 과거와 같이 유무상통의 가족적 관계가 아니라 서로 경쟁하는 이해관계로 이뤄져 있기 때문이다. 그러므로 경쟁에 이기는 데 도움이 된다면 정직하지 못한 수단을 사용할 유혹을 과거 어느 때보다 더 크게 받는 것이다.

1) 남에게 해가 되는 거짓말

어느 사업가가 외국에서 길을 잘못 들어 비행기를 놓쳤다. 약속을 지키지 못해서 중요한 입찰에 참여하지 못하고 큰 손실을 보았다. 그 나라 주민에게 비행장 가는 길을 물어 보았는데 엉뚱한 길을 알려 준 것이다. 그가 의도적으로 속였는지, 잘 몰라서 그랬는지, 혹은 그저 아무렇게나 말해버렸는지는 알 수 없다.

만약 그 주민이 의도적으로 거짓말을 하지 않았다면 그의 행위를 비윤리적이라 할 수 있는가? 선한 의지만 선한 것이라고 주장한 칸트는 스스로 거짓인 줄 알고도 다른 사람을 속여야 거짓말이라 했다. 그래서 칸트는 진실(Wahrheit=truth)과 정직(Wahrheitsliebe=truthfulness)을 구별했다. 그 주민은 그 길이 비행장 가는 길이라고 잘못 알고 있었기 때문에 그 길이 비행장 가는 길이라고 가르쳐 주었다면 그는 부정직하지 않았고 따라서 비윤리적일 수 없다는 것이다. 칸트에 의하면 그는 진실하지는 못했지만 부정직하지는 않았다. 사람이 모든 것을 다 알 수 없기 때문에 잘못 아는 것을 탓할 수는 없는 것이 아닌가? 우리가 일반적으로 요구하는 정직도 객관적 사실을 말하는 것까지는 아니다. 적어도 자기가 알고 믿는 것을 그대로 말하는 것만으로 충분하다. 비행기를 놓치게 된 사업가는 비행장 가는 길을 잘못 알고 있는 정직한 주민을 만났는데, 그런 사람을 만난 것은 단순히 운이 나빴던 것이다.

그런데 오늘날 우리의 삶에서 과연 그런 수준의 정직으로 충분한가? 과거 사람들의 무지가 그렇게 심각한 결과를 가져오지 않았을 때는 사람이 아는 것을 그대로만 전달하는 것으로 충분했을 수 있다. 속아도 그렇게 심각한 손해를 보지 않았기 때문이다.

그러나 오늘날 인간이 행사할 수 있는 물리적 힘이 엄청나게 커졌고 사회는 매우 복잡하게 조직되어 있어서 한 사람의 결정이 수많은 사람에게 매우 큰 결과를 초래할 수 있는 상황에서는 정확하지 못한 정보는 돌이킬 수 없는 해를 끼칠 수 있다. 한 사람의 조그마한 잘못이 우리가 상상하지 못했던 심각한 결과를 가져올 수 있는 것이다. 자연계에도 나비 한 마리의 날갯짓이 다른 지역에 폭풍을 일으킬 수 있다는 소위 '나비효과'란 것이 있다 한다. 인간 사회는 그보다 훨씬 더 복잡하게 얽혀져 있다. 물론 옛날에도 길손에게 잘못된 길을 알려주는 것이 그에게 손해를 끼칠 수 있었다. 그러나 오늘날 중요한 사업가가 비행기를 놓치는 것은 수많은 종업원과 심지어는 국가 전체에 큰 해를 끼칠 수 있고 경우에 따라서는 치명적인 결과를 일으킬 수 있다. 그러므로 그 주민은 아주 확실한 정보만 전달했어야 했고, 확실하지 않은 것은 모른다고 대답했어야 했다. "나는 그렇게 심각한 결과가 일어날 줄은 몰랐다"는 변명은 용납될 수 없다. 모든 행위에 신중을 기해야 하지만 특히 다른 사람의 판단에 영향을 미치는 정보 전달에 있어서도 신중에 신중을 기해야 할 것이다. 주체중심의 윤리에서는 말하는 사람의 입장을 고려하여 거짓말만 하지 않으면 윤리적이라 하겠지만 타자 중심적 윤리에서는 말을 듣는 사람의 입장을 고려하여 그에게 막대한 손해를 입힌 정보는 아무리 흠이 없거나 선한 의도에서 전달한 것이라도 무책임한 거짓말로 간주할 수밖에 없다. 비행기를 놓치는 정도의 해악이 아니라 한 사람의 무지와 무책임이 수많은 사람의 생사를 좌우하는 문제라면 어떻게 하겠는가?

윤리이론은 궁극적으로 누가 왜 책임을 져야 할 것인가를 객관적으로 알아내기 위해서 연구되고 제시되는 것이 아니라 궁극적으로 사회와 행위자들의 윤리적 책임을 높이기 위한 것이다. 비행장 가는 길을 잘못 알려준 주민에게 책임을 묻는 것보다 더 중요한 것은 누구든지 다른 사람에게 잘못된 길을 알려주지 않게 하는 것이다. 길을 모르면 모른다고 말해야 하는 것도 그래야 책임을 면할 수 있기 때문이 아니라 그래야 그 사업가가 다른 사람에게 물어서 정확한 길을 알아낼 수 있기 때문이다. 무식한 것일 뿐 비윤리적이지는 않았다고 면죄부를 주는 것보다 더 중요한 것은 모든 사람의 책임감을 강화하는 것이다. 간단한 거짓말이 다른 사람에게 심각한 결과를 가져올 수 있다는 사실을 깨닫게 하는 것이 윤리이론의 매우 중요한 임무가 아니겠는가? 거짓말이란 사실이 아닌 줄을 알면서도 다른 사람에게 사실이라고 말하는 것이 아니라 다른 사람에게 해가 되도록 사실 아닌 것을 말하는 것이다. 법률학자들은 "거짓말이란 다른 사람에게 해가 되게 사실 아닌 것을 말하는 것"(mendacium est falsiloquium in præjudicium alterius)으로 정의한다 한다.

2) 남에게 해가 되지 않는 거짓말

1997년 미국 캘리포니아 대학의 한 연구에 의하면 사람은 매 8분에 한 번씩 거짓말해서 하루에 약 200번 거짓말하는 것으로 나타났다고 한다. 이런 것을 빗대어 어떤 사람은 사람이 하는 거짓말 가운데 가장 큰 거짓말은 자기는 한 번도 거짓말해본 적이 없다고 하는 것이라 했다. 그래서 거짓말하지 않고는 이 세상에서 살 수가 없으며, 심지어는 거짓말이 전혀 없는 세상은 무미건조하기 짝이 없을 것이라고 떠든다.

그러나 이런 주장은 심각한 거짓말과 실제로 문제가 되지 않는 거짓말을 혼동함으로 심각한 거짓말을 오히려 호도하는 결과를 가져온다. 마치 길에서 100원짜리를 주웠는데 주인에게 돌려주지 않은 사람을 수십억 원을 주웠는데도 신고하지 않는 사람과 같이 도둑으로 분류함으로 후자의 악을 상대화하는 것과 비슷하다. 그런 것은 심지어 자신의 거짓말을 정당화하고 다른 사람들도 거짓말을 대수롭지 않게 여기게 하는 결과를 가져올 수 있다. 장난같이 말하지만 사회를 위해서 매우 위험한 장난이다. 사실이 아닌 것을 말하는 것 모두가 다 거짓말은 아니다. 우리가 문제 삼고 실제로 문제가 되는 것은 다른 사람을 오도하여 그 사람 혹은 그 외의 사람들에게 해가 되도록 하는 거짓말이다. 좀 더 정확하게 말하자면 다른 사람의 정당한 권리를 침해하는 거짓말을 문제 삼는 것이다.

사실이 아니면서도 거짓말이 되지 않는 것으로 대표적인 것은 인

사나 예의에 사용되는 것이다. "젊어 보입니다." "멋있어 보입니다!" "예쁩니다!"란 인사는 비록 사실을 말하는 것도 아니고 말하는 사람의 마음을 정직하게 반영하는 것이 아닐지라도 거짓말이라 할 수 없다. 아무에게도 해를 끼치지 않기 때문이다. 오히려 못생긴 사람에게 사실을 말함으로 그의 마음에 상처를 주는 것보다는 좀 거짓말을 해서 기분을 좋게 하는 것이 더 윤리적이라 할 수 있다. 환자의 약한 심리를 잘 아는 노련한 의사가 환자를 위하여 병명이나 병세를 사실과 다르게 말했다 해서 그를 거짓말하는 사람으로 정죄할 것인가? 영어로 백색 거짓말(white lies)이라 하는 것은 윤리적인 논란거리가 될 수 없다.

소설도 사실을 그대로 표현하는 것이 아니다. 오스카 와일드(Oscar Wilde)는 모든 예술이 다 거짓이라 했고, 백남준도 예술은 사기라 했다. 그리고 바로 그 때문에 소크라테스는 시는 사람들을 오도한다고 무시했다. 그러나 소설이나 영화가 사실을 묘사한 것이 아니기 때문에 사람들에게 해를 끼치는 경우는 거의 없다.

다른 사람뿐만 아니라 자신에 대해서도 사실 아닌 것을 말할 수 있다. 자신의 모든 약점을 그대로 폭로하지 않으면 정직하지 못한 사람으로 치부하는 것은 지나치다. 다른 사람을 오도하여 그에게 해를 끼치고 자신은 부당한 이익을 보기 위하여 자신을 과장하여 자랑하는 것이 분명히 비도덕적이다. 그러나 다른 사람에게 해가 되지 않는 한 폭로하기 싫은 약점을 숨기거나 자신을 과대 포장하는 것까지 거짓말이라 할 수 없다. 칸트도 사람이 자신의 약점을 다 폭로할 의무는 없다고 인정했다. 이런 것들을 제외하면 대부분의 인간은 매 8분마다 한 번씩 거짓말한다고 할 수는 없다. 모든 사람은 다 거짓말한다고 주장할 때는 반드시 허용되는 거짓말과 허용되어서는 안 되는 거짓말이 있음을 말해 주어야 하고 그 차이가 무엇인가를 제시해야 한다.

3) 선을 위한 거짓말

좀 복잡한 경우는 선한 사람을 보호하기 위하여 악한 사람에게 의도적으로 거짓말하는 것이다. 이 문제와 관계해서는 칸트와 프랑스 철학자 콩스탕트(B. Constant) 간의 논쟁이 유명하다. 콩스탕트는 살인자의 추격을 받는 무죄한 친구를 자기 집에 숨겨놓은 상태에서 그 살인자가 문 앞에 와서 그 친구의 유무를 물었을 때 거짓말을 할 수 있다 하였다. 그 살인자는 진실을 향유할 권리가 없기 때문이라 했다. 이에 대해서 철저한 원칙주의자인 칸트는 어떤 경우에도 사실이 아닌 것을 알면서도 사실 아닌 것을 말하는 것은 허용될 수 없다고 주장했다. 칸트는 모든 윤리적 행위는 정언명령(定言命令)의 요구에 따라서 이뤄질 뿐 행위의 기대되는 결과에 의하여 결정되어서는 안 된다고 주장했다. 따라서 살인자에게 거짓말을 하는 것은 살인이란 결과를 피하기 위한 것이지 그 자체로는 거짓이므로 비도덕적이란 것이다. 정언명령의 두 번째 형식은 모든 사람은 이성을 가진 존재이므로 항상 목적으로만 대우해야지 어떤 경우에도 수단으로 사용해서는 안 된다는 것이다. 살인자도 이성을 가진 하나의 인간인 이상 살인이란 결과를 피하기 위하여 그를 속이는 것은 그를 목적이 아니라 수단으로 사용하는 것이므로 옳지 않다는 것이다.

이런 논란은 기독교 윤리학에서도 계속 문제가 되고 있다. 하나님은 신실하시므로 거짓말하지 않고, 마귀는 거짓말쟁이며 거짓의 아비란 가르침이 기독교의 강한 전통으로 남아 있다. 그래서 신학자들 가운데 율법주의자들은 칸트와 같이 어떤 경우에도 거짓말을 하면 안 된다고 주장한다. 2차 세계대전 중 나치 독일에 의해서 점령당한 네덜란드에서 한 유대인을 자기 집에 숨겨놓은 기독교인 농부의 이야기는 유명하다. 정직하기로 유명한 그 농부에게 독일 경찰이 찾아와서 "당신 집에 유대인 있소? 없소?"라고 단도직입적으로 물었다. 사실을 말해서 유대인이 체포되는 것은 원치 않았지만 동시에 거짓말하는 것은 큰 죄라고 믿은 그 농부는 꾀를 내어 자기 앞에 있는 식탁을 주먹으로 치면서 "여기에는 유대인 없소!" 하고 대답했다 한다. 마지막 심판 때 거짓말한 것에 대해서 하나님이 추궁하면 "나는 거짓말을 한 것이 아닙니다. 다만 식탁에는 유대인이 없다 했습니다" 하고 대답할 구실을 만든 것이다. 자신은 거짓말을 하지 않았지만 정직하기로 알려진 농부의 말을 믿은 독일 경찰은 속았고 유대인은 살았다 한다.

칸트는 이 경건한 농부를 윤리적이라고 칭찬했을 것이다. 형식적으로는 거짓말을 하지 않았기 때문이다. 그러나 콩스탕트도 그렇게 못마땅하게 생각하지 않았을 것이다. 결과적으로 유대인을 보호했기 때문이다. 그러나 그 농부가 그렇게 구차스러운 방법으로 정직성을 유지할 필요가 있었는가? 역시 자기 행위의 영향을 받는 다른 사람들보다는 자신의 정직성에 더 무게를 둔 주체 중심의 윤리의 전형이다. 내가 주장하는 타자중심적 윤리에 의하면 그 노인은 자신이 정직해야 한다는 것보다는 자신의 말에 영향을 받는 다른 사람들의 이해에 더 큰 관심을 기울여야 했을 것이다. 이 경우에는 생명이 위협을 받는 그 불쌍한 유대인과 그를 체포하기 위하여 찾아다니는 살기등등한 나치 경찰이 이해당사자다. 문제는 자신이 정직해야 하는가 않는가가 아니다. 이에 관심을 두는 것은 지나치게 자기중심적이다. 실제로 중요한 문제는 유대인과 독일 경찰 둘 가운데 어느 편을 들어야 하는가이다. 당연히 유대인 편을 드는 것이 정의롭다. 그러므로 그 노인은 '마귀처럼' 거짓말을 해도 비윤리적이라고 비난받아서는 안 된다. 진정한 사랑은 자신이 정직한 사람이 되는 것이 아니라 다른 사람에게 해를 끼치지 않는 것이고, 특히 약하고 의로운 사람을 보호하는 것이다.

선을 위해서 사실 아닌 것을 말할 수 있고, 경우에 따라서는 그런 거짓말은 윤리적 의무라 할 수 있다. 살인자에게 사실을 말해서 무고한 사람을 희생시키는 것이 오히려 비윤리적이다. 여러 사람의 이해가 충돌할 때는 가장 덜 악한 사람, 가장 약한 사람을 보호하기 위하여 거짓말할 수 있다. 그렇게 거짓말하는 것이 보편적인 법칙이 되면 그런 거짓말의 효과도 없어진다는 주장은 그 자체로 옳다. 칸트와 그를 추종하는 사람들은 살의를 가진 사람에게 거짓말을 하면 당장은 살인을 막을 수 있을지 모르나 그것이 일반화되면 오히려 사회 전체에 해가 된다고 주장한다. 예를 들어 그 살의를 가진 사람이 거짓말에 한 번 속으면 그 다음부터는 그런 거짓말에 다시는 속지 않을 것이므로 거짓말의 효과가 없어지고 결과적으로는 진실을 말해도 믿지 않아 사회 전체의 윤리적 질서가 파괴될 수 있다는 것이다. 상당히 일리가 있는 논변이라 할 수 있고 우리가 심각하게 귀 기울여야 할 주장이다. 그러므로 비록 선을 위한 것이라도 상황의 심각성을 고려하여 거짓말을 할 것인지 말 것인지를 결정할 수밖에 없다. 상황이 그렇게 심각하지 않은데도 불구하고 쉽게 거짓말을 해서 좀 불편한 상황을 처리하는 것은 칸트가 우려했던 것과 같이 말에 대한 신임을 약화하는 결과를 가져올 것이다. 그러므로 상황의 심각성에 따라 하는 거짓말은 그 상황이 지나간 후에 그 거짓말이 불가피했다는 것을 다수의 사람들로부터 인정받을 수 있어야 할 것이다. 그 네덜란드 농부가 거짓말을 했더라도 후에 사람들은 그의 거짓말을 비난하지 않았을 것이다. 그러나 만약 그가 자기의 재산을 보호하기 위하여 거짓말을 했더라면 그의 거짓말은 용서받지 못했을 것이다. 일반적으로 말해서 정직은 아주 중요하나 정직보다 더 중요한 것은 정의고 정직은 정의를 위한 하나의 수단이라 할 수 있다.

4) 남을 오도하는 거짓말

앞에서 예로 든 네덜란드 농부는 형식적으로는 거짓말을 하지 않았지만 그 말을 들은 독일 경찰은 속았다. 그는 독일 경찰을 의도적으로 오도한 것이다. 칸트는 사실이 아닌 줄 알면서도 다른 사람에게 사실인 것처럼 말하는 것이 거짓말이라 했는데 그 노인은 실제로는 거짓말을 한 것이다. 유대인이 자기 집에 없다고 말하는 것이 그의 실제적인 의도였고 그것은 사실이 아니었다.

그런데 칸트는 거짓말은 아니면서도 듣는 사람을 오도하는 것은 직접 거짓말하는 것만큼 비윤리적이지는 않다고 생각했다. 이와 관계해서 샌들(M. Sandel)은 그의 책 〈정의란 무엇인가?〉에서 칸트가 교묘한 논리를 써서 다른 사람을 오도한 사실을 자세히 소개한다. 칸트가 기독교에 대해서 쓴 글이 당시 프로이센 왕국의 프리드리히 빌헬름 2세의 검열에 걸려서 다시는 그런 글을 쓰지 말라는 명령을 받았다. 그에 대해서 칸트는 아주 신중하게 단어를 선택해서 순종하겠다는 뜻을 전했다. "전하의 충성스런 신민으로, 저는 앞으로 종교에 대한 모든 강의나 논문을 중단하겠습니다"라고 선언했다. 그러나 프리드리히 2세가 서거하자 그는 종교에 관한 강의나 논문을 재개했다. 매우 의도적으로 "전하의 충성스런 신민으로"이란 표현을 사용함으로 프리드리히 2세가 살아 있을 때만 종교에 대해서 글을 쓰거나 강의를 하지 않을 것을 약속했다고 변명했다. 그러나 왕은 "전하의 충성스런 신민"을 단순히 하나의 예의를 갖춘 표현으로 이해했을 것이고 "앞으로"를 "앞으로 계속해서"로 이해했을 것이다. 만약 왕이 칸트가 의도했던 대로 그의 서약을 이해했다면 칸트의 변명을 수용하지 않았을 것이고 벌을 주었을 것이다. 칸트는 왕을 오도했으나 자신은 거짓말을 하지 않았다고 주장했다 한다. 칸트가 과연 정직했는가?

주체 중심의 윤리에서는 네덜란드 농부와 칸트는 정직했다고 주장할 수 있다. 자기들이 부여한 의미로 이해하면 그들은 거짓말을 하지 않았다. 식탁에는 유대인이 없었고 프리드리히 왕이 생존했을 때는 칸트가 종교에 대해서 글을 쓰지 않기로 작정했고 그대로 실천했기 때문이다. 그러나 그들은 듣는 사람들을 매우 의도적으로 속였다. 그런 정직은 분명하게 거짓말하는 것보다 훨씬 더 악할 수 있다. 타자 중심적 윤리에서는 그들의 '정직'은 매우 큰 부정직이고 그런 부정직은 대놓고 하는 거짓말보다 훨씬 더 악질이었다. 대놓고 거짓말하는 사람은 자신이 거짓말한다는 것을 인정할 정도의 양심은 가지고 있지만 유혹이나 압력을 이기지 못해서 거짓말을 하는 것이고, 네덜란드 농부와 칸트는 듣는 사람을 속여 놓고는 자신들은 윤리적이라고 생각하는 것이다. 철저히 자기 중심적이고 특이한 방식으로 위선적이며 고칠 가능성도 거의 없는 비도덕이다. 대부분의 사람들은 그런 위선자들보다는 오히려 양심의 가책을 받으면서도 거짓말하는 사람들과 가까이하기를 원할 것이고, 전자보다는 후자 같은 사람들이 많은 것이 사회에도 이익이 될 것이다.

　대체 우리가 왜 거짓말, 부정직을 문제 삼는가? 왜 거짓말이 나쁘다 하고 거짓말하지 말아야 한다고 자녀들에게 가르치고 시민들에게 권고하는가? 거짓말하는 사람이 나쁜 사람이 되는 것이 안타깝고 그 사람이 천벌을 받을까 걱정이 되어서 그런가? 아마 그렇게 생각하는 사람은 많지 않을 것이다. 거짓말이 나쁘다고 하는 이유는 거짓말이 다른 사람을 속이고 속은 사람은 그 때문에 손해를 보기 때문이다.

　물론 칸트는 자신의 말이 거짓말이 아니기 때문에 자신은 정직해야 한다는 원칙에 충실했다고 주장하고 그가 내세운 정언명령, 즉 자신의 개인적 수칙(Maxim)이 자연법칙처럼 보편적이 되어도 좋다고 할 수 있을 때 그 수칙대로 행동했다고 생각할 수 있다. 그래서 모든 사람이 정직하면 결과적으로 모든 사람이 덕을 볼 수도 있다고 할 수 있다. 그러나 칸트는 모든 사람이 덕을 보는 것 같은 것에 관심을 쓰는 것 자체가 잘못이라고 주장했다. 윤리적 행위를 단순히 좋은 결과를 가져오기 위한 수단으로 이용하는 것이기 때문에 비윤리적이라 주장했다. 오직 정직하게 말하는 것 그 자체가 옳기 때문에 정직해야 한다는 것이다. 말하는 사람이 스스로 하는 말이 형식적으로 거짓말이 아니어야 한다는 것에 모든 관심을 쏟았다. 주체 중심의 윤리의 극단적인 대변이며, 주체 중심의 윤리의 약점을 잘 드러내고 있다. 자신에게만 사실이라면 듣는 사람을 오도해도 된다는 칸트의 생각이 보편화되면 세상은 질서가 사라진 혼란에 빠지고 말 것이다.

칸트는 또한 거짓말 대신 대답을 거부하는 것도 비윤리적이 아니라고 했다. 누구에게도 자기의 약점을 스스로 드러내지 않을 권리가 있다는 것이다. 일리가 있다. 불필요하게 자신에게 불리한 말을할 이유가 없다. 그러나 그런 입장도 역시 그의 주체 중심의 윤리관을 대변한다. 자신만 거짓말을 하지 않으면 윤리적이란 입장이다. 그러나 타자 중심적 윤리에서는 침묵도 매우 비윤리적이 될 수 있다. 침묵이 다른 사람을 오도하거나 다른 사람에게 해를 가져오는결과를 가져올 수 있기 때문이다. 심각한 죄를 범한 사람이 자신의죄를 숨기기 위하여 묵비권을 행사하는 것은 합법적일 수는 있으나윤리적이라 할 수는 없다. 다른 사람에게 큰 고통을 주고도 그에 상응하는 벌을 받지 않으려는 것은 정의의 원칙에 어긋난다. 자기를보호하는 것은 법적 권리는 될 수 있을지 모르나 윤리적이지는 않다. 그 범행의 피해자는 피해의 억울함 위에 가해자가 응징되지 않는 억울함까지 당해서는 안 될 것이다.

5) 공익을 위한 거짓말

플라톤은 국가의 이익을 위해서는 거짓말을 할 수 있다 했다. 아마 그렇게 생각하는 사람은 오늘날에도 많을 것이다. "나라를 위하여 거짓말하지 않는 외교관은 교수형에 처해야 한다"고 어떤 독일인이 주장했다 한다. 대부분의 정치가들은 자기의 이익을 위해서 거짓말 해 놓고는 국민과 나라의 이익을 위하여 거짓말한다고 스스로를 정당화한다. 그리고 많은 시민들은 그들의 지도자들이 나라를 위한 것이라면 거짓말해도 좋다고 생각한다.

전쟁에서 위장전술은 너무나 당연한 것으로 수용되고 있고, 공익을 위하여 의도적으로 사실 아닌 것을 말해야 할 경우가 없지 않다. 사회가 매우 복잡하게 조직되어 있고 인간은 완벽하게 합리적이 아니기 때문에 사실을 정확하게 알면 항상 합리적으로 올바르게 행동한다는 보장이 없다. 사실을 알림으로 시민들을 공포에 질려 비합리적으로 행동하도록 하는 것보다는 거짓말로 시민들을 안심시키는 것이 피해를 훨씬 더 줄이는 경우가 있을 수 있고 따라서 거짓말이 불가피할 수 있다. 일종의 온정주의적 거짓말(paternalistic deception)이다. 말하자면 속는 사람의 이익을 위하여 속이는 것이다. 특히 정부가 화폐개혁, 금리 변동, 새로운 부동산 정책을 계획할 때는 투기를 막기 위해서 거짓말, 위장, 침묵의 방법을 사용할 수 있다. 그러므로 공익을 위한 거짓말은 있을 수 없다고 잘라 말하는 것은 지나치다. 그리고 그런 거짓말을 비윤리적이라고 비난할 수도 없다. 그러나 그런 거짓말도 그것이 불가피했음이 상황이 지나간 후에 속은 사람들에 의하여 인정될 수 있어야 용인될 수 있을 것이다.

불행하게도 소위 '공익을 위한 거짓말'의 상당부분은 '사익을 위

한 거짓말'이 되고 만다. 정치인들이 말하는 '국가와 민족을 위하여'
나 기업인들이 말하는 '소비자의 이익을 위하여' 하는 거짓말이 대
부분 그런 것이고, 시민들의 비판적 능력이 약하면 약할수록 그런
거짓말의 효과는 그만큼 더 커진다. 그리고 정치인이나 기업인들이
위선적이 될 유혹도 그만큼 더 커질 수밖에 없다. 이런 위선은 많은
경우 위선자 자신까지 속여서 고쳐질 가능성이 완전히 차단되고 만
다. 자신은 실제로 '오직 국가와 민족을 위하여' 혹은 '오직 소비자
를 위하여' 활동한다고 확신하게 되는 것이다. 일종의 자기 최면에
걸리는 것이다. 그런 거짓말은 칸트가 내린 정의, 즉 자신이 거짓이
라고 인식하는 것을 참이라고 말하는 것이란 여기에 해당되지 않
는다. 그들은 자신들이 믿는 것을 말하기 때문이다. 문제는 그 믿음
자체가 거짓이란 사실이다. 그리고 그 때문에 그것이 다른 사람에
게 끼치는 해악은 그만큼 더 커진다는 것이다.

6) 자신과 가족을 위한 거짓말

거의 대부분의 비도덕적 행위는 자신의 부당한 이익을 위하여 이
뤄진다. 남에게 해가 되는 거짓말은 거의 대부분 남에게 끼친 손해
만큼 자신이 이익을 보기 위한 것이다. 물론 모든 사람은 자신의 생
명과 재산을 보호하려는 본능이 있고 그것은 너무나 당연하기 때
문에 자신을 위해서 하는 거짓말은 나쁘다 할 수 없다고 볼 수도 있
다. 우리나라에서는 경찰이나 검사 앞에서 자신을 보호하기 위하여

거짓말하는 것을 당연하게 여기는 문화가 있다. 그것 때문에 재판에서 불리한 판결이 나지도 않고 처음부터 솔직하게 자신의 잘못을 털어놓는다 하여 유리한 판결을 받는 것 같지도 않다.

물론 자신의 재산과 생명이 부당하게 위협을 받을 때는 거짓말하는 것이 정당할 수 있다. 강도가 와서 돈이 어디 있는가를 물었을 때나 악당이 아내를 겁탈하기 위하여 아내가 어디 있는가를 물었을 때는 거짓말하는 것을 비도덕적이라 할 수 없다. 칸트는 그때도 사실대로 말해야 한다고 주장하지만 오늘날 그의 말을 듣는 사람은 많지 않을 것이다. 특히 자신의 생명을 지키기 위해서 하는 거짓말은 나무랄 수 없다. 그 때문에 더 많은 다른 사람의 생명이 위협을 당하지 않는 한 정직하기 위하여 자신의 생명까지 위험에 처하게 하라고 요구할 권리는 아무에게도 없다.

자신을 위한 거짓말보다 더 복잡한 것은 가족이나 사랑하는 사람을 위한 거짓말이다. 공자는 논어에서 아비가 양을 훔치면 자식이 숨겨주고 자식이 양을 훔치면 아비가 숨겨주는 것이 정직이라 했다 (父爲子隱 子爲父隱 直在其中矣). 우리나라 형법 151조는 "벌금 이상의 죄인을 숨겨준 자는 3년 이하의 징역 혹은 500만 원 이하의 벌금형에 처한다" 하면서 범죄은닉을 금지하지만 2항에는 "친족 혹은 동거의 가족이 본인을 위하여 전 항의 죄를 범할 때에는 죄를 묻지 아니한다"고 적시되어 예외를 인정하고 있다. 즉 벌금을 물어야 할 정도의 큰 죄를 숨겨주면 처벌되지만 친족이나 동거하는 가족이 자신을 위해서 범죄했을 때는 예외로 한다는 것이다. 이런 예외규정은 전 세계에서 일본과 한국에만 있다 한다. 유교의 본고장인 중국에는 사회주의 제도를 도입했기 때문인지 몰라도 그런 규정은 없다. 그런 예외가 과연 바람직한가?

과거 국가의 공권력이 개인의 안전을 보장해 주지 못했을 때는 가족, 친족, 씨족 등 혈연이 보장해 주었다. 구약성경에 고아와 과부를 보호해야 한다는 명령이 있는 것도 그들에게는 돌보아줄 수 있는 부모와 남편이 없기 때문이다. 이 세상에서 믿을 수 있는 것은 오직 가족, 친족, 경우에 따라서는 씨족뿐이었다. 만약 그들조차도 어려운 일, 약점, 잘못 등을 용서해 주지 않으면 그보다 더 큰 배신은 없고 이 세상에 의지할 것이란 아무것도 없게 된다. 그러므로 공자는 부모와 자식관계는 모든 관계 가운데 가장 기본이고 거기에는 어떤 배신도 있을 수 없다고 보았다. 심지어 아들이 도둑질을 해도, 아비가 못된 짓을 해도 서로 숨겨주는 것이 기본 인륜을 지키는 것이고 정직도 거기에 종속되는 것으로 본 것 같다. 이 세상에서 믿을 수 있는 것은 가족뿐인데 가족조차 배신하면 어디서 안전을 보장받겠는가? 충분히 이해가 되는 주장이고, 특히 부모와 자식 간의 경우에는 오늘날에도 서로의 잘못을 숨겨주는 것을 심하게 나무랄 수 없지 않을까 한다.

그러나 나무랄 수 없는 것과 그것을 정의롭다고 옹호하는 것은 다르다. 벌금 이상의 형을 받을 수 있는 범죄에는 살인, 강도, 강간 같은 중범죄도 포함될 수 있는데, 우리가 먼저 고려해야 하는 것은 범법자의 안전보장이나 가족의 상호신뢰나 의리 같은 것이 아니라 그 범죄의 피해자가 당하는 고통과 억울함이고 그런 은닉이 사회 전체에 미칠 영향이다. 피해자는 대부분 약자이고 같이 아파해 줄 가족도 없을 수가 있다. 그런 사람에게 엄청난 해를 끼치고 큰 고통을 주면서도 든든한 가족이 있기 때문에 범죄에 대한 처벌을 면해주는 것은 우리 보통 사람들의 정의감에 어긋난다. 범법자의 안전을 보장하기 위하여 피해자는 고통과 억울함을 당해도 좋은가? 양을 훔친 쪽의 가족 간 의리를 지키기 위해서 다른 사람은 양을 도둑 맞아도 좋은가?

그리고 이제는 개인의 재산과 생명을 보호하고 안전을 보장해 주는 것이 가족이 아니고 국가며 법이기 때문에 그 법의 권위를 높이는 것이 결과적으로 모든 사람의 안전을 보장하는 길이다. 다른 사람에게 큰 고통을 가한 죄는 가족이라도 숨겨주는 것은 용인될 수 없는 거짓으로 취급해야 할 것이다.

7) 거짓의 피해자는 약자

거짓의 그 수많은 유형은 거의 모든 사회에서 너무 많이 그리고 다양하게 나타나기 때문에 모든 사람이 직접 혹은 간접으로 다 그 피해자가 될 수 있다. 그러므로 거짓의 피해자를 특정하여 지목하기는 어려워 보인다. 물론 거짓의 형태에 따라 직접적인 피해자가 달라질 수 있다. 사기의 피해자 가운데는 아무래도 기업하는 사람들이 많을 것이고 표절은 우선 학자들에게 해를 끼칠 것이다.

그런데도 불구하고 이론적으로나 현실적으로 모든 형태의 거짓은 궁극적으로 사회의 약자들에게 가장 큰 해를 끼치고 만다. 모든 종류의 무질서가 강자들보다 약자들에게 더 큰 해가 되는 것처럼 무질서의 한 중요한 원인이며 형태인 거짓도 마찬가지다.

약자들은 우선 정보의 진위를 가릴 능력과 기회가 강자들보다 적다. 각종 매체를 다양하게 접할 수 있는 시간, 기회, 지적 및 경제적 능력이 상대적으로 적고 약하기 때문에 다양하고 객관적인 정보를 얻는 데 불리하고 따라서 객관적이고 정확한 판단을 내릴 가능성이 줄어진다. 현대 사회는 인위적으로 운영되고 있고 과거보다는 훨씬 더 복잡하게 조직되어 있으며, 사회가 운영되는 과정도 그만큼 복잡할 수밖에 없다. 보통 정도의 지식과 경험으로는 사회 전체를 조망할 수도 없고 자신의 위치도 바로 알기 힘들며 정확한 판단을 내리기도 쉽지 않다. 이런 상황에서는 과거 어느 때보다 정확한 고급 정보와 그것을 근거로 한 정확한 판단능력이 중요하게 될 수밖에 없다. 이런 정보화 시대 혹은 정보시대에는 그런 정보를 접할 수 없거나 그것을 소화할 능력이 없는 약자는 과거 자연에 의존하던 단순한 시대에 비해서 월등하게 불리하다. 오늘날 한 사회 안의 개인들 간에서뿐만 아니라 세계적으로 나라와 나라 사이에 벌어지고 있는 정보격차는 심각한 악순환을 일으키고 있다. 좋은 정보를 많이 갖고 있지 않으므로 더 좋은 정보를 접할 수 없게 되고, 그것은 부정확하고 거짓된 정보에 더 많이 노출되게 해서 그 피해자가 되는 것이다. 가짜 약 사기에 넘어가는 노인들과 인터넷 사기의 피해자 대부분은 교육을 많이 받지 못하고 가난한 사람들이란 사실이 이를 잘 보여준다.

그뿐 아니라 약자들은 거짓의 유혹에 더 쉽게 넘어간다. 강자는 약자에 비해서 여유가 있으므로 작은 유혹에 쉽게 현혹되지 않고 유혹에 비판적이 될 수 있다. 그러나 약자는 상대적으로 부족한 것이 많으므로 작은 이익이라도 추구하려 하고 강자들에 비해서 객관적이고 비판적으로 판단할 여유가 많지 않으므로 그런 이익을 약속하는 거짓에 쉽게 속는다.

제 5 장

—

윤리적 자원

앞에서 윤리에 대한 모든 논의는 직접 혹은 간접으로 사람들로 하여금 도덕적으로 행동하게 하는 데 도움이 되어야 가치가 있다고 주장했다. 윤리의 문제를 고통, 특히 약자의 고통과 연결시킨 것도 그것이 사실임을 이론적으로 증명하기 위함일 뿐만 아니라 약자에게 고통을 가하지 않도록 설득하고 호소하기 위해서이다. 우선 '고통'과 '약자'란 용어들은 단순히 객관적 정보를 전달하는 것을 넘어서 특정한 행동을 취하도록 '호소'하는 실천적 목적도 내포하고 있다. 전문 용어나 이론적 언어는 주로 의미 전달의 기능만 하지만 '고통'이란 말은 그 자체가 사람은 그것을 싫어하고 다른 사람들에게 그것을 가하지 말아야 한다는 것을 느끼게 한다. 그리고 '약자'란 말 자체가 사람들은 마땅히 그를 보호해야 하는 것을 암시한다. 정상적인 사고능력을 가진 사람이라면 아무도 "사람을 아프게 해야 한다"거나 "약한 사람은 더 아프게 해야 한다"고 느끼거나 주장하지 않을 것이다.

그러나 비록 윤리는 타자 중심적이지만 이 책을 포함한 윤리에 대한 모든 논의는 궁극적으로 행위주체를 대상으로 호소할 수밖에 없다. 즉 행동하는 사람을 설득하여 자신의 선함, 정당성보다 타자의 고통에 관심을 더 모으고 타자에게 고통을 가하지 말라고 호소하는 것이다. 아무리 타자 중심적이지만 타자 중심으로 행동해야 하는 것은 주체며 행동주체가 타자 중심으로 행동하지 않으면 윤리에 대한 모든 논의는 아무 의미가 없다.

물론 이 책이 주장하는 것 외에도 역사적으로 여러 윤리이론과 의견이 제시되었고 그것들에 대한 찬반 논의가 다양하게 이뤄졌다. 그 가운데 어떤 것은 비록 주체 중심의 윤리이론이지만 인류의 항구적인 유산으로 남아서 두고두고 사람들을 도덕적으로 행동하도록 설득하는 데 공헌하고 있다. 그리고 비록 이론적으로 논의되지는 않았지만 우리가 윤리적 자원으로 이용할 수 있는 경험과 지혜도 매우 많다. 그런 자원을 가능한 한 많이 발굴하고 이용하여 개인과 사회의 도덕적 수준을 향상시키는 것이 윤리학이 감당해야 할 임무일 것이다.

그런 자원과 제안 가운데 어떤 것은 이론적으로 좀 엉성하고 어떤 이론은 다른 이론과 서로 모순되기도 한다. 그러나 윤리적 실천에서는 그런 이론적 모순에 너무 구애받을 필요가 없다. 모든 사람이 모두 한 가지 이론에 근거해서 도덕적으로 행동하는 것도 아니고, 모든 사람이 동일한 이론이나 주장에 설득당하지도 않는다. 이 사람은 이런 이유로, 저 사람은 저런 근거에 따라 도덕적으로 행동할 수 있다. 어떤 이유나 근거에서든지 다른 사람, 특히 약자에게 해가 되지 않도록 행동하기만 하면 윤리적 의미를 가질 수 있다고 나는 주장한다.

우리는 원칙을 무시하고 원하는 목적을 달성하기 위하여 '수단과 방법을 가리지 않는 것'에 대해서 강한 거부감을 갖는다. 그것은 목적 달성을 위하여 가리지 않는 수단과 방법이 대부분 비도덕적이기 때문이고 궁극적으로 사회 전체 혹은 인류 공동체에 부정적인 결과를 가져오거나 부정적인 영향을 끼치기 때문이다. 돈을 많이 벌기 위해서나 권력을 얻기 위해서 뇌물을 주거나 거짓말을 하는 것이 그런 것이다. 그런데 추구하는 목적 자체가 도덕성 함양일 때도 '수단과 목적을 가리지 않는 것'이 가능한가? 그런 것은 원칙적으로 가능하지 않다. 비도덕적 수단을 사용해서는 도덕적 목적을 달성할 수는 없기 때문이다. 즉 도덕성 함양에 실제로 효과적인 수단과 방법이 비도덕적이 될 수는 없다는 것이다. 비논리적인 수단, 서로 모순되는 수단들을 같이 사용하는 것도 별로 효과적이지 않다. 그러나 이 사람은 이런 근거에서, 저 사람으로 저런 근거에서 도덕적으로 행동하는데 그 근거들 간에 논리적인 모순이 있을 때는 어떻게 하겠는가? 예를 들어 갑돌이는 무신론자이지만 모든 인간의 본성은 선하고 따라서 자신도 선하기 때문에 남을 해롭게 하는 것은 인간의 본성에 어긋난다고 판단해서 도덕적으로 행동하는 반면에, 을식이는 인간은 본성이 악하지만 하나님이 계시기 때문에 악을 저지르면 천벌을 받을 것이므로 도덕적으로 행동한다 하자. 그 둘이 도덕적으로 행동하는 근거는 서로 모순되지만 그들 근거에 입각해서 이뤄지는 행동은 둘 다 도덕적일 수 있는 것이다. 나는 도덕적으로 행동하기만 하면 그 근거는 그 자체가 비도덕적이지 않은 한 어떤 것이라도 좋다고 주장하는 것이다. 그리고 그런 근거가 하나라도 괜찮지만 다양해도 아무 문제될 것이 없다. 심지어 주체 중심의 윤리에서는 비도적적인 것으로 인식되던 것들조차도 윤리적 자원으로 이용될 수 있는 것들이 없지 않다. 그러나 그런 것을 '목적을 위하여 수단과 방법을 가리지 않는 것'으로 치부되어서는 안 될 것이다.

물론 윤리 문제가 항상 그렇게 단순하다고 주장하지는 않는다. 우리의 구체적인 삶에서는 궤도 위에 고속으로 달리는 손수레로부터 여러 사람의 생명을 구하기 위해서 무고한 다른 사람 하나의 생명을 희생시켜야 하는가, 의료 자원이 한정되었을 때 어느 환자를 먼저 치료해야 하는가와 같은 중요한 딜레마가 없지 않다. 그런 경우를 해결하기 위해서는 좀 더 섬세하고 복잡한 논의가 따로 필요하다. 그러나 윤리적 논의가 그런 딜레마 해결에 매달리다가 철도청의 비리, 의사들의 리베이트 같은 문제는 소홀히 해서는 안 될 것이다. 어떤 잘못이 더 많은 사람에게 더 큰 고통을 가하는가를 따져봐야 하고, 더 큰 악부터 줄이는 데 윤리적 논의의 관심과 윤리적 자원이 동원되어야 하지 않겠는가?

인류가 그동안 개발하고 형성해 놓은 문화적 요소들 가운데 개인과 사회의 도덕성을 제고하는 데 이용될 수 있는 자원은 많다. 그 가운데서 다음 몇 가지를 논의해 보겠다.

1. 종교

역사적으로 사람들의 행동방식과 가치관에 가장 큰 영향을 끼친 것은 역시 종교였고 사회에 따라서 차이는 있지만 지금도 그 영향력은 상당히 남아 있다. 전 인류가 수용하고 따르는 윤리적 규범과 가치 가운데 상당부분은 종교에 그 뿌리를 두고 있다. 매킨타이어와 하버마스가 오늘날 보편적 가치로 존중되고 있는 기본인권 사상이 유대교와 기독교의 가르침이 세속화된 것이라고 주장한 것은 이미 언급한 바 있다. 19세기 철학자 니체는 당시 서양 사람들이 수용하고 있었던 도덕을 '노예도덕'이라 불렀고 그것은 유대-기독교에서 비롯되었다고 비판하였다. 타임(TIME)지는 미국에서 탈세율이 상대적으로 낮은 이유는 미국이 서양에서 가장 종교적인 사회이기 때문이라 했다.

한 사회의 지배적인 종교는 비록 그 주민들의 신앙적인 열정이 그렇게 강하지 않더라도 그 사회의 문화적 특성과 가치관, 도덕적 수준을 상당할 정도로 결정한다. 서양 사회에서는 기독교가, 중동 지역에서는 이슬람교가, 인도에서는 힌두교가 윤리를 포함한 가치관을 결정했고 우리나라에서는 무속종교와 유교가 우리의 가치관과 행동방식 형성에 강하게 작용했다. 그리고 한번 형성된 가치관과 행동방식은 비록 그 종교의 세력이 약해지고 사회가 많이 세속화되어도 그렇게 쉽게 그리고 근본적으로 변하지 않는 것 같다. 북유럽 여러 나라에는 일요일에 교회에 출석하는 신도의 수는 한국에서보다 더 적다. 그런데도 그들의 가치관과 행동방식은 상당할 정도로 기독교적이고 적어도 한국보다는 더 기독교적이다. 중국이나 한국에는 자신을 유교신자라 하는 사람들은 거의 없고 유교는 종교가 아니라고 주장하는 사람들이 대부분이지만 이 두 사회의 세계관과 가치관이 상당히 유교적임은 아무도 부인할 수 없다. 물론 베버가 지적한 바와 같이 자연과학의 발달로 인류의 문화가 초자연적인 힘이 작용한다고 믿었던 마법에서 벗어나고(Entzauberung) 있기 때문에 종교의 영향력은 과거와 같이 크지는 않지만 지금도 사람들이 세계 문명을 기독교권, 이슬람권, 불교권, 유교권 등으로 분류하는 것을 보면 종교의 유산이 아직도 상당히 남아 있음을 짐작할 수 있다. 급속하게 진행되는 세속화에도 불구하고 전 세계에서 종교인의 수가 전체인구의 59%로 무신론자를 포함한 비종교인보다 많으며 이슬람, 기독교를 비롯해서 대부분의 종교는 조금씩이나마 자라고 있다.

1) 절대적인 기준과 내면의 감시

모든 종교는 인격적이든 비인격적이든 절대적인 존재를 믿고 계율의 권위를 인정하여 그것에 무조건 순종하는 것을 요구하고 있다. 그런데 적어도 고등종교라면 그 계율에는 거의 예외 없이 이웃에 대한 사랑, 자비, 인(仁), 정의와 같은 윤리적인 가르침이 포함되어 있고 삼강오륜(三綱五倫)이나 십계명 같은 다소 구체적인 행위규범이 제시되어 있다. 그것들은 무엇이 옳으며 어떻게 행동해야 하는가에 대한 기준을 제시해 준다. 미국의 〈종교와 공적 생활에 대한 퓨 포럼〉(Pew Forum on Religion & Public Life)의 최근 조사에 의하면 옳고 그름의 절대적인 기준이 존재한다는 것에 무신론자의 58%가 동의한 반면 유대교인은 72%, 모슬렘과 천주교인은 78%, 개신교인은 81%가 동의한다고 대답해서 종교인들이 무신론자들에 비해서 객관적 윤리 기준을 훨씬 더 인정하고 있으며, 프리스톤 대학교의 굿윈(G. Goodwin)과 달리(John Darley) 교수의 연구도 비슷한 결과를 보였다 한다. 한국에서도 2004년부터 2006년까지 3년간 종교 인구는 전체 인구의 53.1인 데 비해서 범죄율은 비종교인 그룹이 종교인 그룹에 비해서 1.4배 더 높은 것으로 나타났다. 비록 큰 차이는 아니지만 아무래도 종교인은 비종교인에 비해서 반사회적 행위를 적게 하는 것은 사실인 것 같다.

그리고 대부분의 고등종교는 계율뿐 아니라 그 계율에 따른 신상필벌(信賞必罰)을 가르친다. 불교나 이슬람은 인과보응의 법칙을 매우 중요시하고 기독교는 하나님의 은혜로 구원받는다는 교리가 있음에도 불구하고 이웃 사랑은 구원받은 자의 의무라고 가르친다. 심지어 형제를 사랑하지 않는 사람이 하나님을 사랑할 수 없다고까지 할 정도로 이웃 사랑을 강조한다. 종교적 신상필벌의 원칙은 도덕적 행동을 위한 강력한 자극제가 아닐 수 없다. 플라톤과 칸트가

신과 내세에 대한 신앙을 윤리와 연결시킨 것은 잘 알려져 있다. 마음을 감시하는 내면의 경찰의 역할을 하는 신 혹은 인과보응의 법칙이 없으면 선과 악을 감시하고 그에 대한 객관적이고 준엄한 심판을 내릴 권위가 없고, 어떤 형태로든 내세가 없으면 신상상벌이 확실하지 않은 차세의 결함이 보완되지 않을 것이다. 즉 이 세상에는 아직도 악한 사람이 잘 살고 선한 사람이 고통을 당하는 경우가 얼마든지 있다. 이런 부조리는 우리가 구체적으로 경험하는 것이고 과거에도 그랬던 것 같다. 구약성경에는 심지어 악한 사람이 날로 번성하고 노년에 이르기까지 편안하게 산다는 것 등 세상의 불공정을 불평하는 구절이 많다. 만약 이 세상이 전부면 신상필벌은 완벽하게 이뤄질 수 없게 되고 따라서 사람들은 쉽게 도덕적 냉소주의에 빠질 것이다. 즉 못된 사람이 잘 되고 착한 사람이 고생만 한다면 착하게 살 이유가 어디 있는가 하고 자포자기해 버릴 것이다. 신과 내세가 있어야 그런 냉소주의가 극복될 수 있다는 것이 플라톤과 칸트의 생각이었다. 신과 내세의 존재를 확신하면 당장은 손해를 보더라도 궁극적인 처벌을 피하고 최대한 보상을 받기 위하여 올바르게 행동하려 할 것이다. 그리고 그런 확신이 강하면 강할수록 행위는 그만큼 더 도덕적이 될 수 있을 것이다.

그리고 대부분의 고등종교에는 사제와 종교 공동체가 있어서 내면적인 감시뿐만 아니라 공동체의 압력도 작용한다. 비록 개인적 신앙이 철저하지 못하더라도 종교 공동체의 감시는 도덕적 행위에 적지 않은 영향력을 행사한다. 종교 공동체는 아무래도 일반사회보다 구성원 간의 결속력이 강하기 때문에 제대로 된 종교 공동체라면 도덕적인 행위에 대한 압력은 그만큼 클 수밖에 없다. 물론 '위선'이란 부작용이 없지는 않지만 그래도 그 역이라 할 수 있는 '냉소주의'는 쉽게 생겨나지 않을 것이다. 냉소주의야말로 도덕의 가장 심각한 암이 아닐 수 없다.

2) 사랑, 자비, 인(仁)

기독교의 경전인 성경은 다른 무엇보다 사랑이 더 중요하고 심지어 하나님은 사랑이라고까지 가르친다. 그런데 사랑에는 하나님에 대한 사랑과 이웃에 대한 사랑이 있는데, 보이는 이웃을 사랑하지 않는 사람은 보이지 않는 하나님을 사랑할 수 없다고 가르친다. 그러므로 기독교에서는 도덕적으로 행동하지 않는 사람은 하나님을 사랑하지 않는 사람이다. 비록 도덕적인 행위로 구원을 받는 것은 아니지만, 구원을 받을 만한 믿음을 가진 사람은 반드시 도덕적이라야 한다는 것이다.

그런데 위에서도 지적했듯 성경이 명령하는 사랑은 에로스(eros)가 아니라 아가페(agape)란 것이 기독교의 입장이다. 아가페는 그리스 문학이나 철학에서 말하는 에로스나 필리아(philia)와는 근본적으로 다르다. 후자들은 모두 사랑스러운 것, 사랑할 가치가 있는 것을 사랑하는 것을 뜻한다. 플라톤의 대화 〈향연〉(*Symposium*)에서는 에로스를 신에 항거하다 벌을 받아 두 쪽으로 갈라진 인간이 다시 하나가 되려는 경향이라고 신화적으로 설명하였다. 어떤 대상에게 끌리는 경향과 무관하지 않다. 그러나 성경이 가르치는 아가페는 "원수를 사랑하라"는 명령에서 볼 수 있듯 사랑스럽지 않은 대상, 심지어 미운 대상을 사랑하는 것이다. 신학자 다드(C. H. Dodd)가 잘 지적한 것처럼 아가페는 '감정'(emotion)이나 '애정'(affection)이 아니라 오히려 '능동적인 의지의 결단'(an active determination of the will)이다. 사랑스럽거나 존경스러운 대상에 감정적으로 끌리어 사랑하는 것이 아니라 사랑스럽지 않은 원수도 의지의 결단에 의해서 사랑해야 한다는 것이다. 사랑스럽거나 사랑받을 자격이 있는 사람을 사랑하는 것은 사랑스러움 혹은 자격 있음에 대한 수동적인 반응이다. 그러므로 그런 사랑은 명령될 수 없고 의무가 될 수 없다. 그러나 아가페는 그런 감정에 의하여 수동적으로 반응하는 것이 아니라 능동적으로 그 사람의 이익을 위하여 행동하는 것이다. 칸트가 보상을 바라거나 감정적으로 끌려서 선한 행동을 하는 것은 윤리적이라 할 수 없고 오직 선한 의지에 의해서 자율적으로 선한 행동을 해야 윤리적이라고 주장하는 것과 일맥상통한다.

에로스 사랑은 사랑하는 주체가 원하는 것이기 때문에 사랑하는 주체에게 즐거움을 준다. 그런 점에서 주체 중심적이다. 그러나 아가페 사랑은 사랑하는 주체의 감정과 무관하게 사랑 받는 사람의 필요에 응하여 그 필요를 공급하는 것이다. 사랑의 무게 중심이 사랑하는 사람의 감정에 있는 것이 아니라 사랑 받는 사람의 수요에 있는 것이다. 원수를 사랑할 때처럼 사랑하는 사람에게는 사랑이 오히려 고통스러울 수가 있다. 그러므로 아가페 사랑은 의무이며 명령이다. 감정은 명령될 수 없는 데 비해서 아가페 사랑은 "네 이 웃을 네 몸과 같이 사랑하라", "원수를 사랑하라"에서와 같이 명령 되는 것이다. 명령은 의지에게만 내려질 수 있다. 윤리는 감정의 작 용이 아니라 의지의 결단으로 이뤄진다.

윤리적 행위는 아주 중요한 사랑이다. 예수는 십계명 또는 구약 성경의 율법을 하나님에 대한 사랑과 이웃에 대한 사랑으로 요약하 였다. 그런데 앞에서도 지적한 바와 같이 이웃에 대한 사랑은 십계 명에서 모두 "…하지 마라"라는 형식으로 명령되고 있다. 이웃의 이 익을 적극적으로 도모하기보다는 이웃에게 살인, 간음, 도둑질, 거 짓말 등의 죄를 짓지 말라는 식으로 모두 소극적으로 표현되어 있 다. 윤리는 적극적으로 이웃에게 이익을 주라고 요구하지 않는다. 적어도 해는 끼치지 말라는 것이다. 그런데 성경은 그런 소극적인 윤리도 사랑이라고 가르치는 것이다.

그러므로 기독교인은 적어도 도덕적이 되어야 할 의무가 있다. 물론 도덕적이기만 하면 기독교 신자가 되는 것은 아니나 적어도 기독교 신자라면 도덕적이라야 하는 것이다. 그것은 자비를 가르치 는 불교나 인(仁)을 가르치는 유교도 마찬가지다. 즉 도덕적이 되면 다 훌륭한 신자가 되는 것은 아니지만 자신을 불교 신자 혹은 유교

신자라고 자처한다면 반드시 도덕적이라야 하는 것이다. 만약 유교를 종교라 한다면 도덕적 행위 그 자체가 종교적 의무의 전부라 할 수 있다. 어쨌든 다른 사람에게 해를 끼치면서도 고등 종교의 신자라 할 수는 없다.

3) 욕망의 절제

도덕적 질서를 위한 종교의 공헌은 무엇보다도 종교가 차세 중심적(此世中心的) 세계관을 극복하는 데 있다 할 수 있다. 대부분의 고등종교는 시공간의 제한을 받고 고통과 불의가 있는 지금의 세상을 전부로 보지 않는다. 바로 그 때문에 유교가 과연 종교인가에 대해서 논란이 일어난다. 유교는 초월적인 신이나 내세에 대해서 관심도 없고 가르치지도 않기 때문이다. 기독교, 불교, 이슬람 등 고등종교는 모두 초월자와 초월세계를 인정하고 불완전한 인간이나 세상과 달리 그것은 완전하다고 믿는다. 그런 믿음은 이 세상의 모든 것을 상대화하는 것을 함축하고 따라서 그들은 원칙적으로 모든 세상적인 것에 대해서 어느 정도 비판적 거리를 둘 수 있게 한다. 특히 오늘의 사회에 온갖 갈등과 부정적 문제를 야기하는 돈, 권력, 명예, 쾌락 등의 하급가치들에 대해서 이들 고등종교는 모두 비판적일 수밖에 없다.

모든 하급 가치들은 공유가 불가능해서 영합적(零合的, zero-sum)으로 배분된다. 바로 이런 하급 가치들에 대한 인간의 욕망이 비도덕적인 행동을 유발한다. 그런 가치들에 대한 자신의 욕망을 부당하게 충족하기 위해서 다른 사람에게 해를 가하는 것이다. 그러므로 다른 사람에게 해가 되지 않도록 행동하려면 그런 하급 욕망을 어느 정도 억제하지 않으면 안 된다. 욕망의 절제가 도덕적 행위의 충분조건은 아닐지 모르나 필요조건임은 분명하다. 그리고 욕망의 절제를 가능하게 하는 것에는 종교 이외에 다른 힘들도 있겠지만 고등 종교의 순수한 신앙만큼 강한 것은 많지 않을 것이다. 중세 기독교에서는 화냄, 탐욕, 게으름, 교만, 정욕, 질투, 식탐(食貪)을 일곱 가지 죽음에 이르는 죄(Seven Deadly Sins)라 했는데 모두 절제해야 할 감정과 욕망들이다. 불교는 탐욕이 모든 고통의 근원으로 보기 때문에 탐욕의 절제는 신앙생활의 핵심이라 할 수 있다. 한 복지학자의 조사에 의하면 한국에서 종교인은 비종교인에 비해서 약 5배 기부한다고 한다. 그것은 아마 다른 사회에서도 비슷할 것이다. 기부를 많이 한다는 것은 적어도 물질적 소유보다 더 고귀하고 중요한 것이 있음을 인식하고 물질에 대한 욕망을 절제한다는 것을 함축한다.

따라서 윤리적인 교훈뿐만 아니라 도덕적으로 행동할 수 있도록 욕망의 절제를 가능하게 하는 것은 고등종교의 시금석이고, 그런 종교라야 인류 사회에 긍정적인 공헌을 할 수 있다. 더 많은 돈, 권력, 인기, 쾌락을 위하여 아귀다툼을 하고 있는 이 사회에 이런 것들을 상대화하고 희생, 양보, 봉사, 사랑 같은 고급가치를 제시할 수 있는 것이 종교 아니면 무엇이겠는가? 2014년 8월에 한국을 방문한 프란치스코 교황은 한국 사회에 엄청난 감동을 일으켰다. 철저히 겸손하고 검소하며 고통 받는 사람들의 고통에 동정하는 모습을 진정하게 보여주었기 때문이다. 김수환, 법정, 한경직, 장기려, 김용기 등 한국에서 존경받는 종교 지도자들은 하나같이 욕망을 절제하고 검소하게 산 분들이다. 이들은 모두 종교가 사회에 끼칠 수 있는 것이 무엇인가를 잘 보여주었다. 만약 사랑, 희생, 복사 등 고급 가치를 제시하고 제공하지 못하면 이 사회에 종교가 무슨 소용이 있겠는가? 그런 것은 하급 가치에 대한 욕망의 절제 없이는 불가능하다.

그런 절제는 시금석은 제3자가 어떤 특정 종교를 평가할 때도 사용할 수 있지만 종교인들 스스로도 자신들이 신봉하는 종교가 과연 고등종교인지, 자신이 그런 고등 종교의 신실한 신자인지를 판별하는 데 이용해야 할 것이다. 자신의 신앙적 관심이 오직 자신의 축복과 영달에만 있는지 아니면 세속적인 욕망을 절제하면서 다른 사람의 고통을 줄이고 사회에 이익을 끼치는 것에 관계되어 있는지를 살펴보는 것이다. 만약 전자뿐이라면 비록 형식적으로는 고등종교의 신자일지라도 그 종교의 본질에서 많이 벗어났고 자신도 모르게 자신의 종교를 하급종교로 만들고 있는 것이다.

하급종교의 전형적인 특징은 기복적이란 것이다. 물론 대부분의 종교에는 기복적인 요소가 있다. 어려움과 고난으로 가득 찬 이 세상의 삶에서 사람들은 위로가 필요하고 의지할 수 있는 힘이 필요하다. 이런 필요를 공급해 줄 수 없으면 종교라 할 수 없다. 그러나 그것이 전부이거나 그것이 신앙생활에서 가장 중요한 위치를 차지한다면 이는 분명히 하급종교이거나 하급종교로 타락한 종교일 것이다. 위로와 힘을 얻어 자신만 즐길 것이 아니라 이제는 고통당하는 다른 사람들을 위로하고 도울 수 있어야 제대로 된 고등종교의 신자라 할 수 있고, 돕지는 못하더라도 적어도 다른 사람에게 해는 끼치지 않아야 할 것이다.

한국의 무속종교를 연구한 조동식 교수에 의하면 우리나라의 무속종교가 가지고 있는 특징 가운데 하나는 그것이 매우 현세 중심적이고 기복적일 뿐 윤리에 대한 가르침이 거의 없다는 것이다. 한국인의 세계관이 무속종교의 영향을 받은 것이 사실이고, 그것은 우리 사회의 윤리적 후진성과 무관하지 않다. 그리고 고등종교가 그 본래의 숭고한 가르침을 망각하고 타락하면 대부분 기복적 미신으로 변질되는데, 그 전형을 한국에서 찾아볼 수 있다. 한국의 기독교, 불교, 천주교 등 고등종교들은 시간이 흐를수록 점점 더 무속화하고 기복적이 되는 것 같다. 복을 추구하는 것 그 자체를 나쁘다 할 수 없다. 그러나 한국인이 추구하는 복(福)은 주로 초자연적인 힘에 의하여 부여되거나 운이 좋아서 받는 불로소득을 뜻한다. 복권, 복덕방, 복부인 등의 표현에는 그런 것이 함축되어 있다. 과거 농경사회에서는 불로소득이 반드시 비도덕적이지는 않았다. 때를 맞추어 비가 오고 햇빛이 잘 비치면 풍년이 와서 복을 받는데 그 복은 불로소득이라도 다른 사람의 것을 훔치거나 빼앗음으로 얻는 것이 아니다. 그러나 오늘날처럼 모든 부가 영합적으로 분배되는 사회에서는 내가 불로소득을 누리면 반드시 누가 억울하게 손해를 보게 되어 있다. 복권에 당첨되어 받는 큰돈은 복권을 산 수많은 사람들에게서 합법적으로 빼앗은 것이고, 복부인이 부동산 투기로 돈을 벌었다면 반드시 그 부동산을 헐값에 팔아 얻을 수 있었던 이익을 놓친 사람이 있게 마련이다. 오늘날의 복은 불로소득이고, 불로소득은 합법적이라도 도둑질이라 해야 할 것이다.

초월자에 대한 순종과 이웃을 위한 봉사와 희생 대신 복, 즉 자신의 세속적 이익과 힘의 획득을 목적으로 하는 종교는 이미 종교가 아니라 마술의 수준으로 타락한 것이다. "종교는 섬기는 것이며 마술은 지배하는 것"(Religion is to serve, magic is to rule)이라고 네덜란드 종교현상학자 판 데르 레이유(G. van der Leeuw)가 잘 지적했다. 불행하게도 지금 지나치게 기복적이 된 한국 종교들은 상당할 정도로 마술로 변질되어 한국 사회의 도덕수준 제고에 제대로 공헌하지 못하고 있다. 다른 사람에게 해를 끼치면서도 스스로를 종교인이라 자처할 수는 없는 것이다.

4) 윤리를 위한 종교?

종교가 윤리에 공헌한다 하여 '윤리를 위한 종교'를 만들 수는 없다. 프랑스의 계몽주의 사상가 볼테르(Voltaire)는 종교의 윤리적 기능을 염두에 두고 "신이 없으면 하나 만들어야 한다"고 말했다 한다. 칸트의 '요청으로서의 신' 이념도 그렇게 이해될 수도 있다. 칸트는 신을 과학적인 방법으로 증명할 수는 없으나 지식의 완벽한 체계와 윤리적 실천을 위하여 신을 '전제'하지 않으면 안 된다고 생각한 것이다. 그러나 그렇게 필요에 따라 만들어진 종교는 종교의 기능을 제대로 감당할 수 없고 따라서 윤리수준 제고에 실제적인 도움을 주지 못한다. 필요에 따라 조작된 신을 누가 두려워하겠으며 필요하기 때문에 가정해 놓은 내세를 누가 바라보겠는가? 다만 그런 종교를 만든 사람은 가짜 종교란 것을 알지만, 다수의 어리석은 백성들은 모르기 때문에 문제가 되지 않는다고 한다면 이는 거대한 사기일 것이다. 공산주의를 정치 이념으로 국민을 다스리는 독재자 자신은 공산주의자가 아닌 경우가 많다 한다. 쿠바의 카스트로가 그런 사람이라 한다. 정치에는 그런 것이 용납될 수 있을지 모르지만 종교에서는 결코 용납될 수 없다. 윤리를 위하여 종교를 조작하는 것은 그 자체로 비윤리적이고 결코 오래 갈 수 없으며 따라서 효과도 없다.

만들어진 종교가 아니라 이미 존재하고 있는 종교가 구체적으로 내리는 윤리적 명령은 과연 충분히 보편적이며 합리적인가? 앞에서 언급한 신명론과 관계해서 신의 명령이기 때문에 그 명령이 옳은지 아니면 그 명령 자체가 옳기 때문에 신이 명령했는지 대한 질문이 가능하다. 이런 문제는 소크라테스에 의하여 처음으로 제기되었다. 플라톤의 대화 〈유티프로〉(*Euthyphro*)에서 "거룩한 것이 거룩한 것은 신이 그것을 사랑했기 때문인지 아니면 그것이 거룩하기 때문에 신이 사랑한 것인지"란 문제가 제기된다. '유티프로의 딜레마'라고 알려진 것이다. 소크라테스 자신은 후자를 선택했고, 그것은 고대 그리스 사상을 대변하는 것이기도 하다. 이런 관점을 따르면 윤리에 대한 종교의 의미는 상대적으로 약해진다. 종교와 무관하게 "거룩함", "선" 등의 본질은 영원불변하게 주어진 것으로 믿기 때문이다. 즉 종교가 없어도 윤리는 가능하다. 다만 그 자체로 존재하는 규범이라도 신이 명령했기 때문에 더 큰 권위를 갖게 되는 것은 사실이다. 이에 비해서 첫 번째 입장, 즉 신이 사랑했기 때문에 거룩한 것이 거룩하다는 주장에서는 종교가 윤리에 가지는 의의가 절대적이다. 종교를 전제하지 않으면 모든 가치는 상대적이고 따라서 윤리는 불가능한 것이다. 이런 입장은 신의 의지를 중요시한다 하여 주지론(主志論=voluntarism)이라 부른다.

그런데 이런 주지론은 광신도들이 비도덕적으로 행동하는 것을 막는 데 약하다. 자신들의 종교적 신념을 보편적인 가치라고 우길 수 있기 때문에 만약 그 신념이 충분히 보편적인 것이 아니면 사람들과 사회에 큰 해를 끼칠 수 있는 것이다. 사교와 고등종교의 정통성에서 벗어난 이단에서 이런 현상을 자주 볼 수 있고 이들은 사회에 막대한 해를 끼친다. 이런 광신도들에게는 자기들의 종교가 가르치는 것(대부분 잘못 이해한)이 일반적으로 수용되는 윤리적 원칙보다 우선할 뿐 아니라 윤리적 원칙의 기준이 된다고 믿는 것이다. 일부 근본주의적 무슬림들이 저지르는 인질살해처럼 보편적으로 비난받는 비윤리적 행위조차도 종교적인 근거로 정당화한다면 다른 비윤리적 행위들은 더 말할 것도 없다. 그런 것은 최근 뉴욕의 세계무역회관을 비행기로 충돌시켜 폭파시킨 알카에다 추종자들이나 유독 가스로 무차별 살인을 감행한 일본의 옴 진리교가 웅변적으로 증명했고 기독교, 힌두교 등 다른 종교들의 역사에서도 가끔 나타난 약점들이다. 한국에서도 우리는 최근 그런 경우를 실제로 목격했다. 종교적 신념이 쉽사리 자신들의 개인적 혹은 집단적 이익을 위한 수단으로 변질되기 때문에 무서운 범죄가 가능한 것이다. 그런 점에서 "신이 명령했기 때문에 선한 것이 아니라, 선하기 때문에 신이 명령했다"고 하는 것이 윤리적으로는 훨씬 더 안전하다 할 수 있다. 즉 인질살해 같은 폭행은 도덕적으로 잘못된 것이기 때문에 그런 것을 신이 명령할 수 없다고 할 수 있는 것이다. 신의 명령을 절대적인 것으로 수용하는 경우는 확신을 가지고 도덕적 행위를 할 수 있는 반면에 광신에 비도덕적 행위를 허용하는 약점을 가지고 있다.

바로 보편적으로 인정되는 도덕성을 존중하는가가 고등종교와 사교, 고등종교에서도 정통과 이단, 그리고 정통에서도 참 신자와 거짓 신자를 감별하는 시금석이라 할 수 있다. 윤리적이라 해서 다 고등종교가 되는 아니지만 고등종교는 반드시 보편적인 윤리에 충실해야 한다. 거짓말로 남을 속이고 약자를 억울하게 하는 자는 아무리 스스로 종교인이라 주장하더라도 진정한 종교인일 수 없고 그것을 허용하거나 장려하는 종교는 하급종교일 수밖에 없다. 비윤리적인 종교란 둥근 삼각형과 같이 불가능한 것이다.

그러나 여러 가지 결함에도 불구하고 종교의 사회적 가치는 엄청나다. 종교의 이름으로 이루어진 수많은 자선사업과 신도들의 욕망 절제는 인류의 복지와 윤리문화 발전에 크게 공헌했다. 사실 한 사회의 도덕적 수준은 그 사회의 지배적인 종교가 결정한다 해도 과언이 아니다. 물론 종교라 하여 부정적인 해악을 저지르지 않으리란 보장은 없지만 사회가 민주적이 되고 자유로운 비판과 감시가 잘 이루어지면 그런 해악은 어느 정도 견제될 수 있고 광신이 설 자리는 약해질 수 있다. 그리고 대부분의 고등종교는 역사를 통하여 그 부정적인 면이 외부와 내부에서 상당할 정도로 지적되고 수정되었으므로 충분히 긍정적인 공헌을 할 수 있을 것이다. 일반적으로 말해서 무신론적 혹은 무종교적 사회보다는 고등종교가 존재하는 사회의 도덕적 수준이 높을 것이라는 것은 충분히 기대할 수 있다. 소련이 부패 때문에 무너졌다는 주장이 있고 무신론을 가르치는 공산주의 국가나 최근에 공산주의가 지배했던 나라의 투명성이 상대적으로 낮은 것은 놀라운 일이 아니다. 얼마 전 독일에서 이뤄진 한 조사에 의하면 공산주의 치하에 살았던 동독 주민들이 서독 주민들에 비해서 훨씬 덜 정직하다는 것이 드러났다 한다(*The Economist*, 2014.7.19).

그러나 종교도 인간사회의 일부분이고 이기적인 인간들에 의하여 추종되기 때문에 타락할 수 있고, 종교의 타락은 곧 바로 사회윤리의 타락으로 이어질 수 있다. 종교의 윤리적인 가르침이 파급효과가 큰 것처럼 종교의 타락도 그에 못지않게 사회에 파괴적이다. 한 사회의 지배적인 종교가 타락하는 것은 그 사회에 큰 재앙이 될 수 있다. 그러므로 종교인들, 특히 종교 지도자들의 사회에 대한 책임은 크고, 그 책임의 정도는 그 종교가 가진 사회적 영향력에 비례한다. 한국의 지배적인 종교라 할 수 있는 불교와 기독교는 한때 한국 사회에 매우 긍정적인 공헌을 했고 지금도 어느 정도 하고 있지만 최근 점점 세속화되어 오히려 긍정적인 공헌보다 부정적인 해악을 더 많이 끼치고 있지 않나 한다. 종교가 건전하고 끊임없이 개혁되어야 사회윤리도 건전해질 수 있다.

2. 교육

오늘날 많은 사람들은 개인이나 사회의 도덕수준을 유지하고 제고하는 수단은 교육이라고 주장한다. 역으로 우리 사회의 윤리 수준이 이렇게 낮은 것은 교육이 잘못되었기 때문이라고 비난한다. 교육을 학교교육에 국한하지 않고 가정교육과 사회교육에까지 확대해서 이해한다면 이런 주장은 옳다 해야 할 것이다. 도덕적 가치관과 행동방식은 태어날 때부터 타고나지도 않고 자연현상처럼 시간이 흐르면 조금씩 나타나거나 익어가는 것이 아니라 다른 사람들 혹은 사회로부터 습득하여 자기 것으로 만드는 것이다. 그런 습득 과정을 교육이라 한다면 도덕은 분명히 교육을 통하여 전수된다 할 수 있다. 우리나라에서 도덕교육을 지식교육과 대조되는 인성교육에 포함시키는데 이때 인성(人性)이란 말을 인간의 본성(本性)으로 이해하면 안 된다. 본성은 타고나는 성질이므로 교육의 대상이 될 수 없다. 인간의 본성이 본래 선하다고(性善說) 가르친 맹자(孟子)조차도 그 선이 저절로 나타나고 자란다고 보지는 않았다. 맹자의 어머니가 아들에게 좋은 교육적 환경을 찾아 세 번이나 이사를 했다는 '맹모삼천'(孟母三遷)의 일화는 유명하다. 본성이 비록 선하더라도 그것은 교육과 훈련을 통해서 개발되고 양육되어야 하는 것이다. 우리가 말하는 인성교육은 영어로는 자질교육(character education)이라 하는데 자질(character)은 후천적으로 형성되는 것이기 때문에 교육의 대상이 될 수 있다. '인성교육'이란 말보다는 '자질교육'이 도덕교육의 성격을 더 잘 표현하는 것이 아닌가 한다.

　도덕은 문화의 핵심적인 요소이고 도덕교육은 문화전수의 매우 중요한 부분이다. 한 사회가 이제까지 형성하고 유지해 온 세계관과 가치관, 윤리와 예의를 포함한 행동규범과 행동방식이 넓은 의미의 교육을 통하여 자라나는 세대에게 전수되는 것이다. 그것은 가정이나 사회에서 무의식적으로 일어날 수도 있고 학교의 공교육에서 의도적으로 체계적으로 이루어질 수도 있다. 교과 과정뿐만 아니라 생활교육, 훈련, 연습을 거쳐서 올바른 행동이 습관으로 정착되도록 할 수도 있을 것이다. 최근 윤리학계에서 주류를 이루고 있는 '덕의 윤리' 이론에서는 교육과 훈련이 도덕성 제고에 핵심적인 위치에 있다. 도덕적 가치와 규범도 공동체에서 형성되고 그것의 전수도 공동체에서 교육을 통하여 이뤄지는 것을 강조한다.

그러나 도덕성 개발과 도덕수준 개선을 주로 학교교육으로부터 기대하는 것은 점점 시대착오적이 되고 있다. 동서양을 막론하고 학교교육의 성격과 위상이 과거와는 많이 달라졌기 때문이다. 과거에는 학교는 비록 전문인 양성을 목적으로 설치되고 운영되었더라도 실제로는 전인교육의 도장이었다. 전문 기술 외에 신, 자연, 우주, 인간에 대해서 가르쳤고 도덕, 예의, 체육, 음악교육도 같이 시켰다. 그리고 학교와 교육자는 지금보다 훨씬 더 높은 도덕적, 사회적 권위를 누렸고 따라서 인격 교육의 효과도 그만큼 컸다. 교육자는 일반인에 비해서 지식적 수준이 높은 것은 말할 것도 없고 도덕적으로도 모범적이라야 했다. 그래서 교육은 성직(聖職)으로 인식되었고 많은 사회에서 성직자가 동시에 교육자였다. 그러므로 그때는

'배운 사람'(識者)이 곧 '도덕적인 사람'(賢者)으로 인정받은 것이 무리가 아니었다.

그러나 오늘날 학교에서 이뤄지고 있는 공교육은 그런 위상을 누리지 못한다. 물론 아직도 어린이들에게는 교사의 권위가 매우 높기 때문에 유치원과 초등학교는 인격교육에 어느 정도 영향력을 행사할 수 있지만 그것조차도 과거에 비해서는 많이 약해졌다. 그러나 학생의 나이가 많아짐에 따라 교육자의 도덕적 권위는 점점 더 무시되고 있다. 생계를 위한 직업인으로 지식교육을 감당하는 기능인 취급을 받고 있고 그런 취급을 받을 수밖에 없도록 교사들 자신들도 행동하고 스스로를 인식하기 때문이다. 오늘날 교육직을 성직으로 취급하는 경우는 교사 자신들이나 학부모들에게도 없다. 지식교육은 교육되는 지식이 객관적이고 근거가 있으면 그 자체로 권위를 인정받지만 도덕교육은 교육내용이 아무리 훌륭해도 교육자가 도덕적 권위를 인정받지 못하면 이루어질 수 없다. 그런데 이런 사실조차도 별로 인식되고 있지 않고 그렇게 노력하는 경우도 많지 않다.

물론 지식교육이 도덕교육에 전혀 공헌하지 못한다 할 수는 없다. 지식이란 근거가 있어야 하고 논리적 모순이 없어야 하는데 그런 지식을 습득하는 과정에서 우리의 사고도 어느 정도 합리적이될 수 있고 책임감도 배양될 수 있다. 근거 있는 지식을 추구하는 것도 일종의 책임감 훈련이라 할 수 있다. 그리고 과학적 사고는 넓은 범위, 다양한 분야에 걸쳐 연결되는 인과관계를 좀 더 분명하게 인지하는 능력과 추상능력을 키워주고, 그것은 현대 사회에서 자신의 행위가 얼마나 많은 사람에게 얼마나 다양한 형식으로 영향을 주는가를 인식하는 데 도움을 줄 수 있다.

그러나 그런 지식과 훈련만으로는 다른 사람에게 해가 되지 않게 행동하게 되거나 다른 사람에게 해가 되는 행위를 유혹하는 욕망을 억제할 수 있게 되지는 못한다. 최근까지 미국을 중심으로 소위 '가치 명료화'(values clarification)를 도덕교육의 목적으로 설정했는데 이는 문화 전수와는 전혀 무관한 지식교육이지 보통 우리가 말하는 도덕교육이라 할 수는 없다. 개인 혹은 사회가 수용하고 있는 가치들을 명료하게 한다 해서 올바른 가치를 소유하게 되고 그 가치에 따라 행동한다는 보장은 전혀 없다. "알면 행할 것"은 옛날의 이야기다. 그런 교육은 결과적으로 시민들로 하여금 도덕적으로 행동하게 하는 데 공헌하기는커녕 윤리적 상대주의만 조장하고 말았다. 그런 도덕교육 이론이 오늘날 폐기된 것은 너무나 당연하다.

만약 학교에서 어느 정도의 행동교육이 일어난다면 그것은 교과서나 교사에 의한 것이기보다는 오히려 또래 친구들에 의해서 더 많이 이뤄지고 있고, 그것은 도덕교육에 반드시 긍정적이라 하기는 어렵다. 또래의 영향은 사회적 영향의 시작이며 축소판이다. 그 영향은 무의식적으로 이뤄지기 때문에 기존 사회의 가치, 규범, 행동방식의 내면화가 효과적으로 이루어지는 것이다. 한국인이 한국적으로 되는 것은 학교 교실에서가 아니라 또래집단과의 교류에서 시작되며 후에는 대중매체와 일상생활에서다. 따라서 사회의 도덕적 수준이 낮으면 또래의 영향도 부정적일 수밖에 없다.

인격교육 혹은 도덕교육의 가장 중요한 도장은 학교가 아니라 가정이다. 어린아이들은 우선 자기 정체성과 비판적 능력을 가지고 취사선택을 할 수 없고 외부의 영향을 거의 완전히 수동적으로 흡수하는데 그때 가장 많이 접촉하는 환경이 가정이며 부모다. 그때는 아이의 마음이 로크가 표현했듯 '어떤 글자도 없는 백지'(white paper void of all characters)상태라 할 수 있다. 그런 상황에서 받는 영향과 자극이 모든 인지와 판단의 기초와 기준이 되어 그 위에서 그리고 그것을 기준으로 하여 그 다음의 영향을 판단하고 수용하는 것이다. 물론 그 후에 외부로 받는 영향과 스스로 창조하는 관념까지 전적으로 그 기초에 의해서만 결정된다고 하는 것은 과장일 것이다. 삶의 과정에서 어떤 특별한 사건이 계기가 되어 받게 되는 영향과 교훈, 깨달음이 일생의 가치관, 세계관, 삶의 목적과 방향을 근본적으로 바꾸는 경우가 얼마든지 있을 수 있다. 그러나 일반적으로 "세 살 때 버릇이 여든까지 간다"란 것은 전혀 근거 없는 속담이 아니고, 사람의 모든 것은 세 살 이전에 결정된다는 속설도 터무니없는 소리가 아니다. 요즘 한국에서 '밥상머리 교육'이 다시 강조되는 것도 그런 인식의 반영이다. 가정교육의 중요성은 아무리 강조해도 지나치지 않다.

그런데 교육열이 매우 높은 한국의 학부모들이 이제까지 자녀들의 인격교육에 큰 관심을 기울이지 않았던 이유는 자녀들이 도덕적이 되면 앞으로 사회에서 이익보다는 손해를 볼 것이라고 생각했기 때문이다. 좀 영리하고 약아야 성공하지 너무 순수하고 정직하면 평생 남의 심부름이나 하고 살게 된다는 생각이 많은 부모들의 속마음이었다. 그리고 그들의 그런 판단은 전혀 잘못되었다 할 수도 없다. 고위 공직자 임명과정에서 시행되는 국회 청문회에서 드러나는 것을 보면 이 나라에 중요한 자리에 앉으려면 반드시 도덕적으로 흠이 있어야 하지 않나 하는 의문까지 갖게 된다. 이런 상황에서 자신의 자녀들이 사회 지도자가 되기를 원하는 부모들에게 과연 자녀들을 정직하고 공정한 인격자로 키우려는 의욕이 생겨날지 의문이다. 학부모들 상당수는 초·중·고등학교가 자신들의 자녀들에게 인성교육을 시킬 시간에 대학 입시합격에 도움이 되는 영어나 수학을 가르쳐 주기를 바라는 것이다.

그러나 그런 입장을 가진 학부모들은 곧 후회하게 될 것이다. 시민들이 점점 영리해져서 비도덕적인 사람은 직접 혹은 간접으로 자신들에게 해를 끼칠 것이고 그런 사람이 중요한 자리에 앉으면 자신들이 피해자가 된다는 사실을 점점 더 분명하게 깨닫게 될 것이다. 그러므로 앞으로 다른 사람을 억울하게 하고 다른 사람에게 해를 끼치는 사람이 사회에서 인정받고 존경받기는 어려울 것이다. 과거에는 사람들이 거짓 권위, 무지, 무력감 혹은 체념 때문에 억울함을 당하고도 그 원인을 모르거나 알아도 참을 수밖에 없었지만 앞으로 사회가 민주화되고 언론의 자유가 확대되며 사람들의 지식 수준이 높아지면 역시 정의로운 사람이 인정받고 존경도 받을 것이다. 이것은 지식수준이 높아지면 도덕수준이 같이 높아지기 때문이 아니라 오히려 자신의 이해관계를 더 정확하게 알 수 있게 되기 때문이다. 이 사실은 자녀들이 출세하여 지도자로 부상하는 것을 유달리 원하는 한국 부모들로 하여금 자녀들의 도덕교육에 관심을 쓰도록 하는 자극제가 되어야 한다. 자녀를 지혜롭게 사랑하는 부모라면 자녀들에게 적어도 최소한 윤리적 덕목을 갖도록 교육하고 훈련시켜야 할 것이다.

많은 사람들은 어린이들에게 "…하지 말라!" 식의 금지는 가능한 한 피하고 "…하라" 식의 긍정적 권고만 하라고 추천한다. 즉 소극적인 금지보다는 적극적인 권유가 더 효과적이라는 주장이다. 그러나 그것은 인간 행동에 대한 오해에서 비롯된 주장이다. 일반적으로 어린이들이 잘못을 저질렀을 때 그것을 꾸짖고 아이들에게 벌을 주기보다는 잘했을 때 칭찬하고 상을 주는 것이 더 효과적이란 것은 경험을 통해서 증명된 사실이다. 그러므로 거짓말을 했을 때 벌을 주기보다는 정직하게 말했을 때 상을 주는 것이 더 효과적일 수 있다. 그러나 그렇기 때문에 "거짓말하지 마라"고 가르치는 것보다 "정직해라" 하고 가르치는 것이 더 효과적이라고 할 수는 없다. 이 세상에 "…하라" 하고 권고할 것은 너무 많다. 그것을 일일이 다 권고하려면 끝이 없을 것이다. 오히려 "…하지 말라"고 금지하는 것은 그것 외에는 다 할 수 있다는 자유를 허락하는 것이다. 캐나다 교통 법규에는 운전자에게 금지하는 것 외에는 다 허용되는 것으로 되어 있는 반면에 우리나라에서는 허용되어 있는 것 외에는 모두 금지되어 있다. 예를 들어 캐나다에서는 유턴이 금지되어 있는 곳 말고는 어디든지 유턴을 할 수 있으나 우리나라에서는 유턴 표시가 되어 있는 곳 외에는 유턴이 금지되어 있다. 물론 교통제도는 그 나라의 도로 사정, 자동차의 수 등 여러 요소들을 고려하여 결정하겠지만 캐나다에서는 금지된 것 외에는 다 할 수 있기 때문에 교통 표지판이 우리나라에서 보다 훨씬 적고 운전자들에게 훨씬 더 편리하다. 도덕적 규범도 마찬가지다. 세상에서 할 수 있고 해야 할 것은 매우 많고 하지 말아야 할 것은 상대적으로 적다. 자녀들에게 도덕교육을 시킬 때도 "…하라"보다는 "…하지 마라"를 가르치는 것이 훨씬 쉽고 배우기도 편하다. 하지 말아야 할 것 외에는 다 할 수 있으므로 훨씬 더 많은 자유를 누릴 수 있는 것이다. 실제로 윤리적 명령이 십계명을 비롯해서 주로 "…하지 마라"의 형식으로 이뤄져 있다는 사실은 우연이 아니다.

어릴 때의 가정교육은 말과 글을 통해서만 이뤄질 수는 없다. 논리적으로 사고하고 추상적으로 생각하는 시기가 아니기 때문이다. 가정교육은 모범으로 이뤄져야 한다. 그리고 그 모범은 의식적이고 의도적으로 제시되는 것이 아니라 부모의 일상적인 삶을 통해서 보이는 것이다. 그러므로 별로 도덕적이지 못한 부모가 도덕교육의 모범이 되는 것은 매우 어렵거나 거의 불가능하다. 장가를 잘 가려거든 신부 될 사람이 아니라 장모 될 사람부터 먼저 살피란 옛날 사람들의 충고는 무시할 수 없는 지혜다. 자녀를 도덕적인 인격으로 키우려면 부모가 먼저 도덕적이 되어야 하는 것이다.

가정이든 학교이든 도덕교육에서 교육자의 도덕성이 필수적인 이유는 그럴 때만 교육자의 교육내용이 신뢰를 얻을 수 있기 때문이다. 수학, 과학, 외국어 교육에서는 교육자의 도덕적 신실성이 필수적이지는 않다. 교육자가 어떤 사람이건 관계없이 교육내용 자체가 객관성을 가지고 있기 때문이다. 사기꾼이 1+1=2라 한다 하여 그것을 불신하지는 않는다. 그러나 도덕교육은 객관적인 사실의 교육이 아니라 어떻게 판단하고 행동해야 하는가 하는 당위의 문제이기 때문에 교육자가 도덕적 권위를 가져야 한다. 거짓말 잘 하는 교사가 정직하라고 가르치면 그 가르침 자체의 권위가 떨어져 오히려 냉소주의만 키울 것이다. 신뢰를 받지 못하는 교육자는 아예 도덕교육을 하지 않는 것이 오히려 도덕교육에 조금이라도 공헌하는 것이다. 도덕적 냉소주의를 조금이라도 줄일 수 있기 때문이다.

이와 관계해서 2012년 미국 로체스터(Rochester) 대학의 한 연구팀이 수행한 실험은 교육자의 신실성이 얼마나 중요한가를 보여준다. 그것은 1970년대에 수행한 스텐포드의 마시멜로 실험(Stanford Marshmallow Experiment)을 조금 변형한 것인데 아이들을 두 그룹으로 나누고 한 그룹에게는 맛있는 과자 마시멜로를 주겠다고 약속해 놓고는 실제로는 주지 않음으로 약속을 어겼고 다른 그룹에게는 약속을 그대로 잘 지켰다. 그 후에 두 그룹을 같은 장소에 모으고 모든 아이들에게 마시멜로를 한 개씩 주고는 15분을 참으면 과자 한 개를 더 주겠다고 약속했다. 결과는 놀라웠다. 그전 실험에서 약속대로 마시멜로를 더 받은 아이들은 약속 불이행으로 속은 그룹 아이들보다 4배나 더 오래 참으며 상을 받았다 한다.

도덕적 행동의 상당부분은 당장 자신에게 이익이 되는 것, 하고 싶은 것, 갖고 싶은 것을 절제함으로 이뤄지는 것이다. 절제하면 받을 수 있을 것으로 예상되는 보상이 어느 정도 확실한가에 따라 절제의 정도가 달라지는 것이다. 도덕교육자가 신뢰를 받지 못하면 그의 교육 자체가 설득력을 행사하지 못하는 것이다. 도덕적 수준이 낮고 정의가 충분히 존중되지 않는 사회에 도덕적 악순환이 일어나는 이유 가운데 아주 중요한 것은 거기서는 신상필벌의 확실성이 약하기 때문이다.

교육은 도덕성 함양을 위한 매우 중요한 자원이지만 그 교육은 부모이든 교사이든 교육하는 사람이 신뢰를 얻을 수 있어야 효과를 거둘 수 있다. 한국 사회의 도덕적 수준이 낮은 이유 가운데 하나는 부모, 교사, 언론, 정치인을 비롯한 사회 지도자들이 사람들의 신뢰를 받지 못하기 때문이다. 특히 한국의 정치인들은 한국 사회와 청소년들의 도덕교육을 심각하게 방해하고 있다. 모든 사회에서 정치인들은 어느 정도 불신을 받고 있지만 한국 정치인들만큼 불신을 받는 경우는 전 세계에 많지 않다. 그들은 지금의 한국 사회에 막대한 손해를 끼치고 있을 뿐 아니라 청소년들에게 도덕적 냉소주의를 일으켜 나라의 장래까지 어둡게 하고 있다. 그리고 더욱 절망적인 것은 그들이 이런 부정적인 영향을 끼치고 있다는 사실을 인식하지도 못하고 있다는 사실이다. 물론 궁극적인 책임은 그들을 선출한 유권자들이 져야 한다. 투표의 자유가 완전히 보장된 나라에서는 정치인들의 수준은 곧 국민의 수준이기 때문이다. 앞으로 한국의 유권자들은 투표할 때 정치인들의 교육적 위치를 매우 심각하게 고려해야 할 것이다.

정치인 못지않게 중요한 교육적 영향은 언론이 끼치고 있다. 정치와 함께 언론은 언어를 도구로 사용하고 거짓은 주로 언어를 매개로 저질러지기 때문이다. 그리고 자유 민주사회에서는 언론은 막대한 영향력을 행사하기 때문에 정치인 못지않게 그 힘을 오용하고 남용할 유혹을 받기 때문이다. 힘이 늘어나면 그에 상응해서 책임감도 늘어나는 것이 정상인데 우리나라처럼 민주주의 역사가 짧은 사회에서는 책임감이 힘의 성장에 따라가지 못하기 때문에 여러 가지 부작용이 일어나는 것이다. 사실을 정확하게 보도하고 상황을 공정하게 평가하는 대신 영향력을 이용하여 이익을 도모하고 인기에 영합하며 정치적 세력을 누리게 되면 시민들의 판단이 흐려져서 건강하게 성숙할 수 없게 되는 것이다.

다행하게도 최근 언론의 자유가 보장되고 언론의 다양성이 확보되어 한국의 언론계는 정치계에 비해서는 훨씬 더 성숙해지고 있다. 다만 인터넷 보급과 사회통신망(SNS)의 활성화로 근거 없는 정보와 무책임한 의견이 범람하여 그래도 어느 정도 책임감을 가지고 있는 공적 언론의 영향력이 상대적으로 축소되는 것은 우려할 일이 아닐 수 없다. 특히 청소년들이 주로 이런 무책임한 온라인 언론에 많이 노출되고 있는 것은 도덕교육을 위해서 우려할 현상이 아닐 수 없다.

3. 합리성

구체적인 개인과 사회의 윤리문화에 실제적으로 가장 큰 영향을 미친 것이 종교와 종교에 바탕을 둔 관습이나 전통이었다면 윤리 이론에 가장 많이 동원된 윤리적 자원은 이성이었다. 한때는 기독교가 가르치는 하나님과 철학자들이 말하는 이성을 동일시한 때도 있었다. 콘포드(F. M. Cornford)가 주장한 것처럼 학문이 종교를 대체한 것은 곧 이성이 신을 대체하는 것이라 할 수도 있다. 종교는 약해져도 윤리는 불가결하므로 윤리에서는 이성이 신의 자리에 서는 것이 그렇게 이상하다 할 수가 없다.

서양 사상에서 이성은 여러 가지로 이해되었다. 가장 일반적이고 지속적인 이해는 이성이란 논증적(論證的, discursive) 사고능력이란 것이다. 주어에 함의된 것을 결론으로 도출할 수 있는 분석적 판단의 능력이며 수학적 계산과 논리적 추론을 가능하게 하는 것이다. 즉 "모든 사람은 죽는다"는 명제에서 "소크라테스는 죽는다"는 결론을 내릴 수 있는 능력인 것이다. 가끔은 이성이 불변하는 진리를 직관하는 능력으로도 이해되었다. 전제에 함축되어 있는 결론을 추론하는 것이 이성이지만 전제가 참이지 않으면 아무 소용이 없다. 즉 "모든 사람은 죽는다"는 명제가 참이 아니면 "소크라테스는 죽는다"는 결론은 무의미하다. 그런데 그 전제, 즉 "모든 사람은 죽는다"란 명제가 참이란 것을 보증하는 것도 역시 이성이란 것이다. 이성의 직관적 능력을 통해서 우리는 A = A가 참이란 것을 인식하고 확신할 수 있다는 것이다.

고대 그리스 사상에서는 모든 물질적인 것은 수동적이고 비천하고 악하며 정신적인 것은 고귀하며 선하다는 생각이 지배적이었고, 특히 이성은 거의 신적인 것으로 취급하였다. 그런 믿음은 19세기에서 니체, 쇼펜하우어(A. Schopenhauer), 20세기에서 프로이트(S. Freud), 특히 최근 포스트모더니즘의 비판을 받을 때까지 서양 문화의 저변에서 면면히 이어져 작용했다. 물질, 육체, 감각, 욕망, 감정은 모두 수동적이며 이성의 능동적인 활동을 방해하는 세력으로 간주되었다. 따라서 육체적인 욕망, 충동, 감정에 사로잡혀 하는 행동은 수동적이고 자신의 것이 아니며 이성의 지배를 벗어난 것이기 때문에 자율적이지 않고 따라서 엄밀한 의미로 도덕적이 될 수 없는 것이다. 오직 물질, 육체, 감각, 충동 등의 영향에서 해방되어 이성의 판단에 의하여 능동적으로 행동할 때만 비로소 도덕적이 될 수 있는 것이다. 즉 합리적이라야 도덕적일 수 있다는 생각이 서양 문화에 잠재해 있었다. 그런 생각은 17세기 네덜란드 철학자 스피노자의 〈기하학적 순서로 증명된 윤리〉(Ethica, ordine geometrico demonstrata)란 특이한 제목의 책에서 잘 반영되어 있다. 칸트의 윤리학은 그런 합리론적 윤리의 전형적인 예다. 칸트는 오직 선의지만이 선하다고 선언하고는 그 선의지가 바로 실천이성이라 했다. 프랑스 철학자 데카르트(R. Descartes)는 "참과 거짓을 올바르게 판단(bien juger)하고 구별하는 능력을 건전한 상식(bon sens) 혹은 이성이라 부른다"고 하여 같은 관점을 제시하였다.

이런 배경은 주자학(朱子學)의 이기이원론(理氣二元論)을 생각나게 한다. 사단칠정론(四端七情論)에서 기(氣)에서 발현하는 칠정(七情), 즉 희(喜), 노(怒), 애(哀), 구(懼), 애(愛), 오(惡), 욕(欲)은 고대 그리스 및 서양사상에서 수동적인 감정을 부정적인 것으로 보는 것을 생각나게 한다. 물론 퇴계(退溪)는 칠정에도 선의 요소가 악과 같이 섞여 있다고 주장했지만 이(理)에 근거한 4단은 순수하게 선하기만 하지 악은 전혀 없다(純善無惡)고 함으로 다시금 이성의 우위를 가르친 합리론을 상기하게 한다.

1) 추상능력

앞에서 소개한 칸트의 '정언명령' 혹은 '보편화가능성의 원칙'은 합리성이 얼마나 중요한 윤리적 자원이 될 수 있는가를 보여준다. '황금률'로 알려진 '상호성의 원칙'(principle of reciprocity)이나 우리가 장려하는 '역지사지'(易地思之)의 정신도 마찬가지다. 내가 다른 사람에게 해를 가하면 다른 사람도 나에게 그만한 해를 가할 권리가 있음을 인식하하면 그런 행위를 쉽게 자행하지 않을 것이다. 비윤리적이거나 불법인 행위의 대부분은 다른 사람이야 고통을 당하든 말든 나만 덕을 보고 편리하게 살겠다는 생각에서 저질러진다. 그런데 다른 사람도 그렇게 자기 이익만 챙길 수 있고 나에게 해를 끼칠 수 있다는 사실을 인식하면 아무래도 비도덕적 행위를 쉽게 감행하지 않을 것이다. 만약 우리가 이 '상호성의 원칙'만 제대로 지켜도 우리 사회의 윤리적 문제 대부분은 해소될 수 있을 것이다. 분명하게 제시되기만 하면 대부분의 사람은 일단 그것이 옳다는 것에는 공감할 것이고 구체적인 행동을 선택할 때 그것이 윤리적인지 아닌지를 알아내는 데 큰 도움이 될 것이다. 상호성의 원칙은 윤리 교육에서 필수적으로 강조되어야 할 원칙이다.

그러나 그 원칙을 인식하고 그것을 지킬 수 있는 사람은 불행하게도 많지 않다. 도덕발달심리학자 콜버그(L. Kohlburg)가 제시한 도덕적 심리 발달 단계에 따르면 상호성의 원칙에 따라 행동할 수 있는 것은 최고의 단계인 6단계에서나 가능하다. 상당할 정도로 추상적인 사고를 할 수 있어야 상호성의 원칙에 따라 행동할 수 있다는 것이다.

물론 추상적인 사고가 가능하면 모든 사람이 다 합리적이 되고 상호성의 원칙에 충실하게 되는 것 같지는 않다. 최근에는 이성이 단순히 도구적인 것으로만 이해되어서 이성이란 욕망이나 의지가 설정한 목적을 달성하는 수단으로만 사용된다는 다소 냉소적인 관점이 지배적이다. 그래서 이제는 과거처럼 식자(識者)는 현자(賢者)란 등식은 인정되지 않고 있다. 오히려 종교개혁자 루터(Martin Luther)와 무신론적 철학자 니체가 비록 서로 다른 이유에서였지만 다같이 '이성은 창녀!'(Vernunft, die Hure!)라고 외칠 만큼 이성은 그 권위를 상실했을 뿐 아니라 심지어 부정적인 평가까지 받게 되고 말았다. 특히 오늘날엔 이성의 권위를 절대시했던 소위 계몽주의 프로젝트(Enlightenment Project)에 대해 반기를 든 포스트모더니즘이 전 세계의 지성계에 확산되어 이성이 위기를 맞고 있다. 선을 위해서 긍정적으로 이용되기보다는 오히려 악을 위한 도구로 악용된다는 인상까지 받는 것이다. 그래서 어떤 사람들은 이성(reason)과 합리성(rationality)을 구별하기도 한다. 이성은 단순히 추리하고 계산하는 것뿐 아니라 바른 선택을 할 수 있는 능력인 반면에 합리성은 주어진 목적을 가장 효율적으로 달성하는 수단으로 이해하는 것이다. 그래서 '합리적인 경영'이란 최소한의 투자로 최대의 이익을 낼 수 있는 경영일 뿐 그것이 윤리적이란 의미는 함축되어 있지 않다.

그러나 비록 그 권위가 많이 약화되었는데도 불구하고 이성은 아직도 아주 중요한 윤리적 자원으로 남아 있다. 비윤리적 행동은 대부분 하급가치들에 대한 지나친 욕심 때문인데 감정과 욕망을 억제하는 능력은 역시 이성일 수밖에 없다. 욕망에 사로잡혀 코앞의 이익을 위하여 앞뒤를 가릴 수 없는 사람보다는 행동의 인과관계를 따지고 멀리 그리고 넓게 사유할 수 있는 사람이 다른 사람들과 사회에 해를 끼칠 가능성은 상대적으로 적을 것이다. 특히 복잡하게 조직되어 있는 현대 사회에서는 합리성은 윤리적 행위의 충분조건은 되지 못할지언정 아주 중요한 자원임은 부인할 수 없다.

2) 합리적 이기주의

사람들로 하여금 비도덕적으로 행동하게 하는 주범은 무지가 아니라 이기적인 욕망이다. 사람들은 대부분 자신들과 이해관계가 없는 문제에 대해서는 천사처럼 순수하고 포청천(包青天)처럼 정의롭다. 사실 자신에게 아무 이익도 되지 않는데도 불구하고 못된 짓을 할 사람은 많지 않다. 그러나 자신의 이익이 관계되면 상당수 사람들은 악마가 된다. 염치도, 체면도, 도덕도 다 무시하고 온갖 궤변을 다 동원하여 이익을 챙기고 그래도 안 되면 억지를 부리고 폭력을 휘두른다. 한국에서는 스스로 지성인이라고 생각하는 대학 교수들 가운데도 지극히 조그마한 이익을 위하여 온갖 비신사적인 행동을 감행하는 자들이 없지 않다. 그런 사람들에게는 법의 강제력 이

외에 아무것도 안중에 없다. 사실 현대사회에서 일어나는 부정적인 사건들 대부분은 인간의 이런 이기심 때문이다.

그러나 놀랍게도 윤리적 이기주의란 것이 제시된 적이 있고(Joseph Butler) 오늘날에도 그것을 주장하는 철학자(James Rachels)가 없지 않다. 우리가 올바르게 행동해야 하는 이유, 즉 윤리적 의무의 궁극적 목적은 그것을 통하여 이익을 보자는 것이고, 자기 이익을 가장 많이 보겠다는 동기에서 행동하는 것이 도덕적으로도 옳다는 것이다. 자신보다 자신을 더 잘 아는 사람이 없으므로 모든 사람이 자신의 최대 이익을 위해서 행동하는 것이 윤리적 의무라고 주장한다. 물론 자신의 이익을 위해서 다른 사람에게 해를 끼쳐도 좋다고 주장하지는 않는다. 그러나 다른 사람을 위하여 희생하는 것은 다른 사람을 자기 앞도 닦지 못하는 못난이로 무시하는 것이므로 오히려 비윤리적이라고 주장한다.

18세기 네덜란드의 의사 만더비어(B. Manderville)는 〈벌들의 우화, 혹은 사적인 악, 공적인 이익〉(*The Fable of The Bees: or, Private Vices, Public Benefits*)이란 책을 썼다. 〈사적인 악, 공적인 이익〉이란 부제가 그 책의 주장을 잘 대변해 준다. 사람들이 모두 자신들의 사욕을 채우기 위해서 열심히 일하면 그것이 결과적으로 공적인 이익을 가져온다는 것이다. 내일 아침 식사를 거르지 않을 것을 보장해 주는 것은 제빵업자의 자비로운 마음이 아니라 그의 욕심이라는 스미스(Adam Smith)의 주장과 같은 것이다. 모두 이기주의와 자본주의를 정당화하고 있고, 인간의 이기주의를 최대의 악으로 취급하는 공산주의에 비해서 이기적인 욕망을 충족하도록 허용하는 자본주의가 더 큰 성공을 거둔 것을 보면 그럴듯하기도 하다.

그러나 그동안 개인의 욕심을 공적인 이익이 되도록 조정해 주는 '보이지 않는 손'은 상당할 정도로 무력해지고 말았다. 세상은 너무 복잡해지고 욕망을 충족시키려는 인간의 전략은 고도로 세련되고 다양해졌다. 이제는 자본주의가 초래하는 빈익빈, 부익부란 악을 완화하기 위해서 '보이는 손'을 쓰지 않으면 안 되게 되었다. 기준금리도 조정하고 독과점도 금지하며 세금도 누진적으로 부과한다.

그런데도 불구하고 이기주의는 역시 하나의 윤리적 자원이 될 수 있다. 무지막지한 이기주의가 아니라 '합리적 이기주의' 혹은 '개명된 이기주의'(Enlightened Egoism)라면 도덕성 제고를 위한 자원이 될 수 있다는 것이다. 행동의 동기보다 결과를 중요시하는 목적론적 윤리 이론들 가운데서 공리주의 못지않게 많이 논의되는 것이 바로 합리적 이기주의다. 이기주의에는 심리적 이기주의와 규범적 이기주의가 있다. 전자는 모든 사람은 실제로 자신의 이익에 도움이 되도록 "행동한다"는 주장이고 후자는 사람은 자신의 이익을 극대화하기 위하여 "행동해야 한다"고 주장하는 것이다. 물론 자신에게 이익이 되도록 행동하는 것은 다 윤리적이라고 주장할 수는 없지만, 규범적 이기주의는 적어도 윤리적으로 행동하는 것은 자신에게 이익이 되기 때문이고, 그런 동기에서 출발해야 한다고 주장하는 것이다.

"끝이 좋아야 모든 것이 좋다"(All is well that ends well.)란 속담이 있다. 셰익스피어 희곡 가운데 그런 이름의 작품도 있다. 당장 코앞의 이익을 추구하다가 오히려 더 큰 손해를 보는 것은 합리적이라 할 수 없다. 합리적 이기주의는 모든 사람은 자신에게 '궁극적으로' 이익이 되도록 행동하면 그런 행동은 비윤리적이 되기보다는 윤리적이 될 확률이 더 크다는 입장이다. 그것은 라이프니츠의 '예정된 조화'나 스미스의 '보이지 않는 손'에 대한 믿음이 아니라 오늘의 현실 사회에서 일어날 수 있는 개연성에 근거한 것이고, 우리가 실제로 자주 경험하는 것이다. "범죄는 도움이 되지 않는다"(Crime doesn't pay.)라는 속담은 당장의 이익을 위하여 법을 어기고 비윤리적으로 행동하는 것이 궁극적으로 별 도움이 되지 않더라는 인간 공동체의 집단적 경험에서 발견된 지혜라 할 수 있다. 링컨(A. Lincoln) 대통령의 "몇 사람을 항상 속일 수 있고 모든 사람을 얼마 동안 속일 수는 있다. 그러나 모든 사람을 항상 속일 수는 없다"는 유명한 금언은 결코 무시해버릴 수 없는 지혜다. 모든 거짓은 언젠가는 들통이 날 것이고, 그 결과는 그야 재산이든 명예이든 손해를 볼 확률이 매우 높다. 요행으로 당대에는 넘어갈 수 있을지 모르나 후손이라도 불명예를 뒤집어쓸 것이다. 끝까지 숨겨질 수 있는 가능성이 없는 것은 아니나 그럴 가능성은 그렇게 높지 않다. 더구나 오늘날처럼 정보매체와 감시 장치가 다양해진 사회에서는 더더욱 높지 않다. 역시 가장 안전하고 지혜로운 전략은 정직하고 공정하게 행동하는 것이다.

이런 상황은 역설적이게도 모든 인간이 이기적이기 때문에 생겨나는 것이다. 한 사람의 부당한 이익은 다른 사람의 부당한 손해를 뜻하기 때문에 손해를 보거나 볼 개연성이 높은 사람들은 얄미운 이기주의를 견제할 수밖에 없다. 그런 상황을 올바로 인식하고 멀리 내다볼 수 있으면 당장 눈앞의 이익을 위하여 다른 사람을 억울하게 하지 않을 것이다. 오히려 철저히 정직하고 공정하게 행동하는 것이 사람들의 신임을 얻을 수 있고 그것이 결과적으로 자신에게 더 큰 이익을 가져온다는 것을 깨닫는 것이다.

이런 전략은, 앞에서도 지적했지만, 자녀의 안정된 삶과 성공을 유달리 중시하는 한국 부모들로 하여금 자신들의 도덕적 행동과 자녀들의 도덕교육을 위한 노력을 자극하는 데 큰 도움이 된다. 모든 사람이 다 이기적이기 때문에 자신들에게 해를 끼치는 다른 이기주의자들을 좋아하지 않을 것이며, 따라서 얄미운 이기주의자는 앞으로 결코 사람들의 존경이나 인정을 받지 못할 것이고 사회지도자가 되거나 큰 성공을 거두는 것은 어려울 것이란 사실을 인식하면 자녀들을 가능하면 도덕적인 사람들로 양육하려 할 것이다. 이를 인식할 수 있는 부모라면 자녀의 도덕교육을 위하여 자신의 행동도 비도덕적이 되지 않도록 삼갈 것이며 그것도 사회의 도덕수준 제고에 도움이 될 것이다.

그리고 도덕적 수준이 높은 사회라야 개인들, 특히 약자들이 보호를 받을 수 있다. 우리 자녀들이 사회의 강자가 되기를 원하지만 약자가 될 가능성도 얼마든지 있다. 롤스가 제시한 '무지의 베일'은 그런 것을 상정한다. 강자가 되는 상황에 대해서는 대비할 필요가 없지만 약자가 되는 것에 대해서는 철저히 대비하는 것이 합리적이다. 가장 확실한 대비는 사회 전체를 정의롭게 만드는 것이다. 정의로운 사회에서는 약자도 큰 고통을 당하지 않을 것이기 때문이다. 그러므로 자녀들의 안전과 인간다운 삶에 관심이 있는 합리적인 부모라면 우리 사회 자체가 도덕적으로 성숙해져야 한다는 것을 확신할 것이고 성숙하게 만들기 위해 노력할 것이다.

합리적 이기주의는 질서가 높은 사회일수록 더 확실하게 작용한다. 법이 공정하게 제정되고 정의롭게 집행되거나 사회의 도덕적 수준이 높으면 높을수록 악을 저지른 사람들이 벌을 받고 손해를 볼 가능성이 커지고 올바로 행동하는 사람이 이익을 볼 확률이 높아진다. 신상필벌이 철저하게 이뤄지는 사회일수록 정직하고 공정하게 행동하는 것이 가장 큰 이익을 가져다주는 것이다. 따라서 도덕적 수준이 높은 사회일수록 사람들이 더 도덕적으로 행동하게 되는 선순환이 일어나고 질서가 없는 사회일수록 도덕적으로 행동하도록 하는 사회적 압력이 약해져서 악순환이 일어나는 것이다. 한국 사회에 아직도 부패가 만연한 것은 법을 지키고 정직하게 행동하는 것보다는 법을 어겨서라도 당장의 이익을 챙기는 것이 자신에게 이익이 될 확률이 높다고 믿는 사람들이 많기 때문이다. 물론 그 가운데 상당수는 그런 계산도 하지 않고 그저 욕심에 눈이 멀어서 범법을 하겠지만 상당히 따지는 사람들조차도 유혹을 받을 만큼 우리 사회가 아직도 충분하게 투명하지 못한 것이 사실이다. 세월호 침몰 사고는 우리 사회 도덕성이 얼마나 처참한 상황에 있는가를 웅변적으로 보여 주었다. 그런 참사가 재발하지 않게 하기 위해서라도 법질서를 책임지고 있는 공권력이 사명감을 가지고 활동하고 종교인, 교육자, 언론, 시민운동가들이 앞장서서 부패의 악순환을 끊고 선순환으로 바꿔지도록 해야 할 것이다. 합리적 이기주의는 그 합리성에 대한 확신이 강하면 강할수록 그 타당성이 더 확인될 수 있다. 즉 궁극적 혹은 장기적 이익을 위하여 합리적으로 행동하는 사람들이 많으면 많을수록, 그리고 그 확신이 강하면 강할수록 그들의 이익은 더 확실하게 보장된다는 것이다.

　비록 인간의 이기적인 욕망이 비도덕적인 행위의 원인이지만 그런 욕망은 동시에 사람으로 하여금 적극적으로 행동하게 하는 원동력이다. 사회주의 사회보다 자본주의 사회가 더 역동적인 것도 자본주의 사회에서 욕망충족의 자유와 기회가 더 크기 때문이다. 과거 어느 때보다 개인주의가 발달되어 모두가 자기의 이익을 극대화할 자유와 기회가 주어진 오늘날 "사람은 역시 정직해야 해!" "다른 사람을 억울하게 하지 말아야지!" 등의 '공자님 말씀'만으로는 사람들을 도덕적으로 행동하도록 설득하기가 매우 어렵다. 인간은 역시 자신에게 이익이 되어야 움직이는 것이다. 합리적 이기주의는 보통 인간의 이런 심성을 이용하여 윤리수준을 제고하자는 윤리교육적 전략이 될 수 있다. 궁극적으로 이익을 보려면 합리적으로 행동해야 한다는 것을 설득시키자는 것이다. 이런 전략은 개인의 미덕을 중시하는 주체 중심의 윤리가 용납할 수 없다. 이기주의는 그 자체로 비윤리적이기 때문이다. 다만 타자 중심적 윤리에서만 합리적 이기주의는 윤리적 자원이 될 수 있다.

도덕적으로 행동하는 것은 자신의 이익을 추구하는 욕망을 억제하는 것을 함축하지만 그것은 더 큰 이익을 위한 작은 희생이 될 수 있다. 짐승은 본능을 억제할 합리성이 없다. 그러므로 강한 힘, 날랜 걸음, 날카로운 이빨이나 독이란 무기를 가지고 있음에도 불구하고 육체적으로 연약한 사람을 이기지 못한다. 비슷하게 욕망을 절제할 수 없는 사람도 상대적으로 약하다. 일확천금의 유혹을 이기지 못해서 패가망신하는 사람들이 한둘이 아니다. 이기적이긴 하나 합리적이지 못하기 때문에 다른 사람에게도 해를 끼치고 자신도 손해를 보는 것이다.

오히려 코앞의 이익을 조금 희생하고, 타자, 특히 약자의 이익을 도모하는 것이 결과적으로 오히려 자신과 자신이 사랑하는 사람들에게 이익이 될 수 있고, 그런 합리적 이기주의자들이 늘어나면 모두가 이익을 보는 상황이 일어날 수 있을 것이다. 그런 점에서 합리적 이기주의는 단순히 윤리 교육적 전략의 차원을 넘어 윤리적 당위로 인정될 수도 있다. 이기주의가 포함된 당위이므로 합리적 이기주의는 모든 당위 가운데 가장 가벼운 당위이며 중요한 윤리적 자원이 될 수 있는 것이다.

4. 자존심

"사람은 제 잘난 맛에 산다." 모든 사람에게 기본적으로 필요한 것은 자존감이고, 실제로 모든 사람들에게 어느 정도의 자존심은 있다. 억울함을 당하는 것이 견디기 어려운 것도 자존심이 있고 그 것이 소중하기 때문이다. 감옥에 갇히고 목숨까지 내놓으면서도 명 예를 지키려 하는 사람들이 있는 것을 보면 자존심이 얼마나 중요 한가를 알 수 있다. 자존심이 결여되면 정상적인 생활뿐 아니라 생 존의욕도 위축된다. 이렇게 중요한 자존심과 자존심의 요구는 매우 중요한 윤리적 자원으로 작용할 수 있다.

사람에게 어느 정도라도 자존심이 있으면 우선 비겁하고 야비한 행동을 쉽게 하지 않는다. 모든 사회에 '배운 사람이 착한 사람'이란 생각이 생겨난 것도 배운 사람이 자신과 사물, 인간과 사회에 대한 지식이 좀 더 많고 좀 더 넓고 멀리 내다볼 수 있기 때문이기도 하 지만 배우지 못한 사람보다 자존심이 더 강하기 때문이기도 하다. 우리나라에서 과거 선비들이나 양반, 서양에서 귀족들의 행동거지 가 상대적으로 점잖았던 이유 가운데 하나는 그들의 자존심이 강했 기 때문이었다.

자존심 없는 사람의 특징 가운데 가장 전형적인 것은 강한 자에게 약하고 약한 자에게 강한 것이다. 즉 비겁한 것이다. 서양 전통에서는 쉽게 겁을 먹지 않고 모험을 즐기는 것 못지않게 강자에게 약하지 않고 약자를 보호하는 것을 용기라 하여 높이 평가되고 따라서 비겁함은 매우 역겨운 것으로 인식된다. 고대 그리스에서는 용기가 4대 미덕 가운데 하나였고 로마 시대에는 오블리주 노블레스(oblige noblesse)란 전통이 생겨나서 서양 사회 상류층의 문화로 자리 잡았다. 동양문화에서는 용기에 대한 찬탄과 비겁에 대한 역겨움이 상대적으로 약한 것은 사실이다. 그러나 전혀 없는 것이 아니고 요즘은 조금씩 더 생겨나고 있는 것 같다. 물론 앞으로 더욱 양성되고 강화되어야 할 것이다.

　비도덕적 행위는 결과적으로 약자에게 고통을 가하는 것이므로 그것은 곧 약자의 팔을 비트는 비겁함이고 자존심이 약한 사람들이 자주 저지르는 짓이다. 그러므로 비도덕적인 행위의 특성과 그 결과를 바로 인식하면 자존심 있는 사람들은 그런 행위를 감행하지 않을 것이다.

　이미 형성되어 있는 자존심이 매우 중요한 윤리적 자원일 뿐 아니라 그런 자존심의 형성도 윤리적 자원이 될 수 있다. 자존심이란 자신에 대한 자신의 평가가 중요하지만 그 평가는 주위 다른 사람들의 평가와 무관하게 이뤄질 수 없다. 어릴 때 받는 부모의 사랑과 인정은 기본이고 학교에서 친구들의 인정을 받는 것도 매우 중요하다. 특히 다른 사람의 눈치와 인정을 중시하는 '부끄러움의 문화'(shame culture)에 속한 한국인들에게는 다른 사람의 평가가 자존심 형성에 결정적이다.

다른 사람들의 긍정적 평가는 '부러움'이나 '존경'이란 반응으로 나타난다. 효경(孝經)이 효도의 극치라 일컫는 입신양명(立身揚名)이 그런 평가를 얻을 수 있는 성취가 아닌가 한다. 그런데 '부러움'이란 경쟁에 승리한 자에 대한 사람들의 반응으로 거기에는 칭찬 못지않게 질투의 요소가 포함되어 있다. 그러나 '존경'은 경쟁에서의 승리보다는 많은 희생과 노력으로 성취한 것에 대한 찬탄이며 질투보다는 흠모와 감사의 요소가 더 강하다. 그런데 비도덕적인 수단으로 성공하면 부러움의 대상은 될 수 있으나 존경의 대상은 될 수 없다. 존경을 받으려면 도덕적으로 큰 흠이 없어야 하고 비겁하게 행동하지 않아야 한다. 존경을 받는 사람은 진정한 자존심을 가질 수 있고, 존경을 받으려면 적어도 도덕적이라야 한다. 아무도 직접 혹은 간접으로 다른 사람, 특히 약자에게 해를 끼치는 사람을 존경하지 않을 것이다.

존경과 부러움을 받는 것보다 우선적인 것은 사람들의 욕과 비난을 받지 않는 것이다. 그런데 비도덕적으로 행동하는 사람들은 '짐승 같은 인간' 혹은 '얼굴은 인간이지만 심보는 짐승'(人面獸心)이란 등의 욕을 먹는다. 모든 인간은 스스로를 정당화는 본능이 있어서 온갖 궤변적 논리를 동원하여 자신의 자존심을 유지하려 하지만 여러 사람으로부터 계속 그런 욕을 먹으면서도 자존심을 유지하기는 쉽지 않다.

사실 비도덕적 행위에 대한 제재는 사회적 비난이 전부다. 불법은 물리적인 처벌을 받지만 비도덕적 행위는 다른 사람들의 비난 이외에 다른 벌이 없다. 그러므로 비도덕적인 행위에 대한 비난은 꼭 필요하며 자신의 이익이나 질투에 의한 것이 아닌 한 비도덕적인 행위나 사람에 대해서 비판하는 것을 나쁘다 해서는 안 될 것이다. 그런 비판은 사회를 위해서 순기능을 한다. 성경이 가르치는바 "비판하지 말라"는 자신의 경쟁자에 대한 비판을 뜻하는 것이고 "원수를 사랑하라"도 자신의 원수에 국한된 것이다. 다른 사람에게 해를 끼치는 사람을 비난하지 않고 약자의 원수를 용서하는 것은 그 자체가 오히려 비도덕적이다. 결과적으로 약자에게 해를 가하는 것을 용인하고 고취하는 것으로 비도덕을 고취하고 그것에 동참하는 것과 마찬가지다. 그것은 겸손이 아니라 비겁이라 할 수 있다.

그런데 욕이나 비판이 윤리적 자원이 될 수 있는 것은 인간에게 자존심이 있고 자존심이 중요하기 때문이다. 자존심이 있어야 다른 사람의 비난을 아파하고 비도덕적인 행동을 삼갈 것이며, 다른 사람들로부터 욕을 먹지 않아야 자존심이 형성된다. 그래서 자존심의 경우에도 빈익빈 부익부의 현상이 생긴다 할 수 있다. 자존심이 있기 때문에 정의롭게 행동해서 사람들의 인정과 존경을 받을 수 있고, 그 인정과 존경심 때문에 자존심이 더욱 강화되는 것이다. 반면 자존심이 약하면 비겁한 짓을 할 수 있고, 그 때문에 더욱 멸시를 받아 자존심을 유지할 수 없는 것이다. 그러므로 자녀들에게 어릴 때부터 자존심을 키워주는 것은 도덕성과 자존심의 부익부를 가능하게 하는 기초를 닦아주는 것이라 할 수 있다.

불행하게도 우리 사회에서는 사람들이 존경을 받기보다는 부러움의 대상이 되기를 원하는 사람들이 너무 많다. 자신의 욕망을 억제하고 다른 사람의 권리를 존중하는 것보다 돈, 명예, 권력을 가능하면 많이 소유하여 다른 사람에게 군림하는 것을 더 중요시하는 것 같다. 사회가 워낙 경쟁적이 되었기 때문일 것이다. 이것이 우리 사회의 도덕적 수준을 상대적으로 낮게 하는 원인 가운데 하나가 아닌가 한다. 우리나라에서 어려운 사람들을 위하여 자기 재산 상당부분을 기부한 게이츠(Bill Gate)나 버핏(W. Buffett)보다는 새로운 것을 개발하여 부자가 된 잡스(Steve Jobs)가 영웅이 되어 있는 것이 그런 가치관을 반영한다. 그러나 역시 진정한 존경은 도덕적 행동과 희생적인 삶으로 약한 사람들에게 이익을 끼치는 사람들이 받을 것이며 그들이야말로 진정한 자존심을 가질 수 있다.

5. 동정심

맹자(孟子)가 인성이 본래 선하다고 주장한 근거 가운데 하나는 모든 사람에게 어려움에 처한 사람을 '측은하게 여기는 마음'(惻隱之心)

이 있다는 것이었다. 물에 빠져 허우적거리는 아이를 보고 건져내어 주지 않을 사람이 어디 있겠느냐 하는 것이다. 영국 철학자 흄(D. Hume)도 동정심은 인간에게 자연적으로 주어진 것이라 하면서 사람으로 하여금 윤리적으로 행동하게 하는 데 이성보다 더 크게 작용한다고 주장했다. KBS TV가 토요일마다 방송하는 〈사랑의 리퀘스트〉에 소개되는 어려운 사람들에게 매주 1억 원 전후의 후원금이 답지하는 것도 우리 사회에 건강한 동정심이 살아 있기 때문이다.

동정심은 영어로 sympathy, 독일어로 Mitleiden인데, 모두 "같이 아파한다"는 뜻을 가지고 있다. 행복한 사람보다는 불행한 사람이 다른 사람의 관심과 도움을 더 필요로 하는데, 사람들이 같이 기뻐하기보다는 같이 아파하기가 더 쉬운 것은 다행이다. 대부분의 인간에게는 그런 동정심이 있고 그것은 인간이 가진 심성 가운데 가장 아름다운 것이 아닌가 한다. 그런데 일반적으로 실제로 고통을 당해 본 사람은 당해보지 않은 사람들에 비해서 고통당하는 다른 사람과 훨씬 더 동정할 수 있다. 그런 점에서 고통의 경험은 하나의 훌륭한 도덕적 자원이라 할 수 있다.

그런데 동정심이 좀 더 효과적으로 윤리적 자원이 되려면 모든 비도덕적 행위가 다른 사람에게 고통을 가한다는 사실과 억울하게 고통을 당하는 것은 대부분 약자란 사실을 분명하게 인식하는 것이다. 단순히 고통당하는 사람을 동정하면서 그에게 사랑을 베푸는 것으로는 충분하지 않다. 자신이 동정하는 사람의 고통이 다른 사람의 비도덕적 행위의 결과란 사실을 인식하면 그런 비도덕적 행위에 대한 역겨움이 일어날 것이고 그런 역겨움은 자신의 이해와 무관한 것이기 때문에 공분의 성격을 띤다. 그런 공분과 동정심은 사회정의 실현에 중요한 자원으로 작용할 수 있다. 〈사랑의 리퀘스트〉에 소개되는 어려운 사람들을 동정하는 수많은 시민들이 동시에 그런 고통의 원인을 같이 고려함으로 우리 사회의 빈부격차의 심각성과 그런 격차를 만들어 낸 사회구조에 대해서 비판적인 입장을 취하게 되면 우리 사회를 정의롭게 만드는 데 더 효과적으로 공헌할 수 있을 것이다.

인간의 고통 상당부분이 다른 사람 혹은 집단의 비도덕적 행위 때문이란 사실을 인식하면 동정심은 사회정의뿐 아니라 동정하는 사람 자신으로 하여금 정의롭게 행동하도록 자극할 수 있다. 고통당하는 사람을 동정하는 것으로 끝내는 것은 한 사람의 고통에는 동정하면서 다른 사람에게는 고통을 가하는 모순을 저지를 수 있다. 물론 흄이 생각한 것처럼 동정심이 많은 사람은 그렇지 않은 사람보다 도덕적으로 행동할 가능성이 많은 것은 사실이지만 한 사람에 대한 동정이 그 자체로 다른 사람에게 비도덕적으로 행동하는 것을 막아주지는 않는다. 사기행각으로 큰돈을 번 사람이 불쌍한 거지를 동정하여 돈 몇 푼 던져 주는 것은 얼마든지 가능할 뿐 아니라 실제로 많이 일어난다. 약자중심의 윤리는 이런 모순을 지적할 수 있고 동정을 도덕적 자원으로 만드는 데 공헌할 수 있다.

6. 위선(僞善)

전통적인 주체 중심의 윤리에서는 위선은 그 자체로 거짓된 것이기 때문에 역겹고 비도덕적이다. 그리고 실제로 위선적인 사람들은 비도덕적으로 행동할 가능성이 크다. 그러므로 위선을 부정적으로 보는 전통은 그 자체로 건강하고 계속 유지되어야 한다.

그러나 이 책이 제시하는 타자 중심적 윤리의 특성을 좀 더 분명하게 드러내기 위해서 위선도 하나의 도덕적 자원이 될 수 있다는 사실을 지적해 보고자 한다. 그런 주장의 핵심은 여기에 있다. 즉 어떤 사람이 악하기는 하지만 위선적이기 때문에 그 악한 동기가 노골적으로 행동으로 옮겨지지 않을 수 있고 그 때문에 타자에게 가해지는 고통이 그만큼 줄어질 수 있다는 것이다.

물론 모든 사람의 마음이 항상 깨끗하고 사랑으로 가득 차 있으면 좋겠지만 불행하게도 그렇지는 못하다. 대부분의 사람들은 가끔 혹은 대부분 추하고, 비굴하고, 악하고, 비겁하며 욕심이 많다. 그런 추한 마음이 그대로 외부로 노출된다면 세상은 너무 역겨워서 견디기가 어려울 것이다. 루터는 하나님이 우리로 하여금 우리 마음의 모든 악을 다 보지 못하게 하신 것도 큰 은혜라 했다. 우리가 얼마나 악하고 더러운가를 다 알면 우리는 우리 자신에 대해서 절망해버릴 것이고 자존감을 유지하기가 어려워질 것이다. 특히 다른 사람들이 우리 마음의 온갖 추한 생각을 다 알아버린다면 우리를 인격적으로 대우하기가 어려울 것이고 우리에 대해서 절망하고 분노할 것이다. 그러나 그보다 더 심각한 것은 다른 사람의 약점을 알면 자신의 약점도 정당화하고 자신의 악한 생각을 오히려 위로하고 정당화할 수 있기 때문에 못된 것만 배우는 악순환이 일어날 수 있다. 즉 세상 사람들이 다 나쁜 놈들이므로 구태여 나만 착해야 할 이유가 어디 있는가 할 수 있다는 것이다. 사람들이 그와 같은 태도를 취하면 악순환이 불가피해질 것이다. 우리가 우리의 결함과 추함을 너무 모르는 것도 비극이지만 우리의 진상을 모르는 것이 축복일 수도 있다. 자신은 매우 비도덕적으로 행동하면서도 다른 사람의 비도덕적 행위를 심하게 질타하는 것은 그 자체로 역겹다. 그러나 자신의 결함 때문에 다른 사람들의 결함과 비도덕을 다 용인하고 묵인하면 이 세상은 어떻게 되겠는가? 인간이란 다 이기적이고 비도덕적이라고 생각하는 냉소주의는 그 자체로 정직한 태도일지 모른다. 그러나 사회와 특히 약자들을 위해서는 그런 냉소주의는 위선보다 더 위험하다. 결과적으로 약자들은 더 큰 고통을 당하는 상황이 벌어질 것이기 때문이다.

그런 점에서 인간의 위선도 사회적으로 긍정적인 기능을 한다 할 수 있다. 속마음과 숨은 동기는 그렇게 깨끗하거나 고상하지 않더라도 다른 사람의 이목이 두려워 고상한 척, 깨끗한 척 행동하면 사회에 악이 넘쳐나는 것이 어느 정도 저지될 수 있고, 그것에 속아서 다른 사람도 도덕적이 되려고 노력할 수 있다.

그런 점에서 위선은 공자가 제시한 인간의 선성(善性) 가운데 '악을 부끄러워하는 마음'(羞惡之心)에 비할 수 있지 않을까 한다. 악한 마음을 품지 않고 악하게 행동하지 않으면 부끄러워할 이유가 없다. 맹자는 인간의 마음에 악한 것이 있다는 것을 부인하지 않았다. 그러나 그것을 부끄러워할 수 있는 능력이 있다는 것을 긍정적인 심성 즉 사단(四端)의 하나로 꼽은 것이다. 부끄러워하기 때문에 숨기고, 부끄러운 것을 숨기고 부끄럽지 않게 행동하려 하기 때문에 위선이 되는 것이다. 우리가 염치를 차리고, 눈치를 보고, 위신을 세우고, 젊잖게 행동하는 것은 모두 어느 정도 위선적이다. 그러나 그런 위선 때문에 우리들의 행동이 어느 정도 도덕적이 되고, 그만큼 약자들의 고통은 줄어들 수 있다.

물론 위선은 그 자체로 부정적이고 모든 사람은 가능하면 위선적이 되지 않으려 노력해야 할 것이다. 그러나 위선적이 되지 않으려고 자신의 악한 동기를 그대로 실천에 옮겨 다른 사람에게 해를 끼치기보다는 차라리 위선적이 되어서 비도덕적인 행동을 하지 않는다면 그 위선은 솔직한 것보다 더 도덕적이다.

7. 시민운동과 내부고발

사회가 점점 더 조직적이 되고 시민의 삶이 개인의 판단보다는 공적 기관, 단체, 기업에 의하여 더 크게 결정되고 있다. 그런 조직의 힘과 영향력이 커짐에 따라 그들에게 부정과 부패의 유혹도 같이 커진다. 액튼의 지적대로 '모든 힘은 부패하기' 때문이다. 물론 그런 조직의 윤리적 수준은 시민의 윤리적 수준을 반영하겠지만 시간이 흐를수록 영향력의 방향이 바뀌져서 오히려 그런 조직의 도덕성이 사회 전반의 도덕성을 결정하는 상황이 벌어지고 있다. 즉 공공조직의 도덕성이 담보되어야 사회와 시민 개인의 도덕성이 건강하게 유지될 수 있고 사회정의도 확립될 수 있게 된다는 것이다.

물론 민주주의 사회에서는 삼권분립 외에도 각종 감사기관, 언론자유등 부정과 부패를 방지하기 위한 제도적 장치가 마련되어 있지만 부패를 막기 위한 제도와 기관들 자체도 부패할 수 있다. 공공기관들의 부패가 심할수록 그것을 감독하고 감시하는 기관의 힘과 중요성이 커질 수밖에 없고 그에 비례해서 그들 감시기관이 받는 부패의 유혹도 그만큼 커진다. 모든 나라에 부패방지를 위한 제도와 기관이 있는데도 부패가 사라지지 않는 것은 부패방지를 위한 기관들 자체가 부패하기 때문이다. 그러므로 법적 제도장치만으로는 공공기관의 부패를 막기가 어렵다. 권력의 집중을 막고 상호견제를 가능하게 하는 민주주의 제도 외에도 제대로 기능하는 시민운동은 부패방지에 매우 중요한 공헌을 할 수 있다.

1) 시민운동

최근 한국을 비롯해서 전 세계 민주주의 국가들에서 시민운동이 활발하게 일어나고 있다. 매일 새로 생겨나기 때문에 정확한 숫자를 알 수 없으나 수백만 개에 이른다고 한다. 그리고 교통과 정보통신 기술이 발달하고 이에 따라 세계화가 일어나므로 시민운동도 점점 국제화하고 있다. 국제사면기구(Amnesty International)과 녹색평화(Green Peace) 같은 단체는 국제연합(U.N.)의 인권위원회나 환경위원회보다 더 큰 영향력을 행사하고 재정의 규모도 더 크다 한다. 그런데 이런 시민운동은 시민들의 공적인 윤리수준의 향상에 중요한 공헌을 하고 있고, 특히 정치적 부패를 막는 데 가장 중요한 세력이 되고 있다. 우리가 민주주의를 선호하는 이유는 그것이 시민들로 하여금 자신들의 삶을 스스로 결정하도록 하기 때문이지만 그에 못지않게 그것이 부패를 가장 효과적으로 방지하기 때문이다. 이 사실을 감안하면 민주 사회에서만 가능한 시민운동은 민주주의의 꽃이라 할 수 있다.

시민운동의 가장 중요한 성격은 첫째, 시민들의 자발적인 모임이란 것이고 둘째, 공공의 이익을 위한 사회운동을 한다는 것이다. 따라서 시민운동이 일어난다는 사실은 이미 사회 전체의 이익에 대해서 관심을 가진 시민들이 상당수 있다는 것을 뜻한다. 자신들의 시간과 노력, 심지어 돈을 바쳐서 공익을 위하여 활동하는 사람들은 이미 상당수준의 윤리의식을 가진 사람들이다. 스스로 윤리적으로 행동하지 않으면서도 공공 이익을 도모하는 것은 그 자체로 모순이

거니와 효과도 거둘 수 없다. 시민운동에 나선 사람들이 비윤리적이면 시민들의 호응을 얻을 수 없기 때문에 그런 운동은 무력하며 곧 소멸하든가 아니면 정치집단으로 변질되어 권력을 추구하는 이익단체가 되고 말 것이다. 시민단체가 가진 유일한 힘이 시민들의 신뢰와 지지이기 때문에 도덕적 신뢰를 얻지 못하면 시민단체는 아무 목적도 달성할 수 없다.

시민운동이 존재한다는 사실 자체가 이미 사회에 존재할 수 있는 도덕적 냉소주의를 추방하는 데 도움을 준다. 사회질서가 아직도 충분히 확립되어 있지 않은 사회에서는 비윤리적인 사람들이 부당한 이익을 누리고 윤리적인 사람들이 손해를 보는 경우가 다반사다. 이런 상황에서는 양심적으로 행동하려는 사람들이 반복해서 희생을 당하면 조만간 좌절감에 빠져 자포자기의 상태에 이를 수 있다. 즉 이 세상에서는 역시 비윤리적으로 사는 것이 현명하고 윤리적으로 행동하는 것은 어리석다는 결론을 내리는 냉소주의자가 되어버리는 것이다. 한번 냉소주의에 빠지면 거기서 빠져나오기가 매우 힘들다. 그런데 시민운동을 펼치면서 개인의 이익보다는 공익을 위하여 자신의 시간과 돈, 노력을 희생하는 사람들이 있다는 사실을 알게 되면 자신의 냉소적인 결론이 근거가 없음을 알게 된다. 그러므로 시민운동이 활발하면 할수록 냉소주의 풍조는 약해질 수 있다.

물론 시민운동에 참여하는 사람들의 경우에는 그들이 이미 유지하고 있는 윤리적 수준도 더 높아지는 것이 당연하다. 상당할 정도의 정의감과 희생정신이 있는 사람들이 시민운동에 참여하겠지만 시민운동을 하는 과정에서 비윤리적 행위와 제도 등을 접함으로 사회의 부조리와 약자들의 억울한 고통을 더 알게 되어 윤리적 동기가 더 강해질 수 있기 때문이다. 정치인들 가운데 시민운동 출신들이 상대적으로 덜 부패한 것은 당연하다 하겠다.

그러나 시민운동의 가장 중요한 윤리적 기능은 역시 권력과 영향력을 가진 기관의 비윤리적인 행태와 제도에 대한 감시와 비판이다. 정치학자들에 의하면 시민운동의 가장 중요한 임무가 권력을 가진 사람들이나 기관들이 그 임무를 제대로 수행하도록 하고 임무가 아닌 것을 하지 못하게 감시하고 견제하는 것이라 한다. 윤리에는 물론 행위자의 자발적인 동기도 중요하지만 다른 사람들과 제도의 감시와 비판은 매우 큰 영향력을 행사한다. 특히 자신들의 이해와 무관하게 공익을 위하여 활동하는 사람들의 감시와 비판은 엄청난 윤리적 권위를 가지고 있기 때문에 법적인 제재 못지않게 큰 압력이 될 수 있다. 정치세력, 관료조직, 사법기관 등도 언론과 시민들의 조직적인 감시와 견제가 없으면 쉽게 부패할 수 있고 언론조차도 외부의 견제와 감시가 있어야 부패하지 않는다. 견제하고 감시하는 세력이 다양해야 상호견제가 가능하기 때문에 시민운동은 민주주의 제도와 언론에다 또 하나의 감시망을 더하는 것이다. 따라서 시민운동이 활발한 사회에는 부정과 부패가 줄어질 수밖에 없고, 윤리적 선순환에 중요한 기여를 할 수 있다. 중국의 권력자가 아무리 청렴하고 부패와의 전쟁을 열심히 수행한다 해도 부패를 방지하지 못하는 이유 가운데 하나는 그 나라에서는 부패를 감시하는 시민사회가 형성될 수 없기 때문이다.

　물론 시민 한 사람 한 사람이 스스로 윤리적으로 행동하고 다른 사람과 기관들을 감시하고 견제를 할 수 있다. 그러나 우선 개인의 비판과 감시는 피감시자에게 충분한 두려움이 되지 못한다. 그런 개인들이 모여서 하나의 사회세력으로 자라야 비로소 감시와 견제가 효과를 거둘 수 있다. 그뿐 아니라 오늘날의 사회는 비록 민주화되어 있더라도, 그리고 민주적으로 운영되어야 하기 때문에, 그 조직이 매우 복잡하고 방대해지는 약점을 가지고 있다. 한 사람의 명령이나 한 기관의 결정에 따라 사회 전체가 움직이는 전제사회에서는 그 운영과 조직이 상대적으로 그렇게 복잡해질 이유가 없다. 그러나 수많은 사람들이 평등한 권리와 의견을 가지고 운영에 참여하는 민주사회에서는 그 조직이 복잡하고 방대해질 수밖에 없다. 시민 개개인의 능력과 노력으로는 그 거대한 조직이 어떻게 구성되어 있으며 어떻게 작용하는지를 제대로 알기가 어렵다. 효과적인 견제와 감시를 위해서는 의식이 깨인 개인들이 단체를 만들어 객관적이고 공정한 전문가를 동원하여 사회를 움직이는 힘이 어떻게 작동하는지를 알 필요가 있다. 일본처럼 제도적으로 충분히 민주화되어 있고 개인들의 윤리적 수준이 매우 높은데도 불구하고 시민운동이 활발하지 않기 때문에 국민들은 매우 정직한데도 정경유착과 같은 정치적 부패를 충분히 방지하지 못한다.

그러므로 모든 사회는 건전한 시민운동이 가능한 한 많이 일어날 수 있는 조건을 만들어 주고 그런 운동을 고취할 필요가 있다. 물론 그들에게 지나친 특혜를 제공하면 공익이 아니라 그 특혜가 시민운동의 주된 동기가 될 수 있고, 그렇게 되면 시민운동은 타락할 수밖에 없다. 최근 한국의 시민운동에 대한 비판이 거세진 것은 그동안 정부가 시민운동을 지나치게 도와주었기 때문이고, 시민운동 자체가 정치적 세력으로 변질되었기 때문이다. 그러므로 건전한 시민운동이 일어나고 지속될 수 있을 만큼 여건을 만들어 주되 지나친 특혜를 주지는 않아야 할 것이다.

그리고 시민운동에서 도덕성이 강화되고 경험이 쌓인 인사가 정치계에 진입하는 것은 그 자체로 비난받을 일이 아닐 뿐 아니라 오히려 추천할 일이다. 그러나 우리나라에서는 아직도 국민들이 정치에 대해서 부정적 인상을 갖고 있다. 누구든지 정치에 입문하면 그는 국가와 국민의 이익을 위해서가 아니라 개인의 정치적 야망을 충족시키기 위해서 나선다고 보는 경향이 있고, 이제까지의 경험으로 보아 그런 시선은 전혀 근거가 없는 것이 아니다. 시민운동을 하던 사람들도 정치무대에 서자마자 다른 기성 정치인들과 별다르지 않게 행동하기 때문에 시민운동 그 자체가 불신을 받는 결과를 가져오는 것이다. 한국의 시민운동이 그 기능을 제대로 하려면 적어도 당분간은 시민운동에 참여한 인사들은 정치무대에 오르지 말아야 할 것이다.

2) 내부고발

조직이나 기관의 부정은 사회에 막대한 해를 끼치지만 그 조직 자체는 위계질서, 집단 이기주의, 집단의 명예 등으로 뭉쳐져 있기 때문에 부정이 있어도 잘 드러나지 않는다. 현대 사회가 유기적으로 복잡하게 조직되어 있는 것처럼 기관들의 조직도 복잡하게 되어 있으므로 그 부정을 바깥에서 발견하기는 쉽지 않다. 상당한 수준의 전문가를 동원할 수 있는 시민운동의 능력에도 한계가 있다. 조직 내부에서 폭로해 주지 않으면 조직의 부패가 드러나는 것이 거의 불가능할 수도 있다. 최근에 문제가 된 우리나라 공공기관이나 기업의 비리도 거의 대부분 내부고발에 의하여 드러난다 한다.

'내부고발'이란 말은 우선 부정적인 인상을 준다. 어떤 공동체든 제대로 기능하려면 구성원이 서로 신뢰할 수 있어야 하는데 내부의 비리를 폭로하고 고발하는 것은 배신행위로 인식될 수밖에 없다. 그것은 우리나라뿐만 아니라 호주 같은 나라에도 매우 강하다 한다. 미국에서도 밀고자(informer), 밀고(snitch) 같은 표현이 가진 부정적인 인상을 고치기 위해서 1970년대에 자동차 안전문제 등을 폭로함으로 큰 영향을 끼친 시민운동가 네이더(Ralph Nader)가 '호각 불기'(whistleblowing)란 단어로 내부고발을 표현하기 시작했고 그것이 지금은 공용용어로 사용되고 있다. 경기에서 선수들이 규칙을 어기면 심판이 호각을 불어 경고하고 벌을 주는 것을 빗대어 만든 용어다.

미국에서는 이미 1778년에 일종의 내부고발자 보호법을 국회가 통과시켰다 한다. 해군의 비리를 폭로한 사람들에게 해군참모총장이 복수한 것이 계기가 되었다. 그 후 여러 관계된 법률들을 제정하고 마지막으로 1989년에 '내부고발자보호법'(Whistleblower's Protection Act)을 통과시켰다 한다. 우리나라도 2002년부터 내부고발자 보호 제도를 가동시켰으나 효과를 거두지 못하고 있다가 2014년 초에 '공익신고자 보호법'을 제정 실시하고 있다. 그러나 아직도 내부고발자들이 충분히 보호받지 못하고 있어 안타깝다.

개인의 안전을 연고에 의하여 보장받던 과거의 유산과 가족 관계를 강조한 유교의 영향으로 한국 사회는 공동체 구성원 간의 의리를 매우 중요하게 취급해 왔다. 공자가 논어에서 가르친바 아비가 양을 훔치면 자식이 숨겨주고 자식이 양을 훔치면 아비가 숨겨주어야 인간의 도리를 제대로 하는 것이란 전통이 남아 있다. 이런 상황에서 내부고발이란 결코 있을 수 없는 배신이요 인간의 도리를 버린 행위로 정죄되기가 십상이다. 이런 문화에서 내부고발이 활발할 수가 없고 내부고발자 보호도 제대로 이루어질 수 없었다. 이것은 한국 사회가 다른 분야의 장족적인 발전에도 불구하고 부패공화국으로 남아 있는 이유 가운데 하나다. 내부고발이 워낙 이뤄지지 않기 때문에 최근에는 고발자를 포상하는 제도까지 여럿 생겨났다.

이제는 내부고발을 의리 없는 배신으로 보는 시각은 바뀌져야 한다. 정당하고 정의로운 것을 위하여 지켜야 '의리'지 불의한 것을 위하여 지키는 것은 '의리'가 아니다. 모든 부패는 결과적으로 약자들에게 가장 큰 해를 끼치는 것이므로 내부의 부패를 폭로하지 않고 비도덕적인 동료를 보호하는 것은 '조폭의 의리'지 정상적인 의리가 아니다. '조폭의 의리'를 지키기 위하여 수많은 사람에게 해를 끼치는 불의를 감추어 주는 것은 사회 구성원 전체를 배신하는 행위가 아닐 수 없다.

8. 도덕적 선구자

미드(G. Mead)가 주장한 것처럼 사람은 사회에 의하여 결정된다. 가치관과 행동방식은 상당할 정도로 그가 자라고 생활하는 사회의 영향을 받아 형성되는 것이다. 가장 대표적인 것이 윤리일 것이다. 비록 윤리적 원칙은 전 인류에게 보편적이더라도 그 원칙을 따르는 정도와 방법은 사회에 따라 다르다. 도덕적 수준이 낮은 사회에 사는 사람은 수준이 높은 사회 구성원들보다 더 비도덕적이 될 확률이 높고 그 반대의 경우도 같다. 탈세하는 사람이 많으면 탈세가 당연시되고 성실납세자가 오히려 특이한 사람으로 보일 뿐 아니라 상대적으로 손해도 보기 때문에 시민들이 아주 쉽게 탈세에 가담하게 된다. 거꾸로 대부분의 시민들이 정직하게 납세하면 한 개인이 홀로 탈세하기가 쉽지 않다. 성실납세가 일반적인 네덜란드 출신의 교수가 어느 다른 나라에서 1년간 교환교수로 근무한 다음 그 나라의 다른 교수들보다 월등하게 소득을 많이 신고해서 세무서를 당황하게 한 경우가 있었다. 한국에서는 사기로 지급되는 보험금이 전체 보험지급액의 13.8%인 반면에 일본에는 1%라는데, 이는 한국인이 본질적으로 일본인보다 도덕적으로 열등해서가 아니라 한국 사회의 투명성이 일본에 크게 뒤떨어지기 때문이다.

그러므로 한 사회가 잘못되면 도덕적 악순환이 일어난다. 사회의 도덕적 수준이 낮기 때문에 그 사회에 속한 개인들의 도덕적 수준이 낮아지고, 수준이 낮아진 개인들이 사회의 도덕적 수준을 끌어내리는 것이다. 자연히 준법정신이 약해지며 억울한 사람들이 많이 생기고 사회는 산산조각으로 나눠져 근본적인 돌파구를 찾지 못하면 결국 파국을 맞는 것이다.

그런 악순환에서 벗어날 돌파구는 어떻게 만들어지는가? 사회를 지배하는 가치와 사람들의 행동방식이 사회구조에 의하여 결정된다고 믿는 구조결정론자들은 그런 상황 자체가 스스로 돌파구를 마련할 것이라 믿는 것 같다. 마르크스가 자본주의 사회에서 노동자 계급에 대한 착취가 극도에 달해서 그들을 얽어매는 사슬 외에 잃을 것이 아무것도 없는 상황에 이르게 되면 혁명이 자동적으로 일어날 것이라고 주장한 것 같이 사회도 스스로 살아남고 발전할 수 있는 가능성을 자체 안에 내포하고 있다고 믿는 것이다. 역사는 자체 안에 스스로 발전할 수 있는 가능성을 지니고 있다는 것이다.

그러나 마르크스도 노동자의 착취가 극도에 다다라서 폭발할 모든 준비가 다 되어도 그 자체로는 폭발하지 않는다 했다. '철학의 번갯불'이 마른 화약에 불을 붙여야 혁명이 일어난다 했다. 마른 화약은 소외된 노동계급이고 거기에 불을 붙이는 철학은 그의 변증법적 유물론이다. 그런데 철학을 비롯한 모든 이념은 경제적 하부구조에 의하여 결정된다는 것이 마르크스의 주장이다. 그렇다면 마르크스의 철학은 어떤 하부구조에 근거한 것인가에 대한 의문이 생기는 것이다. 결국 마르크스 자신의 혁명이론은 자본주의가 만들어 낸 소외의 부산물이 아니라 창조적이고 객관적인 제3자라 할 수밖에 없다. 사회변혁은 그 필요가 아무리 절실하더라도 자동적으로 일어날 수 없다. 마르크스나 레닌(V. Lenin)처럼 개혁되어야 할 사회의 구조가 만들어낼 수 없는 창조적인 행위자의 개입이 있어야 가능한 것이다.

물론 구조결정론은 그 자체로 증명하기가 어렵다. 같은 사회, 같은 구조 안에 있는 사람들의 가치관과 세계관이 극과 극으로 다른 경우를 우리는 얼마든지 볼 수 있다. 같은 독일 사회에 히틀러와 그를 따르는 사람들이 있었는가 하면 그를 반대하고 심지어 그를 죽이는 것이 독일과 인류를 위하여 필요하다고 생각한 본 훼퍼 목사 같은 사람이 있었다. 멀리 갈 것도 없이 오늘날 한국에서 극한 대립을 보이고 있는 진보주의자들과 보수파들이 같은 사회에 살고 있는 것만 보아도 잘 알 수 있다. 극한 대립 그 자체가 사회구조의 부산

물이라 한다면, 그 극한 대립을 걱정하고 비판하는 사람들은 어떤 구조에서 나왔겠는가?

윤리도 예외가 아니다. 사회가 도덕적으로 타락해서 거짓과 억울함으로 가득 차 있더라도 거기에는 모든 불이익을 감수하면서 그것에 물들지 않고 그런 상황을 고쳐 보고자 발 벗고 나서는 도덕적 선구자들이 있게 마련이다. 세상이 온통 비도덕으로 가득 차 어두운데 어떻게 이런 사람들이 생겨날 수 있는지는 아무도 정확하게 설명할 수 없다. 종교적 신앙, 다른 사회의 모습, 과거 혹은 현재의 위대한 인물들의 모범에 감동을 받았을 수도 있지만 우리가 설명할수 없는 선의지가 작용했을 수도 있다. 의지란 본래 원인이 없는 원인이기 때문에 인과법칙에 의한 설명을 허락하지 않는다. 현 상황에 적응하는 대신 비판적 시각을 가질 수 있고 다른 사람들과 다른 가치관과 확신을 가지고 개인적 희생을 감수하면서 사회 전체의 건강을 위하여 행동하는 것이다.

비록 도덕적으로 다소 타락했더라도 대부분의 사람들은 도덕적으로 행동하며 다른 사람과 공익을 위하여 자신을 희생하는 사람들을 긍정적으로 평가하고 존경한다. 그렇게 따르고 존경하는 것은 인간은 누구나 맹자의 사단(四端)처럼 기본적인 '양심'이 있기 때문이라고 할 수도 있지만 무의식적으로 작용하는 이기주의 때문이라 할 수도 있다. 도덕적으로 행동하는 사람이 많으면 많을수록 모든 사람이 덕을 보고 자기도 이익을 볼 것이기 때문에 그런 도덕적 선구자들을 좋아한다 할 수 있다. 역으로 자신은 도덕적으로 살지 않으면서도 비도덕적으로 행동하는 다른 사람을 싫어하는 것도 역시 이기주의의 무의식적인 표현이다. 그런 사람들이 많으면 자신도 손해를 볼 것이기 때문이다. 어쨌든 도덕적 선구자들은 반드시 따르는 사람들이 있게 마련이고 사회의 양심으로 작용하여 사람들로 하여금 양심의 가책을 받도록 하며 도덕교육의 모범이 되어 사회개혁을 위한 힘을 축적하는 데 공헌할 수 있다. 이런 선구자는 결코 무시할 수 없는 중요한 도덕적 자원이다.

안타까운 것은 이런 도덕적 선구자들이 자신들을 잘 나타내려고 하지 않는 것이다. "자신이 성자인 줄 몰라야 진정한 성자"란 말이 있지만 도덕적 선구자들도 대부분 자신들이 그런 사람임을 인식하지 못하거나 자처하지 않는다. "마땅히 해야 할 일을 한 것뿐이다" 하고 겸손해 하는 것이다. 비록 자신이 하는 일이 옳다는 것을 인식하더라도 "오른손이 하는 것을 왼손이 모르게 하라"는 성경의 가르침이 시사하듯 그런 것을 자랑하고 광고하는 것은 도덕적 선구자들과 어울리지 않고 그 자체로 그 사람의 선행이 순수하지 못하다는 것을 증명하는 것이다. 그러므로 우연히 그런 사람을 만나거나 그의 도덕성을 알게 된 사람들에게는 그런 겸손이 진정한 감동을 주므로 도덕교육적 효과가 날 수 있지만 스스로 자신의 선행을 홍보하면 그런 효과는 많이 줄어질 것이다. 가장 바람직한 것은 도덕적 선구자 자신이 아니라 다른 사람이 그의 도덕성을 널리 알려서 사람들에게 자극과 감동을 줌으로 도덕적 냉소주의를 추방하는 것이다.

　그러나 어떤 사람의 선행이 그 사람 자신 외에는 전혀 알려지지 않았을 때는 어떻게 하겠는가? 그 선행이 알려지면 엄청나게 많은 사람들에게 도덕교육적 효과를 거둘 수 있고 사회의 도덕성 회복에 큰 공헌을 할 수 있는데도 불구하고 선행자의 자제와 겸손 때문에 그런 효과를 포기해야 할 것인가? 주체 중심의 윤리는 그런 겸손을 찬양하고 권장할 것이다. 그 자체가 고상하고 존경스럽기 때문이다. 그러나 타자 중심의 윤리는 이에 동의할 수 없다. 그의 선행과 희생이 널리 알려져서 사회가 조금이라도 더 도덕적이 되면 더 많은 사람에게 더 큰 이익을 끼칠 수 있고 많은 약자들의 고통을 줄일 수 있는데 그렇게 하지 않는 것은 그 자체로 이기적이라 할 수 있다. 많은 사람의 이익보다 자신의 순수함과 겸손을 더 중시하는 것이기 때문이다. 오히려 다른 사람들, 특히 약한 사람들의 고통을 조금이라도 줄이기 위해서는 필요하다면 자신의 겸손, 양보, 순수하게 남으려는 의지까지 양보해야 하지 않을까 한다. 우리 사회 여기저기 숨어서 활동하는 도덕적 선구자들은 좀 더 적극적으로 나서서 우리 사회에 도덕적 선순환이 시작되도록 해 주었으면 한다.

　의사가 병에 걸리면 그의 치료와 처방의 권위는 아무래도 좀 떨어질 수밖에 없다. 성경에도 "의원아 너를 고치라"는 속담이 있다 했다. 윤리학자도 의사와 비슷하지 않은가 한다. 윤리학자가 비도덕적으로 행동하면 다른 학자가 비도덕적으로 행동하는 것보다는 욕을 더 먹을 수 있다. 적어도 이 책이 주장하는 윤리학의 특성에 의하면 더더욱 그렇다. 이 책 서두에서 사람들로 하여금 도덕적으로 행동하도록 설득하는 데 실패한 윤리이론은 윤리이론으로서의 가치가 없다고 주장했는데, 그 이론을 제시한 사람은 우선 자신부터 설득할 수 있어야 하지 않는가 할 수 있다. 그런데 과연 나는 나의 이론에 설득되어서 도덕적으로 행동하는가?

　이런 질문은 모든 윤리학자를 난감하게 만든다. 아마도 윤리학도 물리학이나 수학과 같이 어디까지나 이론적인 학문에 불과하고 나도 그저 어떻게 행동해야 하는가를 제시하는 것에 불과하다고 주장하고 싶을 것이다. 이 세상에 누구도 자신 있게 자신은 도덕적으로 행동한다고 주장하기가 어렵고 그것은 윤리학자에게도 마찬가지다. 그러나 이 책의 경우에는 그렇게 대답하는 것은 곧 이 책은 설득력이 없고 실패한 책이므로 읽을 가치가 없다는 것을 자인하는 것이 되고 마는 것이다. 정말 난감하다.

물론 나는 실패한 책이라고 인정하고 싶지 않다. 그래서 비록 부족하고 타협도 많이 하지만 그래도 나름대로는 가능한 한 직접 혹은 간접으로 다른 사람에게 해가 되지 않도록 행동하고 살려고 의식적으로 노력한다고 할 수밖에 없다. 그나마도 쉽지 않음을 발견한다. 많은 것을 양보하고 참아야 하며 계속해서 가책을 받기 때문이다. 위선도 도덕적 자원이라고 주장한 것도 그런 가책에서 나온 것인지 모른다.

그러나 힘드는 만큼 이익도 엄청나게 크다는 것을 발견한다. 남에게 해가 되지 않게 행동하기 위해서 포기해야 하거나 손해를 보아야 할 것은 의외로 그렇게 많지 않다. 그러나 그 결과로 다른 사람들로부터 받는 인정과 신뢰는 과분하고 그들과 누리는 평화로운 관계는 다른 무엇과도 바꿀 수 없을 만큼 소중하다. 그러므로 비록 어설프지만 이런 책을 내 놓는 것이 그렇게 비도덕적이거나 염치없는 짓은 아니라고 믿는다.

그러나 다시 강조하거니와 내가 얼마나 도덕적인가는 그 자체로 그렇게 중요하지는 않다. 다른 사람이 나 때문에 손해를 보지 않고 고통을 받지 않는 것이 중요하다. 이 책도 그런 목적을 달성하는 데 조금이라도 기여한다면 그만큼 가치가 있을 것이다. 변명이지만 저자의 도덕성과 관계없이 이 책이 주장하는 것에 관심을 가져주기

바란다. 그래서 다른 사람에게 해를 끼치지 않기로 작정하는 사람이 하나라도 더 늘어난다면, 그래서 한 사람이라도 고통을 적게 받게 된다면 그것으로 이 책을 쓴 보람은 충분하다.

석학人文강좌 60